소설가 서재필

서강학술총서
014

소설가 서재필

김욱동 지음

서강대학교출판부

서강학술총서 014

소설가 서재필

초판발행 | 2010년 4월 21일
지 은 이 | 김욱동
발 행 인 | 이종욱
편 집 인 | 우찬제
발 행 처 | 서강대학교 출판부
등록번호 | 1978년 9월 28일 제313-2002-170호

주 소 | 서울특별시 마포구 신수동 1번지
전 화 | (02) 705-8212
팩 스 | (02) 705-8612

ISBN 978-89-7273-163-4 94840
ISBN 978-89-7273-139-9(세트)

값 20,000원

* '서강학술총서'는 SK SUPEX 기금의 후원으로 제작됩니다.

서재필 초상화

2008년 5월 워싱턴시에 세워진 서재필의 동상. 동상에는 "최초의 한국계 미국인으로 한국의 독립과 민주주의의 개척자"라고 적혀 있다.

해방 뒤 미군정청 존 하지 중장의 초청으로 귀국한 서재필. 그의 공식 직함은 미군정청 고문이었다.

민영익 일행이 미국사행을 끝내고 갑신정변 이전에 한자리에 모인 개화파의 주역들.

뎨일권 독닙신문 뎨일호

조션 셔울 건양 원년 ᄉ월 초칠일 금요일

광고

논셜

근대화에 기여한 독립신문. 1896년 4월 7일에 창간호를 간행하였다.

서재필에게 큰 영향을 끼친 개화파의 거목 김옥균. 김옥균은 젊은 시절 서재필의 정신적 지주였다.

전라남도 보성군 문덕면 용암리에 있는 서재필 기념공원. 독립문을 복원한 모습이 보인다.

일본 메이지(明治) 시대의 문명개화론자로 일본 근대화의 주역을 맡은 후쿠자와 유키치(福澤諭吉)는 일찍이 자신의 삶을 돌아보면서 일신이생(一身二生), 즉 한 몸으로 두 삶을 산 것 같다고 말한 적이 있다. 중세의 터널에서 막 빠져나와 근대의 문턱에 겨우 다다른 시대에 그가 이렇게 가치의 혼돈을 느낀 것은 어찌 보면 당연하다고 할 수 있다. 또한 이 말은 그가 계몽사상가로, 언론인으로, 교육가로, 저술가로, 번역가로 일인다역(一人多役)을 맡았으면서 변화무쌍한 삶을 살았다는 말로 받아들일 수도 있을 것이다. 적어도 이 점에서 한국에서 근대화를 이룩하는 데 견인차 역할을 한 선각자 송재(松齋) 서재필(徐載弼)도 후쿠자와와 크게 다르지 않다. 어떤 의미에서 서재필은 후쿠자와보다 더 다양한 삶을 살았으면 살았지 그보다 덜 하지는 않다. 서재필이야말로 한 몸으로 두 삶을 산 것이 아니라 세 삶, 아니 네 삶을 살았던 선각자였다. 참으로 한 몸으로 여러 삶을 살다 간 인물이라고 아니할 수 없다.

서재필은 엘리트 관료, 군인, 혁명가, 의사, 언론인, 계몽사상가, 독립운동가, 정치가 등 어떤 직함으로 불러도 조금도 손색이 없다. 그것으로도 부족하여 비교적 최근에는 최초로 한글 전용과 빈칸띄어쓰기를 주창한 한글학자에다 일찍이 번역의 중요성을 설파한 번역 이론가로서의 영예까지 안았다. 지금까지 국내 학계에서는 여러 측면에서 서재필을 연구해왔다. 돌이켜보면 서재필에 관해 다루지 않은 분야가 거의 없다시피 하다. 그가 살아 있던 일제강점기부터 시작한 그에 관한 연구 논문과 저서는 지금까지 줄잡아 200편이 넘고, 지금도 계속 쏟아져 나오고 있는 실정이다.

얼마 전 서재필을 한국 최초의 번역 이론가로 새롭게 자리매김한 나는 이 책에서 그의 또 다른 면모를 밝히려고 하였다. 즉 지금까지 조명 받지 못한 '소설가로서의 서재필'이 바로 그것이다. 지난 몇 년 동안 나는 미국에 머물면서 한국계 미국 문학을 연구하는 데 온힘을 쏟았다. 그러한 과정에서 서재필이 영문으로 소설을 집필하여 단행본으로 출간한 사실을 알게 되었다. 그동안 나는 초당(草堂) 강용흘(姜鏞訖)을 연구하면서 그를 한국계 미국 문학의 효시로 간주하였다. 그러나 1922년 서재필이 영문으로 『한수의 여행』이라는 중편소설을 단행본으로 출간함으로써 이제 한국계 미국 문학이 처음 시작한 시기를 무려 10년 이상 앞당기게 되었다. 단순히 문학사적 의미에 머무르지 않고 서재필의 소설 집필은 한국계 미국 문학 연구에 굵직한 획을 그은 중요한 사건이었다.

돌이켜보면 최근 십여 년 동안 내가 한 작업은 전통적 의미의 문학 연구가의 범위를 벗어난 듯한 느낌이 든다. 2000년을 분수령으로 그 이전에는 주로 포스트모더니즘을 비롯한 서구 이론으로 외국 작품이건 국내 작품이건 텍스트를 새롭게 분석하고 해석하는 일에 무게를 실었다. 나의 학문 연구 방법이나 비평 방법은 텍스트를 꼼꼼하게 읽어낸다는 점에서 좁게는 신비평, 넓게는 형식주의의 영향권에서 크게 벗어나지 않았다. 그러나 21세기에 접어들면서부터 나는 역사-사회적 맥락에서 문학 텍스트를 연구하는 일에 부쩍 큰 관심을 기울여왔다. 한국계 미국 문학이나 한국 근대계몽기 번역 이입사 등을 연구하다보니 자연스럽게 사회적 맥락과 역사적 상황을 다루지 않을 수 없었던 것이다.

다시 말해서 21세기 이후 나는 텍스트 못지않게 콘텍스트, 즉 문학작품보다는 문학작품을 둘러싸고 있는 상황과 맥락에 주목해왔다. 해체주의를 처음 전개한 자크 데리다는 "텍스트를 벗어나서는 아무것도 없다"는 명제를 내세운 적이 있다. 그런데 나는 처음에는 이 명제를 글자 그대로 받아들였지만 십여 년 전부터는 그 의미를 다르게 해석하기 시작하였다. 데리다가 말하는 '텍스트'란 텍스트 그 자체보다는 텍스트를 둘러싼 컨텍스트를 뜻하는 것이라고 생각하기 시작하였던 것이다. 실제로 나는 컨텍스트를 떠나서는 아무것도 없다는 사실을 깨닫게 되었다.

이렇게 콘텍스트에 무게를 싣다보니 사회적 맥락과 역사적 상황을 좀 더 눈여겨보지 않을 수 없었다. 먼지를 뽀얗게 뒤집어쓰고 있는 신문이나 잡지 그리고 마이크로필름을 뒤지는 등 직접 발로 뛰면서 연구를 하지 않으면 안 되었다. 그동안 텍스트 분석에 주력하던 시절이 행복했구나 하는 생각마저 든다. 그래서 그런지 나는 요즈음 "문학 연구가인가, 아니면 역사가인가?" 하고 스스로에게 질문을 던질 때가 가끔 있다. 그러나 따지고 보면 문학과 역사 사이에 장벽을 두려는 것은 아직도 근대적 사고에서 완전히 젖을 떼지 못하고 있다는 증거이다. 데리다를 비롯한 해체주의자들이 그동안 문학과 철학 사이에 놓여 있던 높다란 장벽을 허물어버렸듯이, 신역사주의자들은 문학과 역사의 장벽을 허물어버렸다. 동양에서는 일찍이 '문사철'(文史哲)이라고 하여 문학과 역사와 철학을 굳이 따로 떼어서 보지 않고 한 덩어리로 묶어서 보려고 하지 않았던가.

나는 이 책을 쓰면서 여러 사람과 여러 기관으로부터 크고 작은 도움을 받았다. 먼저 미국 의회도서관에서 소장하고 있는 『한수의 여행』의 사본을 구해주신 이정식(李庭植) 교수님께 감사를 드린다. 그동안 미국에서나 국내에서나 서재필 연구에 이정표를 세우신 이 교수님께서는 내가 소설가로서의 서재필을 연구한다는 말을 들으시고 흥미로운 주제라고 말씀하셨다. 그러면서도 서재필의 또 다른 면모를 과연 밝혀낼 수 있을까 하고 묘한 여운을 남기시기도 하셨다. 이 교수님의 그 묘한 여운이 이 책을 쓰는 동안 큰 도전이 되었다. 또한 이 책을 집필하는 데 연구비를 지원해준 서강대학교 학술총서 기획위원회에 감사를 드린다. 만약 이 기획위원회가 없었더라면 나는 아직껏 이 책의 집필에 미처 손을 대지 못하고 있었을 것이다. 다른 책에 밀려 아마 몇 년 뒤나, 아니면 영원히 집필하지 못했을는지도 모른다. 마지막으로 이 책이 햇빛을 보기까지 여러모로 도와주신 서강대학교 국문학과 우찬제 교수에게 고마움을 표한다.

2010년 초봄

이문동 국제학사에서

김욱동

차례

제1장

언론인에서 소설가로

조선 말기에서 대한제국에 이르는 개화기의 선각자요 일제강점기에는 독립운동가로 크게 활약한 송재(松齋) 서재필(徐載弼, Philip Jaisohn)에게는 거의 언제나 '최초'라는 수식어가 그림자처럼 따라다닌다. 갑신정변(甲申政變)이 '삼일천하'로 끝나고 실패하자 미국으로 망명한 그는 한국인으로서 '최초로' 미국에서 의과대학을 졸업하고 의학 학위를 받은 뒤 '최초로' 서양 의사가 되었다. 또한 서재필은 미국에서 연방공무원으로 임명된 '최초의' 한국인으로 꼽힌다. 1890년에는 미국 여성과 결혼하여 한국인으로서는 '최초로' 미국 시민으로 귀화하였다. '필립 제이슨 회사'를 설립하여 종업원을 50명에서 70명 정도 거느린 한국인 '최초의' 중소기업인으로 그는 '필라델피아 경영인협회'의 회계이사를 역임하기도 하였다.

서재필은 고종(高宗) 32년, 즉 1895년 12월 귀국하여 그 이듬해 4월 한국 '최초의' 민간 신문일 뿐만 아니라 근대적 신문이라고 할 《독립신문》을 발간하여 민중을 계몽하고 근대화를 이룩하는 데 견인차 역할을 하였다. 또한 1896년 그는 한국 '최초의' 근대적 의미의 사회정치 단체라고 할 독립협회(獨立協會)를 설립하였다. 그런가 하면 기미독립운동(己未獨立

運動)이 일어난 1919년 4월 13일에는 미국 펜실베이니아 주 필라델피아에서 '최초로' 한인회의를 개최하고 독립적으로 외교 활동을 전개하기도 하였다. 요즈음 '지구촌'이니 '세계화'니 하는 용어를 자주 듣게 되지만 서재필이야말로 참다운 의미에서 '최초의' 지구촌 주민이요 '최초의' 세계인이라고 할 수 있다.

그러나 서재필은 또 다른 의미에서 '최초'의 인물이라는 영예를 안는다. 지금까지 국내 학계나 외국 학계에 거의 알려져 있지 않았지만 그는 1921년 한국인이 쓴 '최초의' 영문 소설이라고 할 『한수의 여행』(*Hansu's Journey*)을 잡지에 연재하였고, 이듬해 이 작품을 미국에서 단행본으로 출간하였다. 서재필은 계몽사상가와 사회개혁가로 한국 근대화에 크게 기여하였을 뿐만 아니라 더 나아가 문학에도 자못 깊은 관심을 기울였다. 이 점에서 그는 '최초의' 한국계 미국 소설가로 간주하여도 크게 틀리지 않을 것이다.

더구나 서재필은 이렇게 '최초'라는 수식어에 걸맞게 어느 특정한 분야에 국한되지 않고 여러 분야에 걸쳐 폭넓게 활약한 인물이기도 하다. 한국이 중세의 터널을 막 빠져나와 근대로 접어들기 시작한 역사적 전환기에 그는 애국계몽가나 계몽사상가 또는 개혁주의자로 선각자적인 역할을 하였다. 한국 개화사 연구에 선구적인 역할을 한 이광린(李光麟)과 언론인 송건호(宋建鎬)가 일찍이 서재필을 '한국의 볼테르'라고 부른 것은 아마 그 때문일 것이다.[1] 일본에서는 메이지(明治) 시대 서구 근대화에 이론적 기틀을 마련해준 사상가 후쿠자와 유키치(福澤諭吉)를 흔히 '일본의 볼테르'로 일컫는다. 이광린과 송건호가 서재필을 '한국의 볼테르'로 부

1 이광린, 『한국 개화사상 연구』(서울: 일조각, 1979), 93; 송건호, 『송재 서재필: 위대한 한국인』(서울: 태극출판사, 1972).

른 것은 어쩌면 후쿠자와를 염두에 두고 있기 때문일는지도 모른다. 실제로 서재필은 후쿠자와한테서 한 차례 서구 근대문명의 세례를 받았고 한국에 돌아와서는 근대 계몽사상가로 크게 활약하였다.

서재필은 구체제에서 신체제로 이행하는 역사적 전환기에 정부 관리나 고문으로 일한 정치인으로, 낡은 체제를 무너뜨리고 그 폐허 위에 새로운 체제를 세우려고 한 혁명가로, 평등과 자유의 깃발을 높이 쳐든 민주주의 사상가로 널리 이름을 떨쳤다. 오랫동안 계급조직적인 유가(儒家) 질서가 깊이 뿌리 내린 한국 사회에서 그는 평민이란 임금과 양반을 위하여 짐을 지고 부림을 당하는 소와 말이 아니라, 남에게 양도할 수 없는 천부적 권리를 부여받고 태어난 평등한 인간이라는 사실을 일깨워주었다. 또한 서재필은 서구식 근대 학교와 교육제도를 받아들일 것을 부르짖은 교육자로, 일찍이 번역의 중요성을 설파한 학자로, 그리고 세균학을 전공하고 의술을 펼친 의사로 활약하기도 하였다. 서재필처럼 이렇게 여러 방면에 걸쳐 다재다능한 능력을 한껏 펼친 인물을 찾아보기도 그렇게 쉽지 않을 것이다.

1. 갑신정변과 서재필

서재필은 서세동점의 세계정세 속에서 국운이 날로 기울어가던 19세기 말엽 청나라를 비롯한 외국의 굴레에서 벗어나 자주독립할 것을 주창하였다. 또한 을사늑약(乙巳勒約)과 경술국치(庚戌國恥)와 더불어 조국이 국권을 상실한 채 일본 제국주의의 식민지로 전락한 뒤에는 항일 독립운동을 전개하였다. 이보다 앞서 서재필은 언론 문화가 척박한 땅에 순한글 신문 《독립신문》과 영자 신문 《인디펜던트》(The Independent)를 창간하여 자유 언론의 씨앗을 뿌렸다. 그런가 하면 한민족의 얼이 담긴 한글에 깊은 관심과 애정을 기울인 그는 한글을 널리 사용하는 동시에 빈칸띄어쓰기를 사용할 것을 주창하였다. 그 때문에 서재필을 한글전용론자는 말할 것도 없고 언어민족주의자로 간주하려는 학자들도 없지 않다. 이국땅 미국에서 1954년 사망할 때까지 한글과 영문으로 직접 글을 발표하는 등 문필가로서 그가 이룩한 업적도 결코 작지 않다. "칼보다 펜이 강하다"는 서양 속담이 있지만, 그의 경우에는 "펜이 의과의사의 메스보다 강하다"고 할 수 있다.

작가는 흔히 '만들어지는' 것이 아니라 '태어나는' 것이라고 한다. 작가한테는 후천적 훈련이나 교육보다는 예술의 신(神) 무사이의 영감이 무엇보다도 필요하다는 말일 것이다. 가령 호메로스가 『일리아스』를 구송하면서 "노래하라 여신이여, 펠레우스의 아들 아킬레우스의 분노를 [……]" 하고 말하는 까닭이 바로 여기에 있다. 이 구절에서 '여신'이란 다름 아닌 예술의 여신 무사이를 가리킨다. 서재필이 최초의 한국계 미국 소설가가 되는 데에도 후천적인 교육 못지않게 아마 선천적인 재능이 뒷받침되었을 것이다. 그는 어렸을 적부터 글을 좋아하고 학문에 관심이 깊었던 것으로 알려져 있다.

서재필은 1864년 1월(음력으로는 1863년 12월) 전라남도 동복군(同福郡) 문덕면(文德面) 가천리(可川里)에서 서광언(徐光彦)과 성주(星州) 이 씨의 4남 1녀 중 둘째아들로 태어났다. 동복군은 오늘날의 보성군(寶城郡)에 해당된다. 그가 이렇게 외가에서 태어난 것은 이 무렵 며느리는 친정에 가서 자식을 낳는 것이 풍속이었기 때문이어서, 4형제가 모두 이 외가에서 태어났다. 또한 서재필이 태어날 무렵 그의 아버지는 진사 시험에 합격하여 동복 군수로 부임하였다. 본디 그의 선대 고향은 충청남도 은진군(恩津郡) 구자곡면(九子谷面) 화석리(華石里)였다. 은진군은 뒷날 오늘날의 논산

군으로 편입되었다.

서재필이 태어나던 해 아버지 서광언이 진사 시험에 합격하자 경사가 겹쳤다 하여 아들의 아호를 '쌍경'(雙慶)이라고 지었다. 서재필은 부모와 함께 동복군에서 줄잡아 다섯 살 때까지 살다가 아버지의 고향 은진으로 이주하여 어린 시절을 보냈다. 그러던 중 그가 일곱 살이 되던 해 서광언은 충청남도 대덕에 살던 사촌 형제 서광하(徐光夏)가 아들이 없자 어린 아들을 서광하의 양자로 입양시켰다. 그로부터 2년 뒤 양어머니의 요청에 따라 서재필은 서울에서 이조참판(吏曹參判) 벼슬을 하고 있던 외삼촌 김성근(金聲根)의 집에 들어가 과거 공부에 정진한다. 서재필은 외삼촌 집에서 공부하는 동안 개화기의 정치가인 김옥균(金玉均)을 자주 만나곤 한다. 김옥균은 겨우 열한두 살밖에 되지 않는 어린 서재필이 사서삼경(四書三經)을 줄줄 외는가 하면, 열세 살 때에는 임시로 보는 과거시험인 전강(殿講)에서 장원하는 것을 보고 감탄을 금치 못하였다고 한다. 열여덟 살 되던 1882년 과거(증광시, 병과 3)에서 서재필은 급제하였고, 그가 처음 받은 직책은 교서관 부정자(校書館 副正字)였다.

그런데 서재필이 맡은 교서관 부정자라는 자리는 앞으로 《독립신문》을 창간하고 언론인으로 일련의 글을 쓰고 영문 소설 『한수의 여행』을 집필하는 것과 적잖이 관련되어 있다. 부정자는 종9품직으로 경전 같은 전적(典籍)을 인쇄하고 문장의 교정을 담당하는 정자(正字)를 보좌하는 자리였다. 또한 부정자는 정자를 보좌하여 크고 작은 국가 제례의 축문을 필사하거나 검토하는 일을 맡기도 하였다. 관인을 관리하는 업무도 부정자가 맡는 일이었다. 비록 짧은 기간이었지만 교서관 부정자로서 서재필이 맡은 일은 뒷날 언론인으로 활약하고 또한 문필가로 소설을 집필하는 데 직접 또는 간접으로 영향을 주었을 것이다.

이렇게 중앙 정부의 관직에 오른 서재필은 본격적으로 개화파 인사들과 교류하면서 개화사상을 호흡하게 되고 마침내 개화파의 중심인물 중의 한 사람으로 활약하기에 이르렀다. 서재필은 먼 친척뻘 되는 서광범(徐光範)을 통하여 개화파의 중심인물인 김옥균과 조우하게 된 것으로 알려져 있다. 김옥균은 자신보다 무려 열두 살이나 어린 서재필을 '동생'이라고 불렀고, 서재필은 김옥균을 정신적 지주로 삼았다. 이 무렵 개화파는 서울 서대문에 자리한 봉원사(奉元寺)를 중심으로 결속하고 있었다. 봉원사에는 개화파 승려 이동인(李東仁)이 주지로 있었다. 부산 출신인 그는 어려서부터 일본말을 배워 일본 지식인들과 교류하고 있었고, 일본에서 서양 문물에 관한 서적을 들여와 이 무렵 개화파들에게 제공하였다. 김옥균 · 서광범 · 이동인을 비롯하여 박영효(朴泳孝) · 홍영식(洪英植) · 유길준(俞吉濬) 등은 모두 한때 연암(燕巖) 박지원(朴趾源)의 손자 박규수(朴珪壽)의 문하생이었기 때문에 서로 잘 알고 지내던 사이였다. 뒷날 갑신정변의 주역들이 봉원사에 비밀리 모여 서양 문물에 대한 책을 읽고 시국을 논하면서 자연스럽게 개화당을 형성하여 결속을 다지게 되었다. 서재필은 이들 개화파 중에서는 가장 나이가 어린 막내였다.

이 무렵 김옥균은 풍전등화와 같은 조국을 외세로부터 구하기 위해서는 무엇보다도 먼저 국방력을 키워야 한다고 생각하였다. 그리하여 그는 서재필에게 일본에 유학하여 군사 교육을 받을 것을 권하였고, 서재필은 1883년 평민 출신 청년 열네 명을 이끌고 일본으로 건너갔다. 일본에 도착한 서재필 일행은 여섯 달 동안 게이오기주쿠(慶應義塾)에서 일본어를 배웠다. 유달리 지적 호기심이 많은 서재필은 이 학교에서 비단 일본어를 배우는 것으로 그치지 않고 직접 또는 간접으로 서양 문물을 습득하였음은 두말할 나위가 없다.

서재필은 게이오기주쿠에서 일본어 교육을 받은 뒤 곧바로 일본 육군사관학교와 더불어 일본 육군의 초급 간부를 양성하는 토야마(戶山)학교에서 신식 군사 훈련을 받았다. 조선인 학생 열네 명 중 열세 명은 하사관 훈련을 받고 오직 서재필만이 사관생도 과정의 교육을 받았다. 이렇게 군사 교육을 받는 동안에도 서재필 일행은 이 무렵 도쿄에 머물고 있던 김옥균을 방문하여 조선의 정치 현실과 일본의 정세에 관한 이야기를 자주 들었다. 1884년 7월 조선으로 돌아온 서재필은 고종에게 일본의 사관학교를 본떠 신식 사관학교를 설립할 것을 간청하였고, 고종은 서재필을 사관장으로 삼아 조련국(操鍊局)을 창설할 것을 윤허하였다. 그러나 이 계획은 청나라와 명성황후(明成皇后) 측의 반대에 부딪쳐 결국 무산되고 서재필을 비롯한 사관생도들은 궁궐수비대로 편입되었다.

1884년 서재필은 길다면 긴 90년에 이르는 삶에서 일대 전환점을 맞이한다. 앞에서 이미 언급하였듯이 청나라에 의존하려는 척족 중심의 수구당을 몰아내고 개화 정권을 수립하려고 한 갑신정변이 바로 그것이다. 그는 김옥균 · 박영효 · 서광범 · 홍영식과 더불어 정치혁명을 일으키고 신분제 폐지, 문벌 폐지, 청나라에 잡혀간 대원군(大院君)의 복귀 등을 담은 혁신 정강 등을 발포하였다. 일본의 토야마학교에서 군사 훈련을 받은 군인답게 서재필은 갑신정변의 전위대로 나서서 공을 세웠고, 병조참판(兵曹參判) 겸 정령관(正領官)으로 임명되었다. 이때 그는 토야마학교에서 같이 훈련받은 하사관들과 함께 한때 개화당에 참여하였다가 배신한 환관 유재현(柳在賢)을 처단하고 문신 조영하(趙寧夏)와 민태호(閔台鎬)를 고종이 지켜보는 가운데 살해하였다.

갑신정변이 청나라의 개입으로 삼일천하로 끝나자 서재필은 가까스로 일본으로 도피하였다. 그러나 갑신정변의 주역들을 둘러싸고 일본과 청나라 사이에 외교 마찰이 빚어지자 일본 정부는 조선의 망명 정객들을 냉대하기 시작하였다. 그러자 그들은 이번에는 미국 선교사들의 도움으로 다시 미국 망명길에 오른다. 이로써 갑신정변 주역들은 하나같이 역적으로 몰렸고 서재필의 가족들은 모두 비극적 운명을 맞이하였다. 서재필의 부모를 비롯하여 친형제 세 명 등 가족들은 사약을 받거나 사람들로부터 죽임을 당하였다. 관가에 기생으로 보내지기로 된 서재필의 부인은 차라리 죽는 쪽이 낫다고 판단하여 독약을 먹고 자결하였다. 이때 서재필에게는 두 살 난 아들이 있었는데 나라에서 굶겨서 죽였다는 설도 있고, 아이가 굶주림에 지쳐 죽은 어머니의 젖을 물었다가 어머니 몸속에 있던 독이 아이 몸속에도 퍼져 죽었다는 설도 있다.

김옥균을 제외한 나머지 박영효와 서광범 등은 미국 선교사가 써 준 소개장을 들고 미국 샌프란시스코로 건너갔다. 조병옥(趙炳玉)에 따르면 배를 타고 미국에 도착하였지만 상륙하자마자 낯선 환경에 적응하지 못하고 닥쳐올 생활 위협을 헤쳐나갈 용기가 없던 박영효는 다시 일본으로 돌아가고 말았다.[2] 서광범도 얼마 동안은 미국 장로교회 선교사 호러스 G. 언더우드의 형인 존 언더우드의 후원으로 뉴욕시, 뉴저지 주 럿거스, 미국 수도 워싱턴에 체류하며 지내다가 결국 앞서 돌아간 박영효의 뒤를 따라 일본으로 되돌아갔다. 오직 서재필만이 끝까지 미국에 계속 남아 온갖 고초를 겪으며 고학의 길을 걸었다. 그리고 온갖 '최초의' 한국인으로 두각을 나타냈던 것이다.

영어도 모르고 아는 사람도 없는 낯선 이국에서 서재필이 처음 구한 일자리는 가구점의 광고지를 붙이는 일이었다. 서재필은 다른 노동자들이 하루 5마일을 다닐 때 10여 마일을 뛰어다니면서 일하였다. 저녁에는 기독교청년회(YMCA) 야간학교에서 영어를 배우고 주말에는 교회를 다니며 영어를 배웠다. 이렇게 낮에는 막일을 하고 밤에는 영어를 배우던 서재필은 어느 날 한 교회 신자의 소개로 존 홀렌백이라는 사업가를 소개받는

2 조병옥, 『나의 회고록』(서울: 민교사, 1959), 75.

다. 펜실베이니아 주에서 탄광 사업을 하여 막대한 돈을 번 부호이자 자선사업가인 홀렌백은 서재필에게 미국에서 정식으로 교육을 받을 수 있는 기회를 주겠다고 제안한다. 그리하여 1886년 서재필은 대륙횡단 열차를 타고 펜실베이니아 주 윌크스배리에 도착하여 사립명문 고등학교 해리힐먼 아카데미에 입학한다. 서재필은 이 학교에서 라틴어 · 그리스어 · 수학 등 여러 과목에서 남다른 재능을 보였고, 특히 웅변을 잘하여 웅변대회에서 입상하고 졸업식에서는 졸업생을 대표하여 고별연설을 하기도 하였다.

고등학교 시절 서재필은 교장선생 집에서 집안일을 도와주며 숙식을 해결하고 있었다. 그런데 이 집에는 마침 법관으로 재직하다가 퇴임한 교장의 장인이 함께 살고 있어서 '동양의 선비' 서재필은 그한테서 미국의 역사와 민주주의 제도에 대하여 많은 것을 배울 수 있었다. 서재필이 뒷날 애국적 선각자와 계몽사상가로서 서구식 민주주의를 부르짖은 데에는 그가 학교에서 배운 교과과정과 그가 읽은 서적과 정기간행물이 큰 영향을 끼쳤지만 이 무렵 교장선생의 장인한테서 받은 영향도 한몫을 하였다. 한때 혁명을 꿈꾼 서재필로서는 미국의 여러 정치체제와 제도에 자못 큰 호기심을 느꼈을 것이다.

1889년 가을 스물다섯 살의 젊은 나이로 서재필은 윌크스배리에서 워싱턴으로 거처를 옮겨 그곳에 있는 미국 육군 군의도서관의 사서에 임용되어 공무원 생활을 시작하였다. 이미 앞에서 지적하였듯이 이로써 그는 한국인으로서는 '최초로' 미국 연방공무원에 임용되었다. 이 도서관에서 서재필이 맡은 일은 중국과 일본에서 들여온 동양 의학 서적들을 분류하여 정리하고 저자와 제목을 번역하는 일이었다. 그런데 이러한 경험은 뒷날 서재필의 삶에 중요한 역할을 한다. 그는 처음에는 정치학이나 법학을 공부하여 조선에 민주주의를 가르치거나 변호사가 되어 활동하려고 생각하였다. 그러나 날마다 의학서와 씨름을 하는 동안 점차 의학의 중요성을 깨닫게 되면서 마침내 의학을 전공하기로 진로를 바꾸었다. 또한 도서관 사서로서의 경험은 뒷날 서재필이 언론인으로 활약하고 소설을 쓰는 데에도 직접 또는 간접으로 적잖이 영향을 끼쳤음은 두말할 나위가 없다.

2. 의사 서재필에서 언론인 서재필로

1888년 서재필은 오늘날의 조지워싱턴대학교의 전신인 컬럼비안대학의 야간부인 코코란 과학학교에 입학하여 3년 과정을 1년 만에 모두 마쳤다. 이 컬럼비안대학은 뒷날 이승만(李承晩)이 다닌 대학이기도 하다. 물론 서재필의 능력이 뛰어났기 때문이지만 한국에서 과거시험에 급제하여 높은 관직을 맡았다는 사실도 그가 이렇게 빨리 대학 과정을 마치는 데 한몫을 하였을 것이다. 곧바로 서재필은 1889년 컬럼비안대학의 의학부에 입학하였고 세균학을 전공하여 3년 뒤인 1892년 한국인으로서는 최초로 의학사(M. D.) 학위를 받았다. 유색 인종은 말할 것도 없고 심지어 유태인조차 의과대학에 입학할 수 없었던 이 무렵의 사정에 비추어보면 그가 이 학교에 입학 허가를 받은 것은 매우 이례적인 일이었다.

서재필을 흔히 '서재필 박사'라고 부르는 것은 아마 전문직 의사를 뜻하는 'medical doctor'의 'doctor'를 '박사'로 잘못 해석하여 생긴 오류이다. 몇몇 수정주의 사학자들이 주장하는 것처럼 서재필 자신은 고의로 박사학위를 사칭한 것은 아니었다. 다른 사람들이 'Dr. Philip Jaisohn'에서 'Dr.'를 의사가 아닌 박사로 잘못 이해하여 그렇게 불렀다고 보는 쪽이 옳다. 서재필이 1895년 12월 귀국하여 이듬해 6월 영문 잡지 《코리아 리포지터리》(Korea Repository)에 기고한 「한국이 가장 필요로 하는 것」이라는 글을 보면 필자로 "Philip Jaisohn, M. D."로 분명하게 표기하고 있다. 서재필과 관련한 잘못된 정보나 과장된 사실을 바로잡아온 대표적인 학자 중의 한 사람인 주진오(朱鎭五)는 서재필을 '박사'로 부르는 것은 잘못된 것이라고 지적한다.[3] 그동안 서재필을 연구해온 이정식(李庭植)도 '서재필 박사'라는 표현을 사용하는 것을 보면 '서재필'과 '박사'는 마치 샴의 쌍둥이처럼 늘 붙어 다니는 것 같다. 그러나 《독립신문》에 서재필이 기사로 나올 때에는 "대군쥬 폐하를 위ᄒᆞ야 긔도 ᄒᆞᄂᆞᆫᄃᆡ 의원 졔션 ᄊᆡ 례비당에 가셔 연셜을 ᄒᆞ되[……]"처럼 '의원 졔션 씨'로 표기하거나, "대미국 의ᄉᆞ 셔지필 씨를 얽어 샹쇼 ᄒᆞ엿ᄂᆞᆫᄃᆡ[……]처럼 '의ᄉᆞ 셔지필'로 표기하였다.[4] 어찌 되었던 '의사'라는 칭호는 다른 사람이 사용하였지 서재필 자신은 좀처럼 사용하지 않았다. 다만 그가 이러한 오류를 지적하면서 적극적으로 수정하려고 하지 않은 것만은 틀림없는 사실이다.

그런가 하면 서재필은 컬럼비안대학에 재학 중이던 1890년 6월 한국인으로서는 최초로 미국 시민권을 받고 미국인으로 귀화하였다. 이 또한 황인종에게 시민권을 좀처럼 부여하지 않던 이 무렵의 제도와 관행에 비추어볼 때 아주 이례적인 일이라고 아니할 수 없다. 그 뒤 서재필은 미국 초대 철도우체국장 조지 뷰캐넌 암스트롱의 딸과 재혼하면서 망명 생활에 종지부를 찍고 마침내 미국 주류사회에 편입하게 되었다. 이렇게 미국 주류사회에 편입한 것을 보면 그는 이제 한국으로 돌아갈 생각을 모두 포기하고 낯선 땅 미국에서 삶의 터전을 잡고 뿌리를 내리기로 결심한 듯하

3 주진오, 「서재필 자서전: 유명인사 회고록 왜곡 심하다」, 《역사비평》 (1991년 겨울), 297~307; 주진오, 「서재필: 민족을 떠난 근대주의자」, 《내일을 여는 역사》 제13호 (2003년 9월), 208~224.

4 《독립신문》 「잡보」, 1897년 1월자; 《독립신문》 「교전쇼 뎨일추 회의 일긔」, 1897년 4월 27일자.

다.

서재필이 언론과 문필에 관심을 기울이게 되는 것은 의사 개업을 하던 1895년 가을 워싱턴에서 10여 년 전에 헤어졌던 박영효를 다시 만나면서부터이다. 박영효는 청일전쟁(淸日戰爭)에서 일본이 승리하고 명성황후를 정점으로 한 민 씨 정권이 몰락하고 개혁 내각이 들어서면서 조국의 정치 상황이 많이 달라졌다고 전하면서 그에게 귀국하여 정치 일선에서 함께 일할 것을 권유하였다. 그리하여 서재필은 고국을 등진 뒤 11년 만에 워싱턴을 출발하여 조국으로 향한다. 1896년 1월 그는 김홍집(金弘集) 내각으로부터 지금의 외교부 차관에 해당하는 외무협판(外務協辦)의 자리를 제안 받았지만 이를 거절하고 10년 계약으로 중추원(中樞院) 고문에 임명되었다. 1895년 12월부터 1898년 5월까지 2년 반 남짓 고국에 체류하였지만 서재필이 이 기간 동안에 전개한 활동이나 이룩한 업적은 참으로 크다. 실제로 계몽운동가나 선각자로서 그의 업적이 높이 평가받는 것은 짧다면 짧은 이 기간 동안 그가 펼친 활동 때문이다.

서재필의 업적 가운데에서도 유길준과 함께 신문 간행 계획을 추진하고 《독립신문》을 창간하여 자주자강의 계몽운동을 전개하기 시작한 것은 첫 손가락에 꼽힌다. 1896년 4월 7일 창간호를 발행한 이 신문은 한국 신문사에서 획기적인 신문으로 높이 평가받는다. 이러한 평가는 1957년부터 언론인들이 이 신문이 창간된 날을 '신문의 날'로 지정하여 기념하는 데에서도 엿볼 수 있다. 창간 당시 국배판(218×303mm) 4면으로 발행한 이 신문은 처음 세 쪽은 순한글로 기사를 싣고 나머지 한 쪽은 "The Independent"라는 제목 아래 영문으로 기사를 실었다. 세로쓰기 형식에 순한글로 논설을 쓰고 관보 · 외국통신 · 잡보 · 광고를 싣는 등 이 무렵 신문으로서는 형식과 내용 모두에서 가히 혁명적인 변화를 꾀하였다. 1897년 1월 5일부터는 《독립신문》에서 영문판을 분리시켜 4면으로 구성

된 《The Independent》를 따로 발행하였다. 또한 1898년 7월 1일부터는 《독립신문》을 주 3회 발간에서 일간으로 바꾸기도 하였다.

서재필은 《독립신문》을 창간하면서 외국의 여러 신문에서 적잖이 영향을 받았다. 이 신문의 발행 취지나 내용 그리고 형식을 보면 국내에서 발행하는 신문과는 여러모로 차이가 난다. 이 점과 관련하여 그동안 서재필 연구에 큰 성과를 이룬 이정식은 서재필이 13개월 동안 일본에 유학한 시절과 미국에서 귀국하던 도중에 만난 후쿠자와 유키치의 《지지신보》(時事申報), 그리고 미국 체류할 때 읽은 주간지 《네이션》에서 영향을 받았을 것이라고 추측한다.[5] 이렇듯 신문과 잡지를 통하여 민중을 계몽하고 계도하여 서구식 근대화를 이룩하는 데 서재필이 일본이나 서양에서 발행되던 정기간행물에서 받은 영향은 무척 컸다.

이 무렵 계몽사상가로서 서재필이 주창한 사상이나 이론이 한두 가지가 아니지만 그 중에서도 서구 민주주의를 빼놓을 수 없다. 그가 지향하던 평등과 자유에 기반을 둔 민주주의 사상은 《독립신문》 창간호 논설에서 엿볼 수 있다.

> 우리가 독닙신문을 오ᄂᆞᆯ 처음으로 츌판ᄒᆞᄂᆞᆫᄃᆡ 죠션 속에 잇ᄂᆞᆫ 외국 인민의게 우리 쥬의를 미리 말ᄉᆞᆷᄒᆞ여 아시게 ᄒᆞ노라.
>
> 우리는 첫ᄌᆡ 편벽되지 아니ᄒᆞᆫ고로 무ᄉᆞᆷ 당에도 상관이 업고 샹하 귀천을 달니 ᄃᆡ접아니ᄒᆞ고 모도 죠션사ᄅᆞᆷ으로만 알고 죠션만 위ᄒᆞ며 공평이 인민의게 말ᄒᆞᆯ터인ᄃᆡ 우리가 셔울 ᄇᆡᆨ셩만 위ᄒᆞᆯ게 아니라 죠션 젼국인민을 위ᄒᆞ여 무ᄉᆞᆷ일이든지 대언ᄒᆞ여 주랴ᄒᆞᆷ 졍부에셔 ᄒᆞ시ᄂᆞᆫ 일을 ᄇᆡᆨ셩의게 젼할 터이요, ᄇᆡᆨ셩의 졍세을 졍부에 젼할 터이니 만일 ᄇᆡᆨ셩이 졍부일을 자세이 알고 졍부에셔 ᄇᆡᆨ셩에 일을 자세

5 이정식, 『구한말의 개혁 · 독립투사 서재필』(서울: 서울대학교출판부, 2003), 211~215.

이 아시면 피ᄎᆞ에 유익ᄒᆞᆫ 일 만히 잇슬 터이요 불평ᄒᆞᆫ ᄆᆞ음과 의심ᄒᆞᄂᆞᆫ ᄉᆡᆼ각이 업서질 터이옴 우리가 이 신문 츌판ᄒᆞ기ᄂᆞᆫ 취리ᄒᆞ랴ᄂᆞᆫ게 아닌고로 갑슬 헐ᄒᆞ도록 ᄒᆞ엿고 모도 언문으로 쓰기ᄂᆞᆫ 남녀 샹하귀쳔이 모도 보게 ᄒᆞᆷ이요 ᄯᅩ 귀절을 ᄯᅦ어 쓰기는 알어보기 쉽도록 ᄒᆞᆷ이라.[6]

이 논설에서 필자가 주장하는 사상은 크게 네 가지로 요약할 수 있다. 첫째, 특정한 집단이나 특정한 지역 사람한테만 치우치지 않고 사실을 가능한 한 공평하게 전달하려고 노력할 것이다. 둘째, 정부와 백성 사이에서 가교 역할을 하여 불필요한 오해를 없애고 서로에게 이익이 되도록 노력할 것이다. 셋째, 이익을 목표로 두지 않기 때문에 신문 구독료를 저렴하게 하여 되도록 많은 사람이 읽을 수 있도록 할 것이다. 넷째, 한문을 읽지 못하는 일반 백성과 여성들도 쉽게 읽을 수 있도록 언문(순한글)으로 기사를 쓸 뿐만 아니라 읽기 편하도록 구절을 띄어 쓸 것이다.

이렇듯 《독립신문》은 내용뿐만 아니라 형식에서도 자유주의 사상을 표현하려고 노력하였다. 먼저 내용 측면에서 보면 이 신문은 국민 계몽과 문명개화 운동을 확산시키는 데 중요한 역할을 하였다. 가령 서재필은 독립된 나라를 만들기 위하여 무엇보다도 교육을 확대하고 산업을 발전시킬 것을 강조하였다. 이러한 목표를 이룩하기 위하여 의무교육 제도를 도입하고 서양의 과학기술을 받아들이며 식생활과 위생을 개선할 것을 제안하였다. 또한 정치 공동체의 인적 구성 원리에 대하여 조선시대의 방식과는 다른 방식으로 설명하고 입헌군주제를 대중화시켰다. 외교적으로는 러시아와 일본이 한반도를 둘러싸고 대립하고 있는 상황에서 어느 한 쪽에 의존하면 조선이 위험에 놓여 있을 수 있기 때문에 외부적으로는 중립

---

6 《독립신문》 창간호 1896년 4월 7일자.

외교를 펼쳐야 한다고 주장하였다. 또한 토론과 비판을 통하여 근대적 의미의 사회 공동체를 건설하려고 하였다.

형식의 측면에서 볼 때도 순한글로 기사를 쓰고 빈칸 띄어쓰기를 시도한 것은 한글전용 운동에서 가히 혁명적인 사건이었다. 지금까지는 한문을 해독할 수 있는 지식인들만이 읽을 수 있는 신문이 주류를 이루고 있었다. 이 무렵 몇몇 신문이 비록 국한문혼용체로 기사를 썼지만 한문 문장에 겨우 토를 다는 정도여서 한문을 모르는 일반 백성이 그 기사를 읽기란 여간 힘들지 않았다. 《독립신문》 이전에는 어쩌다 점을 찍는 권점(圈點)이나 동그라미를 그리는 권환(圈環) 같은 방식으로 띄어쓰기를 하였을 뿐 빈칸으로 띄어쓰기를 하지는 않았다. 이렇게 서재필은 이 신문에서 처음으로 빈칸 띄어쓰기를 채택함으로써 한글 띄어쓰기에 굵직한 획을 그었다. 또한 그는 언문일치를 이루었다는 점에서도 높이 평가받을 만하다. 세계 역사를 살펴보면 말을 하듯이 글을 쓰고 말을 듣듯이 글을 읽는다는 것은 근대 국가의 성립에 절대적인 영향을 끼쳤다.

그러나 그동안 서재필을 부정적 시각에서 파악해온 젊은 학자들은 서재필의 국어 구사력이 부족하였다는 점을 지적한다. 가령 주진오는 이러한 주장을 펴는 근거로 서재필에 이어 독립협회 회장을 지낸 윤치호(尹致昊)가 1893년에 8월 14일 일기에 적은 글을 제시한다. 윤치호는 이 일기에서 "서재필이 쓰거나 말하기 모두에 걸쳐 모국어를 거의 잊어 버렸다는 점에 놀랐다"[7]고 기록하였다는 것이다. 또한 이 일기는 서재필이 신문을 발간하면서 윤치호에게 영문 번역을 맡아줄 것을 제안하였다는 대목도

7 국사편찬위원회 엮음, 『윤치호 일기: 1893~1894』 제3권(서울: 국사편찬위원회, 1974), 149. 이 일기를 좀 더 정확하게 옮긴다면 "서재필이 글을 쓰거나 말을 하는 데 모국어를 거의 잊어버리다시피 하였다"로 하여야 할 것이다. 윤치호는 서재필이 모국어를 잊어버렸다고만 언급할 뿐 그 사실에 "놀랐다"고는 표현하지 않았다.

나온다. 그리하여 주진오는 서재필이 영문판 논설은 몰라도 적어도 국문판 논설은 직접 쓰지 않았을 것이라고 주장하기도 한다.[8]

그러나 서재필은 실제로 한글로 《독립신문》에 직접 글을 몇 편 썼을 뿐만 아니라 독립협회의 기관지 《대죠션독립협회회보》 같은 잡지에도 글을 썼다. 그가 한글로 직접 쓴 것으로 학자들이 판단하는 글은 지금까지 모두 다섯 편에 이른다.

① 「공긔」, 《대죠션독립협회회보》 제1~2호, 1896년 11월 30일 및 12월 5일. (2회 연재)

② 「동양론」, 《대죠션독립협회회보》 제6호, 1897년 2월 15일.

③ 「만민공동회에 ᄒᆞᆫ 답장」, 《매일신문》, 1898년 5월 4일; 《독립신문》 1898년 5월 5일.

④ 「작별하는 말」, 《독립신문》, 1898년 5월 17일.

⑤ 「졔손 씨 편지」, 《독립신문》, 1898년 11월 16~17일. (2회 연재)

이 중에서 ①과 ②는 서재필이 독립협회의 기관지에 발표한 글로 《독립신문》을 창간하기 이전에 쓴 글이다. 첫 번째 글에서는 의사나 과학자로서 그의 면모를 읽을 수 있다. 인간은 말할 것도 없고 모든 생물이 살아갈 수 있는 공기를 과학적으로 쉽게 설명한 글이다. 좁게는 과학, 넓게는 학문 일반에 대하여 서재필은 인간의 실생활에 도움을 주는 것으로 문명국에서는 학교 교육에서 과학과 학문을 널리 가르친다고 밝힌다. 이 점과 관련하여 그는 「공긔」에서 "학문이라 ᄒᆞᄂᆞᆫ거시 별거시 아니라 셰계 잇ᄂᆞᆫ

8 주진오, 「서재필 자서전」, 《역사비평》 1991년 가을호, 303; 주진오, 「서재필: 민족을 떠난 근대주의자」, 《내일을 여는 역사》 제13호 (2003년 9월), 208~224.

물건과 각ᄉᆡᆨ 쳔연ᄒᆞᆫ 리치을 자셔히 공부ᄒᆞ여 그 물건이 잇던 것신지 무어셰 쓰ᄂᆞᆫ 거신지 사ᄅᆞᆷ의게 관계가 엇지 잇ᄂᆞᆫ지 그런 것을 궁구ᄒᆞ여 쓸거슨 쓰고 못쓸 거슨 나여 바리고 ᄒᆞᄂᆞᆫ ᄭᆞ닭에 문명진보ᄒᆞᄂᆞᆫ 나라에셔들은 인민 교휵을 졔일 사무로 아ᄂᆞᆫ지라"[9] 하고 지적한다.

두 번째 글 「동양론」에서 서재필은 제목 그대로 세계정세 속에서 동양이 놓여 있는 위치를 고찰한다. 이 글에서 그는 좁게는 청국, 넓게는 중국의 학문을 청산하고 일본처럼 서구 문명을 받아들여 문화 개화를 이룩하여야 한다고 주장한다. 뒷날 서재필은 일본에 증오심에 가까운 배타적 태도를 보이지만 아직은 일본이 서양 문명을 일찍 받아들여 동아시아 국가 중에서 가장 먼저 근대화를 이룩한 모델로 생각하고 있었다. 일본에 대하여 그는 "일본은 근년에 구습을 모다 바리고 태셔 각국에 죠흔 법과 학문을 힘 ᄃᆞᆯ여 ᄇᆡ혼 ᄭᆞᄃᆞᆰ에 오날ᄂᆞᆯ 동양 안에 졔일 강ᄒᆞ고 졔일 부요ᄒᆞ며 셰계에 ᄃᆡ졉 밧기를 ᄀᆡ화ᄒᆞᆫ 동등국으로 밧으니 치하ᄒᆞᆯ 만ᄒᆞ고 층찬ᄒᆞᆯ 만ᄒᆞ더라" 하고 밝힌다.

한편 청국에 대해서는 "졍치가 고약ᄒᆞ고 인민이 완고ᄒᆞ야 지금 약ᄒᆞ기가 죠션에셔 못지안코 ᄇᆡᆨ셩이 도탄에 잇스며 졍부에 완고 당이 셩ᄒᆞ야 야만에 복ᄉᆡᆨ과 야만의 풍속을 지금ᄭᆞ지 슝샹ᄒᆞᄂᆞᆫ ᄭᆞᄃᆞᆰ에 영국이 향항을 차지ᄒᆞ고 아라샤 손 쇽에 들엇고 청국 남방 디방을 불난셔에 ᄲᆡᆺ기고 일본ᄒᆞ고 싸홈ᄒᆞ야 셰계에 망신을 ᄒᆞ고 [……]" 하고 지적한다. 그러면서 서재필은 "죠션은 청국 학문을 ᄇᆡ혼 ᄭᆞᄃᆞᆰ에 각ᄉᆡᆨ 일이 청국과 ᄀᆞᆺᄒᆞᆫ 일이 만코 나라 형셰가 청국과 ᄀᆞᆺᄒᆞ니 엇비 셟고 분치 아니ᄒᆞ리요" 하고 개탄한다.[10] 이렇듯 서재필은 하루라도 빨리 중국의 유산을 청산하면 할수록 한국에

9 정진석 엮음, 『독립신문 · 서재필 문헌 해제』(서울: 나남, 1996), 110.
10 위 책, 117.

는 이롭다고 지적한다.

위에 언급한 글에서 ③과 ④ 그리고 ⑤는 모두 《독립신문》에 발표한 글로 논설도 있지만 사사로운 성격이 강한 개인적인 글도 있다. 그런데 이 세 글은 하나같이 서로 깊이 관련되어 있다. 이 중에서 ③은 만민공동회(萬民共同會)와 관련하여 《매일신문》과 《독립신문》에 기고한 글이다. 서재필은 《독립신문》을 창간한 지 몇 달 뒤 독립협회를 결성하고, 이듬해 3월에는 종로에서 만민공동회를 개최하였다. 이 회의에는 서울 시민의 약 17분의 1에 해당하는 1만여 명이 자발적으로 운집하여 러시아의 침략 정책을 규탄하였다. 그런데 서재필은 수구파의 압력으로 고국에서 '추방'당하다시피 하여 다시 미국에 돌아간다. 이 문제에 대하여 만민공동회의 대표가 그에게 서한을 보내자 서재필은 그 서한에 대한 답신으로 쓴 글이 ③이다. 이 글에서 서재필은 미국으로 돌아갈 수밖에 없는 사정을 설명한다.

한편 ④는 그가 고국을 떠나면서 느낀 감회를 《독립신문》 논설란에 기고한 글이다. "독립신문 샤쟝 졔손 씨가 대한을 떠나기 림ᄒᆞ야 독립신문 보시ᄂᆞᆫ 졔 군ᄌᆞ의 쟉별ᄒᆞᄂᆞᆫ 말을 두머 ᄆᆞᄃᆡ 긔록ᄒᆞ노라"[11]는 문장으로 시작하는 이 글에서 그는 그동안 신문이 이룩한 공과를 밝힌다. 그런 뒤 그는 앞으로 신문 출간과 관련한 일을 윤치호에게 맡긴다고 말한다. 이 두 사람의 사이가 별로 좋지 않은 것으로 흔히 알려져 있지만 이 글에서 서재필은 윤치호의 능력과 인간성을 높이 평가한다.

마지막으로 ⑤는 제목 그대로 미국에 돌아간 뒤 서재필이 《독립신문》에 보내온 편지를 두 차례에 걸쳐 연재한 글이다. 이 글에서 그는 "어셔 밧비 대한 대쇼 인민이 어둡고 더러온 녯 길을 바리고 밝으고 발근 대로

---

11 앞 책, 121.

를 ᄎᆞ져 나라가 셰샹에 대졉을 밧게 되며 인민의 지식과 ᄌᆡ산이 늘어 ᄒᆡᆼ동거지와 의복 음식 거쳐가 셰계 ᄀᆡ화국 인민들과 동등이 되기를 ᄎᆔ슈ᄒᆞ며 대한이 이럿케 되도록 인도ᄒᆞᆯ 션ᄉᆡᆼ들은 독립협회 회원 제공들인 줄 밋고 불ᄋᆞ노라"[12] 하고 밝힌다. 이 편지에서 서재필은 조국이 중세의 어두운 터널에서 어서 빨리 빠져나와 서구처럼 근대화의 빛을 받기를 기원하는 한편, 이러한 일로 백성을 인도할 사람은 바로 독립협회 회원이라는 사실을 상기시킨다. 이렇듯 미국에 돌아가서도 그는 《독립신문》과 독립협회의 역할에 큰 기대를 걸고 있음을 알 수 있다.

이밖에도 서재필이 비록 이름을 밝히지는 않았지만 직접 써서 《독립신문》에 기고한 논설은 더 있다. 가령 앞에서 이미 인용한 창간호 논설도 서재필이 직접 쓴 것으로 보아야 할 것이다. 이정식은 그동안 ① 1896년 4월 9일자 논설, ② 1896년 4월 11일자 논설, ③ 1896년 4월 14일자 논설, ④ 1896년 5월 9일자 논설, ⑤ 1896년 5월 23일자 논설, ⑥ 1896년 5월 25일자 논설, ⑦ 1896년 5월 28일자 논설, ⑧ 1896년 8월 4일자 논설, ⑨ 1897년 4월 12일자 논설, ⑩ 1897년 12월 11자 논설 등을 서재필이 직접 쓴 글로 간주한다.[13] 특히 이정식은 흔히 「충신과 역적」으로 잘 알려진 1896년 4월 11일자 논설과 「계몽과 교육」으로 일컫는 1896년 5월 23일자 논설에 주목한다.

한편 한글학자 이기문(李基文)은 1897년 8월 5일자 《독립신문》 논설을 서재필이 직접 쓴 글이라고 주장하였다. 실제로 앞에서 인용한 창간호 논설에서 "모도 언문으로 쓰기ᄂᆞᆫ 남녀 샹하귀쳔이 모도 보게 홈이요 ᄯᅩ 귀절을 ᄯᅦ어쓰기는 알어보기 쉽도록 홈이라"는 문장을 보면 더더욱 그러한

---

12 앞 책, 126.

13 이정식, 『구한말 개혁 · 독립투사 서재필』, 195~215; 이정식, 『서재필: 미국 망명 시절』(서울: 정음사, 1984), 53, 240.

생각이 든다. 흔히 '국문론'으로 일컫는 이 논설에서 서재필은 순한글을 사용할 것을 부르짖음으로써 문화생활에서뿐만 아니라 사회 분야에서도 혁명적인 변화를 꾀한다. 그는 지금까지 지배 계급인 지식층이 한문을 일반 백성을 억압하는 도구로 삼아왔다는 점을 지적한다. 그는 "수효는 적으나 한문ᄒᆞᄂᆞᆫ 사람들이 한문 ᄋᆞᄂᆞᆫ 쟈세하고 권리를 모도 차지ᄒᆞ야 그 나머지 젼국 인민을 압제ᄒᆞ랴는 풍쇽이니 국문 슝상ᄒᆞ기를 엇지 이런 사람들이 좋아하리요"[14]라는 구절은 이를 뒷받침한다. 이기문은 이 논설을 근거로 이 신문을 창간하면서 순한글을 사용하기로 결정한 것은 주상호(周相鎬), 즉 주시경(周時經)이 아니라 어디까지나 서재필이라고 결론짓는다.[15]

더 나아가 서재필은 지식층이 한글을 천시하고 한문을 숭상하려는 것은 어디까지나 그동안 누려온 기득권을 계속 지키려는 음모에 지나지 않는다고 지적한다. 미셸 푸코의 지적대로 지식과 권력은 서로 깊이 연관되어 있게 마련이다. 그에 따르면 지식은 한낱 '진술'을 생산하고 규제하며 분배하고 순환하는 체계에 지나지 않는다. 그에 따라 권력은 지식을 생산하고, 지식은 권력의 효과를 더욱 강하게 만들며, 권력은 또다시 지식을 확대 · 재생산하는 순환 구조를 지닌다. 푸코는 이러한 권력이 현대에 이르러 일상생활 곳곳에 마치 거미줄처럼 뻗어 있다고 지적한다. 그의 이론은 한문을 선호하는 지식층한테도 마찬가지로 적용된다. 오랫동안 유가(儒家) 질서에 길든 지식인들은 한문 지식과 그것을 기반으로 한 담론을 수단으로 삼아 권력을 행사하고 그 권력을 계속 유지하려고 해왔다. 이러한 상황에서 한글은 '언문'(諺文), '반절'(反切), '암클', 또는 '중글'의 위

14 《독립신문》 1897년 8월 5일자.

15 이기문, 「《독립신문》과 한글 문화」, 《주시경 학보》 제4호, 7~21; 이기문, 「《독립신문》과 한글 문화」, 현종민 엮음, 『서재필과 한국 민주주의』(서울: 대한교과서주식회사, 1990), 46~66.

치로 떨어질 수밖에 없었다.

이정식과 이기문이 서재필이 쓴 것으로 인정하는 논설 말고도 언론학자 정진석(鄭晋錫)은 서재필이 직접 쓴 논설이 몇 편 더 있다고 지적한다. 정진석은 창간호 논설을 비롯하여 과학이나 위생과 관련하여 쓴 논설도 서재필이 쓴 글이라고 주장한다. 정진석은 ① 1896년 12월 1일자 논설, ② 1897년 6월 17일부터 7월 24일까지 논설, ③ 1897년 8월 31일부터 9월 2일까지 논설을 예로 든다. 특히 그는 "《독립신문》 1897년 6월 17일자부터 7월 24일까지 무려 16회에 걸쳐 게재한 생물학에 관한 연속 논설과, 8월 31일과 9월 2일자에 실린 위생에 관한 논설은 서재필이 쓴 것이 확실하다"[16]고 지적한다.

그동안 의사로서의 서재필의 역할에 주목해온 현봉학(玄鳳學)은 미국에서 귀국한 서재필이 여러 해 동안 미국에서 배운 의학을 토대로 삼아 위생이나 보건과 관련한 계몽운동도 소홀이 하지 않았다고 지적한다. 그러면서 서재필은 《독립신문》에 국민의 위생과 보건의 중요성을 역설하는 논설을 무려 16회에 걸쳐 기고하였다고 밝힌다. 현봉학은 공중위생과 보건을 다룬 서재필의 글이 오늘날의 안목에서 보면 유치할 만큼 단순하고 초보적인 상식에 그치고 있지만 이 무렵 서양 의학의 혜택을 받지 못한 한국 국민에게는 새로운 지식이요 획기적인 보건운동이었다고 평가한다. "사실 국민 위생과 보건의 중요성을 강조한 의사 서재필의 논설들은 우리나라 사회의 현대화 과정에서 가장 큰 업적 중의 하나라고 해도 과언이 아니라고 믿는다"[17]고 결론 짓는다.

이 무렵 서재필은 한글로 쓴 글 말고도 영문으로도 글을 많이 발표하였

16 정진석, 『독립신문 · 서재필 문헌 해제』, p. 12, 110; 정진석, 「서재필의 신문 경영과 언론 사상」, 서재필 기념회 엮음, 『서재필과 그 시대』(서울: 서재필 기념회, 2003), 232~239.

17 현봉학, 「의사로서의 서재필」, 『서재필과 그 시대』, 105.

다. 예를 들어 1896년 3월과 4월 영문 잡지 《코리안 리포지터리》(Korean Repository)에 기고한 「한국이 가장 필요로 하는 것」이라는 글과 「한국의 재정」이라는 글이 바로 그것이다. 첫 번째 글에서 그는 한국에 무엇보다도 가장 필요한 것은 나라를 제대로 지배할 줄 알 뿐 아니라, "목동이 방황하는 양떼를 올바른 길로 인도하는 것처럼"[18] 백성을 올바로 계도하고 인도할 인물이라고 지적한다. 그러면서 그는 젊은이들을 교육시키는 것이야말로 한국을 근대화시키는 지름길이라고 밝힌다. 두 번째 글에서 서재필은 구체적인 통계 자료를 하나하나 언급하면서 무위도식하는 양반 계급과 무능한 관리 때문에 한국의 재정이 파산 상태에 이르렀음을 경고한다.

3. 서재필의 문서 홍보 활동

앞에서 이미 밝혔듯이 수구파가 다시 정권을 잡자 러시아와 일본의 추방 압력과 고종을 비롯한 대한제국 정부의 권유로 서재필은 마침내 1898년 《독립신문》을 윤치호에게 인계하고 미국으로 돌아갔다. 학자들이 흔히 '서재필의 제2차 미국 망명'으로 일컫는 사건이다. 이렇게 미국에 돌아가 생활하는 동안에도 그는 계속 글을 발표하였다. 특히 서재필은 1919년 미국 펜실베이니아 주 필라델피아에 본부를 둔 한국홍보국에서 발행하던 잡지 《코리아 리뷰》(Korea Review)에 「필립 제이슨 의사의 연설」과 「한국에 대한 미국 교회들의 동정」 등 다섯 편의 글을 발표하였고, 이듬해에도 「한국과 중국」 등 모두 일곱 편을 발표하였다. 1922년 7월 이 잡

18 정진석, 『독립신문 · 서재필 문헌 해제』, 212

지가 종간될 때까지 그는 잇따라 이 잡지에 영문으로 쓴 글을 발표하였다. 또한 서재필은 한국에서 발행되던 신문과 잡지, 상하이(上海)에서 발행하던 《독립신문》, 그리고 미국에서 교포들이 발행하던 《신한민보》에도 글을 발표하였다. 정진석은 제2차 미국 망명기에 서재필이 쓴 글이 줄잡아 18편 정도로 이 가운데 《조선일보》에 7편, 《동아일보》에 6편이 실렸다고 지적한다.[19]

그런데 서재필이 이러한 글을 한글로 썼는지 아니면 영문으로 썼는지 지금으로서는 확인하기 어렵지만 아마 영문으로 쓴 것으로 보아 크게 틀리지 않을 것이다. 어찌 되었든 서재필이 미국에서 집필한 글은 한글로 번역되어 소개되었고, 몇 편은 영문과 함께 발표된 것도 더러 있다. 이 가운데에서 그가 『한수의 여행』을 집필하기 전후에 한글로 쓴 글은 다음과 같다.

① 「대한민국 임시정부 국무총리 이동휘(李東輝) 각하」, 상하이판 《독립신문》 1920년 3월 1일.

② 「고국 동포에게, 동아일보를 통하야」, 《동아일보》 1922년 9월 14일.

이 가운데에서 특히 첫 번째 글은 『한수의 여행』과 관련하여 여러모로 주의를 끌기에 충분하다. 이 작품의 주제가 한두 가지가 아니지만 그 가운데 하나는 일본 제국주의의 굴레에서 한민족을 해방시켜 명실공히 독립과 자주를 지켜야 한다는 것이다. 1920년 3월 상하이판 《독립신문》에 실린 위 서한은 서재필이 대한민국 임시정부 국무총리를 맡고 있던 이동휘가 보낸 편지에 대한 답신으로 쓴 것이다. 이 편지에 서재필은 조국의

19 위 책, 13.

수령과 다름없는 이동휘를 중심으로 사사로운 개인 이익보다는 국가의 장래를 위하여 협동하고 단결할 것을 촉구한다. 그러면서 서재필은 "과거 구삭(九朔) 동안 우리 동포의 표현한 정신과 기상은 참으로 탄복할 만하며 참으로 세계에 자랑할 만합니다" 하고 밝힌다. 또한 서재필은 자신이 지금 미국에서 펼치는 활동에 대해서도 언급한다.

> 현금 져는 미국인에게 본국의 사정을 소개하며 필설로써 분투를 계속하는 중이올시다. 우리가 우리의 이 의로운 싸홈을 곤준히 계속만 하여 가면 필경에는 멀더라도 수년 내에 한국에 대변동이 생길 줄 확신하는 바이올시다. 우리는 한국을 세계에 널리 소개치 안이 하면 안이 되겟습니다. 우리는 우리의 능력 여하를 세계에 알닐 필요가 잇습니다. 동시에 우리는 더욱 더욱 백절불굴 하는 정신과 기상으로 나아가지 안이 하면 안이 되겟습니다.[20]

위 인용문에서 서재필이 말하는 '의로운 싸움'이란 두말할 나위 없이 기미년에 일어난 3·1운동을 말한다. 한민족이 일본 제국주의에 맞서 일으킨 독립만세운동을 기독교에서 흔히 말하는 영적 투쟁에 빗대어 말하는 것이 무척 흥미롭다. 서재필은 여기에서 한민족의 독립운동을 언급하면서 신약성서의 사도 바울을 염두에 두고 있는 듯하다. 바울은 "나는 선한 싸움을 다 싸우고, 달려갈 길을 마치고, 믿음을 지켰습니다. 이제는, 나를 위하여 의(義)의 월계관이 마련되어 있으므로, 의로운 재판장이신 주께서, 그날에 그것을 나에게 주실 것이며, 나만이 아니라 주께서 나타나실 것을 사모하는 모든 사람에게도 주실 것입니다"(「디모데 후서」 4장 7~8절) 하고 말하기 때문이다.

---

20 정진석, 앞의 책, 128.

또한 서재필이 이 편지에서 "미국인에게 본국의 사정을 소개하며 필설로써 분투를 계속하는 중"이라고 밝히는 점도 찬찬히 주목해볼 필요가 있다. 그가 '추방'당하다시피 하여 미국에 돌아온 지 몇 년이 되지 않아 조국은 을사늑약과 함께 일본의 식민지로 전락하고 말았다. 이때부터 서재필은 미국 사람들에게 일본 제국주의의 만행을 폭로하는 한편 한국이 놓여 있는 식민지 상황을 널리 알리는 데 온힘을 쏟았다. 이동휘나 박용만(朴容萬) 같은 독립운동가들이 무력의 힘을 빌려 독립을 쟁취하려고 한 반면, 서재필은 이 무렵 펜을 힘을 빌려 문서와 홍보 외교를 펼치기 시작하였다.

위 인용문에서 "우리는 한국을 세계에 널리 소개치 안이 하면 안이 되겟습니다"라는 구절도 이와 같은 맥락에서 이해할 수 있다. 서재필은 제1차 한인회의에 대표 기도자로 참석한 플로이드 톰킨스 목사를 설득하여 '한국친우회'를 조직하고 미국이 한국의 독립을 지지할 것을 요구하는 운동을 벌였다. 이 무렵 한국친우회는 미국 정계와 학계에 포진해 있는 친일 세력에 맞서 조직된 기독교 단체로 미국 20여 개 도시에 지부를 두었고 심지어 영국 런던과 프랑스 파리에도 지부를 두었다. 한국친우회에서는 조선인에 대한 일본의 박해에 대하여 공식적으로 문제를 제기하였을 뿐만 아니라 미국 정치가들이 이를 시정하도록 일본 정부에 압력을 행사할 것을 요구하였다. 기미독립운동 1주년을 맞아 1920년 3월 1일 뉴욕지부에서 개최한 한국친우회 모임에는 무려 1천여 명의 회원이 참석하여 한국의 독립운동을 지지하는 집회를 열 정도로 규모가 크게 늘어났다.

서재필이 이동휘에게 보낸 편지에서 또 한 가지 주목해볼 것은 그가 편지 맨 끝부분에 "민국 원년(1919) 12월 24일 / 재 미국 費府 宣傳部 주재 서재필"이라고 적고 있다는 점이다. 첫째, 서재필은 기미독립운동이 일어난 1919년을 '(대한)민국의 원년'으로 삼고 있다. 기미독립운동이 일어난 것은 서력기원으로는 1919년이고 단기로는 4252년이지만 그 해를 대한민국이 처음 시작한 원년으로 삼는 것이다. 지금도 민족주의자 가운데에는 3 · 1운동이 일어난 해를 대한민국의 원년으로 삼자고 주장하는 사람들이 있다. 그들에 따르면 서기 1919년을 기준으로 그 이전은 '대한제국 시대', 그 이후는 '대한민국 시대'라는 것이다.

둘째, '비부'란 두말할 나위 없이 미국의 필라델피아를 가리킨다. 미국의 첫 수도로 1776년 영국 식민지 통치에 맞서 독립선언문을 공포한 곳이요, 1787년 신생 국가 미국의 헌법을 처음 제정한 곳이다. 말하자면 필라델피아는 미국 독립운동의 요람과 같은 곳으로 한국의 독립운동에도 자못 중요한 역할을 하였다. 앞에서 이미 밝혔듯이 서재필은 필라델피아에 살면서 미국에서 일본이 벌이고 있던 조직적 선전 활동에 대항하고 미국인들에게 조선의 사정을 알리기 위하여 자신이 사용하던 사무실에 한국통신부를 설립한 뒤 영문 잡지 《코리아 리뷰》를 발간하였다.[21] 서재필은 이 잡지를 통하여 일본의 잔학상을 미국에 폭로하고 한국의 식민지 상황을 널리 알리는 데 주력하였다. 서재필이 영문 소설 『한수의 여행』을 연재하기 시작한 것은 바로 이 잡지였던 것이다.

1921년 서재필은 이승만(李承晚)과 함께 대한민국 임시정부 대표로 워싱턴에서 열린 평화군축회의에 참석하였다. 조선 독립 문제를 국제회의 석상에서 공식적으로 다루어줄 것을 요구하는 「한국의 호소」라는 글을 각국 대표들에게 제출하였지만 일본의 방해와 미국의 반대로 끝내 무산

---

21 이 무렵 '코리아 리뷰'라는 제호로 두 종류의 잡지가 간행되고 있어 자칫 혼동을 불러일으키기 쉽다. 1919년 6월부터 1922년 7월까지 서재필이 필라델피아에서 간행한 월간지 《코리아 리뷰》 말고도 1901년부터 서울에서도 똑같은 제호의 잡지가 간행되었다. 서울 감리교출판사가 출간한 이 잡지는 호머 헐버트가 편집을 맡고 있었다. 헐버트는 서재필이 《독립신문》 영문판을 편집할 때 도움을 주기도 하였다.

되고 말았다. 1922년 조병옥이 뉴욕 주에 한인 교포들의 모임인 한인회의를 조직할 때에는 이승만과 함께 이를 지원하였다. 조병옥은 서재필이 한민족의 한 사람으로서 누구보다도 먼저 미국식 민주주의와 독립정신을 배우고 더 나아가 그 현장에서 생활한 최초의 선각자라고 평가하였다.[22]

기미독립운동 이후 서재필은 독립운동을 지원하는 일로 몇 해 동안 사업을 제대로 돌보지 못 한데다가 개인 재산을 많이 지출함으로써 1924년 마침내 법적으로 파산을 맞게 되었다. 파산으로 극도로 생계가 곤란해지자 1926년 예순두 살의 나이로 펜실베이니아 대학교에 특별학생으로 입학하여 그동안 다른 일에 시간과 정력을 바친 나머지 소홀할 수밖에 없었던 의학 연구를 보충하였다. 그는 다른 사람들에게 교육이야말로 가장 소중한 재산이라고 힘주어 말해왔지만 이렇게 스스로 몸소 실천에 옮겼다. 서재필처럼 그토록 쉬지 않고 도전하고 노력하는 사람도 아마 찾아보기 쉽지 않을 것이다.

4. 한국계 미국 소설의 효시 『한수의 여행』

서재필의 『한수의 여행』은 좁게는 한국계 미국 소설, 넓게는 한국계 미국 문학의 효시이다. 지금까지 적지 않은 비평가들이나 학자들은 류일한(柳一韓, Ilhan New)의 『한국에서 보낸 나의 어린 시절』(1928)을 최초의 한국계 미국 문학으로 간주해왔다. 이 책은 제목 그대로 류일한이 미국에 건너가기 전 고국에서 보낸 유년 시절의 경험을 기록한 것이다. 이 무렵 보스턴의 '로스롭, 리 앤드 셰퍼드' 출판사는 미국의 청소년 독자들에게

22 조병옥, 『나의 회고록』, p. 75.

외국 사정을 소개하는 책을 시리즈로 출간하고 있었다. 예를 들어 얀푸리(李延富)의 『중국에서 보낸 나의 어린 시절』(1887)을 비롯하여 사카에 시오야(塩谷榮)의 『일본에서 보낸 나의 어린 시절』(1906), 블라디미르 데보고리-모크리에비치의 『러시아에서 보낸 나의 어린 시절』(1916), 유엘 마르자의 『페르시아에서 보낸 나의 어린 시절』(1920), 사티아난다 로이의 『인도에서 보낸 나의 어린 시절』(1924) 등이 바로 그것이다. 이 출판사는 '다른 나라에 관한 어린이 책'이라는 제목으로 모두 스물두 권에 이르는 책을 출간하였고, 류일한의 책은 이 시리즈 중에서 맨 마지막 권에 해당한다.

『한국에서 보낸 나의 어린 시절』에서 류일한은 한국에서 겪은 유년 시절의 경험을 기술하면서 한국의 풍속과 문화를 소개한다. 다시 말해서 출판사의 출판 기획과 의도에 충실히 따르고 있는 셈이다. 가령 서당을 비롯한 교육 제도, 양잠업, 명절과 놀이, 의식주와 관혼상제, 가정생활, 한과와 인삼 같은 특산물, 황제와 그의 관료들, 그리고 그들이 살고 있는 수도 서울 등을 삽화와 함께 비교적 상세하게 묘사한다. 류일한에 훨씬 앞서 미국 선교사 퍼시벌 로웰이 『조선: 조용한 아침의 나라』(1885)를, 캐나다 선교사 제임스 S. 게일이 『코리아 스케치』(1898)를, 그리고 영국 저널리스트 앵거스 해밀턴이 『한국』(1904) 같은 책을 출간하였지만 류일한의 책은 그들의 책과는 여러모로 사뭇 다르다. 무엇보다도 한국인이 직접 쓴 작품일뿐더러 단순히 한국의 풍물을 소개하는 것에 그치지 않기 때문이다.

한편 강용흘(姜鏞訖, Younghill Kang)의 『초당』(1931)은 흔히 최초의 한국계 미국 소설로 간주해왔다. 한국계 미국 학자 오세웅(吳世雄, Sewoong Oh)은 강용흘을 두고 "한국계 미국 문학의 아버지"라고 부른다.[23] 그러나

23 Seiwoong Oh, "Younghill Kang (1903~1972)," *Asian American Autobiographers: A Bio-Bibliographical Critical Sourcebook*, ed. Guiyou Huang. Westport: Greenwood Press, 2001. 149~158.

강용흘은 한국계 미국 '소설'의 아버지라면 몰라도 한국계 미국 '문학'의 아버지로 일컫는 데에는 조금 무리가 따른다. 최초의 한국계 미국 문학이라면 방금 앞에서 언급한 류일한의 『한국에서 보낸 나의 어린 시절』이 그 자리를 차지하기 때문이다. 류일한의 작품은 강용흘의 작품보다 3년이나 앞서 출간되었다.

더구나 서재필의 『한수의 여행』은 강용흘의 『초당』은 말할 것도 없고 류일한의 작품보다도 몇 해나 앞선다. 좀 더 정확히 말해서 『초당』과 비교하여 서재필의 작품은 단행본으로 출간한 해를 기준으로 삼는다면 9년, 잡지에 처음 발표한 해를 기준을 삼는다면 시기적으로 무려 10년이나 빠르다. 허구와 역사, 소설과 자서전을 가르지 않고 모든 장르를 통틀어 서재필의 작품은 한국계 미국 문학의 첫 장을 화려하게 장식하는 작품이다. 한국계 미국 소설의 첫 작품일 뿐만 아니라 한국계 미국 문학의 첫 작품으로 간주하여도 크게 틀리지 않다.

5. 『한수의 여행』의 집필과 출간

서재필이 정확하게 언제 그리고 어디에서 『한수의 여행』을 집필하기 시작하였는가 하는 것은 지금으로서는 정확하게 확인할 수 없다. 다만 한 가지 분명한 사실은 그가 이 소설에서 1919년 기미독립운동을 핵심적인 사건으로 다루고 있는 것으로 미루어보아 그 이후에 집필하였음을 알 수 있을 뿐이다. 서재필은 독립만세운동이 일어나기 직전 상하이에 건너간 개신교 목사 현순(玄楯)이 보낸 전보를 통하여 독립운동 소식을 처음 전해 듣고 4월 필라델피아에서 제1차 한인회의를 개최하고 곧이어 신문 · 잡지 · 책자 등을 발행하여 계몽 · 선전 활동에 들어갔다. 한인회의의 결정에 따라 서재필은 필라델피아에 한국홍보국을 설치하여 여러 한국 관련 자료를 만들어 배포하였다. 특히 오하이오 주 유학생들이 발간해오던 《한국 출판》(Korean Publication)이라는 잡지를 인수하여 《코리아 리뷰》라는 월간지를 발간하기 시작하였다.

이 월간지는 적게는 1천 부에서 많게는 2천 5백 부까지 찍을 정도로 독자들한테 큰 호응을 얻었다. 기미독립운동이 일어난 뒤 서재필은 미국은 물론이고 전 세계에 널리 한국의 사정을 알리는 것이 무엇보다도 절실하다고 생각하였다. 그리하여 이 월간지를 간행하는 것 말고도 그는 필라델피아에 한국친우회를 결성한 뒤 미국 전역을 비롯하여 영국과 프랑스 등지에 23개에 이르는 친우회 지부를 만드는 등 무척 분주한 시간을 보냈다. 그러므로 독립운동이 일어난 1919년에 그가 이 소설을 집필할 틈을 내기란 여간 어렵지 않았을 것이다.

서재필이 좀 더 시간적 여유를 얻게 된 것은 그 이듬해 말이다. 1920년 말 이승만이 상하이 대한민국임시정부를 방문하기 위하여 미국을 떠나갔고, 또 구미위원회(歐美委員會) 위원장을 맡고 있던 김규식(金奎植)도 1921년 1월 상하이로 돌아갔다. 이 무렵 현순이 미국에 건너와 김규식을 대신하여 위원장 자리를 맡고 있었고, 서재필은 현순을 도우며 워싱턴에서 비교적 자유롭게 시간을 보낼 수 있었다. 비록 69쪽밖에 되지 않는 중편소설 분량이라고는 하지만 문학작품을 구상하고 집필하려면 시간적 여유는 말할 것도 없고 정신적으로도 안정을 찾지 않으면 안 될 것이다. 그가 『한수의 여행』을 정확히 언제 구상하였는지는 알 수 없어도 적어도 이 작품을 집필하기 시작한 것은 이러한 정황에 비추어볼 때 1920년 말에서 이듬해 초로 추측할 수 있다.

서재필이 『한수의 여행』을 언제 집필하였는가 하는 것은 이러한 외적 증거 말고도 텍스트 안에서 내적 증거를 찾을 수도 있다. 이 작품의 제11

장에서 이 소설의 화자(話者)는 주인공 박한수가 열네 달 동안 중국 만주(滿洲) 여러 지역에서 동포를 위하여 학교와 교회를 세우는 모습을 묘사한다. 그렇게 동포를 위하여 헌신하면서도 박한수는 자신의 능력이 부족하다는 사실을 깨닫는다.

> 한수는 다른 사람을 계몽시키기 위해서는 자신이 좀 더 교육을 받을 필요가 있다는 사실을 깨달았다. 그래서 친구들에게 미국에 건너가 몇 년 동안 공부하여 좀 더 크고 좀 더 원대한 일을 할 준비를 하고 싶다고 털어놓았다. [……] 한수는 1920년 여름 신실한 친구들과 작별을 하고 묵덴을 거쳐 상하이로 갔다.[24]

위 인용문에서 마지막 문장의 "1920년 여름"이라는 구절을 주목하여야 한다. 주인공이 바로 이 시기에 미국 유학의 꿈을 실현시키려고 만주에서 상하이로 간다면 서재필은 적어도 1920년 여름이나 그 이후에 『한수의 여행』을 집필하였다고 추측할 수 있다. 공상과학소설이나 미래소설이 아니고서는 작가가 작품을 집필한 다음에 일어나는 사건을 미리 다루는 일은 좀처럼 없기 때문이다. 그러므로 서재필은 적어도 1920년 여름이나 그 이전에 이 작품을 집필하였을 가능성이 무척 크다.

서재필은 『한수의 여행』을 자신이 필라델피아에서 직접 발행하던 잡지 《코리아 리뷰》에 1921년 4월부터 같은 해 9월까지 모두 여섯 차례에 걸쳐 연재하였다. 잡지 권수로 따지면 3권 2호부터 3권 7호까지에 해당한다. 작품 전체를 탈고하고 난 뒤에 연재를 시작하였는지, 아니면 연재에 맞추어 그때그때 탈고하였는지 지금으로서는 알 길이 없다. 어찌 되었던

24 N. H. Osia/Philip Jaisohn, *Hansu's Journey: A Korean Story* (Philadelphia: Philip Jaisohn & Company, n. d), pp. 58~59. 이 책에서 인용은 이 텍스트에 따르고 앞으로 쪽수는 본문 안에 직접 적기로 한다.

연재를 모두 마친 뒤 서재필은 이듬해 이 작품을 자신이 직접 운영하던 '필립 제이슨 회사'에서 단행본으로 간행하였다. 서재필은 해리힐먼 아카데미 후배인 해럴드 디머와 함께 설립하여 운영하던 인쇄 및 문구 사업을 그만두고 1914년 독자적으로 이 회사를 설립하여 운영해왔던 것이다. 앞에서 이미 지적하였듯이 이 회사는 종업원을 50명에서 70명 정도 고용할 만큼 건실한 중소기업으로 성장하였다.

『한수의 여행』의 출간 연대와 관련하여 오세웅은 "1921년 또는 1922년"일 것이라고 추정한다.[25] 그러나 이 작품을 연재하고 난 뒤 1922년 4월 한 익명의 필자는 《코리아 리뷰》에 이 소설을 광고하면서 "독자들은 아마 미국에 공부하러 온 한 한국 청년 학생의 개인 경험을 자세히 기술한, 『한수의 여행』이라는 제목으로 작년에 《코리아 리뷰》지에 실린 작품을 기억할 것이다"[26] 하고 밝힌다. 이 광고문을 쓴 사람은 두말할 나위 없이 서재필일 것이다. 그런데 여기에서 '작년에'라고 못 박아 말하는 것으로 보아 이 작품이 단행본으로 출간된 해는 1921년보다는 아무래도 1922년으로 간주하는 쪽이 더 옳을 것이다. 제프리 데이튼 스미스는 『미국 소설 서지: 1901~1925』(1997)에서 이 작품이 출간된 연도를 1922년이라고 표기한다.

O-145 Osia, N. H., 1866-1951. *pseud*. Hansu's Journey: a Korean story/ by N. H. Osia [pseud.]. Philadelphia: Copyrighted by Philip Jaisohn & Co., [1922]. 69 p.[27]

---

25 Seiwoong Oh, "*Hansu's Journey* by Philip Jaisohn: The First Fiction in English from Korean America," *Amerasia Journal* 29: 3 (2003~2004): 53.

26 *Korea Review* 4: 2 (April 1922): 16.

27 Geoffrey Dayton Smith, ed., *American Fiction, 1901~1925: A Bibliography* (Cambridge: Cambridge University Press, 1997), p. 506.

『한수의 여행』이 단행본으로 출간된 연도가 1922년이라는 사실은 또 다른 자료도 뒷받침한다. 미국 의회도서관 장서목록에 관리번호 '22010460'으로 등록되어 있는 이 작품은 '출판/입수' 연도가 1922년으로 표기되어 있다. 또한 이 의회도서관이 소장하고 있는 이 작품의 속표지 면지에는 "Cl. A659492"라는 번호와 함께 "APR-6 1922"라는 고무도장이 찍혀 있다. 이 날짜는 이 책이 판권을 인정받은 날짜인 듯하다.

또한 1923년 의회도서관 판권 사무실에서 발행한 1922년도 『판권등록목록』을 보면 『한수의 여행』과 관련한 판권 정보가 좀 더 상세하게 나와 있다.

> Osia (N. H.) Hansu's Journey. Philadelphia. Philip Jaisohn & co. [1922] 69 p. 12mo.
>
> ⓒ Apr. 3, 1922; 2 c. Apr. 6, 1922; aff. Apr. 5, 1922; A 659492; Philip Jaisohn & co., Philadelphia.[28]

위 정보에 따르면 『한수의 여행』은 필라델피아 소재 '필립 제이슨 회사'에서 1922년에 간행되었고, 분량은 모두 69쪽으로 되어 있다. '12mo'란 책의 크기를 가리키는 용어 'duodecimo', 즉 사륙판에 해당하는 '17.5×20mm' 크기의 책을 말한다. 또한 "2 c. Apr. 6, 1922; aff. Apr. 5, 1922"란 이 책 두 권을 1922년 4월 6일에 접수하여 1922년 4월 5일에 확인하였다는 뜻이다. 'A 659492'는 바로 그 책을 확인하고 승인한

28 Library of Congress Copyright Office, ed., *Catalogue of Copyright Entries: Part 1, Group 2* (Washington: Government Printing Office, 1923), p. 442. 확인한 날짜가 접수한 날짜보다 하루 늦다는 것이 사리에 맞지 않는다. 판권청에서 확인한 날짜는 1922년 4월 5일이지만 의회도서관에서 접수한 날짜는 4월 6일로 추측할 수 있을 따름이다.

번호이다. 이 번호는 현재 미국 의회도서관이 소장하고 있는 이 작품의 속표지 면지에 적혀 있는 "Cl. A659492"라는 번호와 일치한다. 서재필이 이 작품의 판권을 등록하기 위하여 판권청(版權廳)에 제출한 책을 의회도서관이 지금까지 보관하고 있는 것이다.

서재필이 『한수의 여행』을 어디에서 집필하였는가 하는 문제도 언제 집필하였는가 하는 문제처럼 지금으로서는 정확히 확인할 길이 없다. 다만 여러 정황으로 미루어보아 《코리아 리뷰》를 발행하면서 문서 외교와 홍보 활동을 활발하게 전개하던 필라델피아에서 집필한 것으로 추측할 수 있을 뿐이다. 앞에서 이미 밝혔듯이 이 무렵 서재필은 주로 필라델피아에 머물고 있었다. '필립 제이슨 회사'는 필라델피아 시 체스너트 스트리트 1537번지에 위치해 있었다. 한편 구미위원회 위원장을 맡고 있었지만 영어를 잘 모르던 현순을 돕기 위하여 서재필이 워싱턴에 자주 들렀던 사실을 염두에 둔다면, 그가 이 작품의 일부를 워싱턴에서 집필하였을 가능성도 배제할 수 없다.

『한수의 여행』을 과연 누가 썼는가 하는 문제도 그동안 이 작품의 출간 연도나 집필 장소 못지않게 수수께끼로 남아 있었다. 오세웅의 지적대로 이 작품이 그동안 한국계 미국 문학 연구가들한테 잘 알려지지 않은 이유 가운데 하나는 'N. H. Osia'라는 저자가 좀처럼 한국인이나 한국계 미국인 작가로 받아들여지지 않았기 때문이다.[29] 이 작품의 초판본 속표지 윗부분에는 "Hansu's Journey: a Korean story"라고 적혀 있고, 중간 부분에는 "by N. H. Osia"라고 적혀 있으며, 아랫부분에는 "Copyrighted by / Philip Jaisohn & Co. / 1537 Chestnut Street / Philadelphia"라고 적혀 있다. 그런데 문제는 'N. H. Osia'가 과연 실제 이름인가 가명인가 하

29 Oh, "*Hansu's Journey* by Philip Jaisohn," pp. 44~45.

는 데 있다. 방금 앞에서 언급한 제프리 스미스는 이 이름을 아예 가명이라고 분명히 밝히고 있으며, 미국 의회도서관에서도 저자의 이름 'N. H. Osia' 옆에 펜으로 'pseud.'라고 적어놓고 그 밑에 'Jaisohn, Philip'이라는 본명을 적어놓았다. 그러니까 도서관 사서는 이 작품을 쓴 저자의 가명과 실명을 모두 밝혀놓고 있는 셈이다.

그런데 최근 오세웅은 이 'N. H. Osia'가 다름 아닌 서재필임을 밝혀내어 관심을 끌었다. 오세웅에 따르면 서재필은 자신의 미국 성씨 'Jaisohn'에서 첫 글자 'J'를 뺀 나머지 글자를 정확히 거꾸로 'n–h–o–s–i–a'로 표기하여 이 가명을 만들어내었다.[30] 즉 여섯 글자 중에서 처음 두 글자는 개인 이름의 머리글자(N. H.)로 삼고 나머지 네 글자를 성(Osia)으로 삼은 것이다. 이 사실을 모르는 사람들은 『한수의 여행』의 저자를 아마 외국 사람으로 착각할는지 모른다. 미국에는 실제로 '오시아'라는 성이 가진 사람이 없지 않다. 최근 미국 인구조사국에 따르면 미국에서 '오시아'라는 성을 가진 사람이 가장 많이 사는 주로는 미주리 · 일리노이 · 노스캐롤라이나 · 조지아 · 메릴랜드 순으로 꼽힌다.

서재필이 이렇게 자신의 이름을 마치 암호를 만들 듯이 작명하여 사용하는 것은 비단 그때가 처음이 아니다. 잘 알려진 바와 같이 그의 영문 이름 'Philip Jaisohn'도 한국 이름 '서재필'을 거꾸로 조합하여 만든 것이다. 존 홀렌백의 후원으로 해리힐먼 아카데미에 다닐 무렵 서재필은 처음으로 영어 이름을 갖게 되었다. 그런데 그는 '서재필'을 거꾸로 하여 '필재서'로 만든 뒤 '필'을 '필립(Philip)'으로, '재서'를 '제이슨(Jaisohn)'으로 음차(音叉)하여 '필립 제이슨'이라는 미국식 이름을 만들었다. 두말할 나위 없이 이 'Jaisohn'이라는 성은 미국은 말할 것도 없고 세계 어느 나라

---

30 앞 글, 45.

에서도 찾아볼 수 없는 고유한 성이다. 그 뒤 서재필은 좀처럼 한국 이름을 사용하지 않고 이 영문 이름과 그 이름을 한글로 표기한 '필립 제이슨'이나 '제손' 또는 '피제손' 등의 이름을 사용하였다. 그 때문에 그를 부정적으로 평가하는 학자들은 그것을 문제 삼기도 한다.[31] 또한 서재필은 경우에 따라 개인 이름으로 'Philip' 대신에 자신의 호를 사용하여 'Songjae Jaisohn'이라는 이름을 썼다. 물론 이밖에도 그는 'Songjae So'나 'So Chae-pil' 또는 'So Jai-pil' 등 여러 방식으로 영문 이름을 표기하기도 하였다.

서재필이 그 많은 이름 중에서 굳이 이렇게 '오시아'라는 가명을 사용하는 데에는 그럴 만한 까닭이 있을 것이다. 이 이름에서는 가령 어느 외국 사람보다도 일본 사람의 이름이 쉽게 떠오른다. 서재필은 이 작품에서 일본 식민주의나 제국주의를 날카롭게 비판하면서 반일 감정을 강하게 드러낸다. 그런데 이러한 주제를 다루는 데에는 '한국의 이야기'라는 부제가 붙어 있는 이 작품의 저자를 일본 사람으로 삼는 것보다 더 효과적인 방법도 없을 것이다. 그렇다면 그가 굳이 '오시아'라는 가명을 사용한 것은 자신의 신분을 숨기기 위한 것일 뿐만 아니라 이러한 실질적인 이유 때문이었다고 볼 수 있다.

서재필의 『한수의 여행』은 1922년 단행본으로 처음 출간된 지 미국의 몇몇 도서관에 소장되어 있을 뿐 오랫동안 독자들의 뇌리에 잊혀 있다가 50여 년이 지난 뒤에서야 비로소 다시 햇빛을 보게 되었다. 미국에서 변호사와 저널리스트로 활약하는 서재필의 종증손자 서동성(徐東成)이 1979

31 주진오, 「교과서의 독립협회 서술은 잘못되었다」, 역사문제연구소 엮음, 『바로잡아야 할 우리 역사 37장면 · 1』(서울: 역사비평사, 1993), 31~40. 이와 관련하여 주진오는 "그는 귀국 후 단 한 번도 자신을 이 이름으로 부른 적이 없었고 필립 제이슨 또는 피제손으로 표기하였다"고 지적한다.

년 서울 보진재 출판사에서 이 작품을 한글로 번역하고 뒤에 원문을 덧붙여 단행본으로 출간하면서 국내 학계에서 처음 알려지기 시작하였다. 서재필의 형인 서재춘(徐載春)의 증손자인 서동성은 서재필의 둘째딸 뮤리얼로부터 이 작품을 한글로 번역해줄 것을 부탁받고 "대손(代孫)으로 번역을 해야 되겠다는 일종의 사명감에서 정성을 다하여 번역을 했다"[32]고 밝힌다. 한편 미국 필라델피아에 본부를 두고 있는 일간신문 《동아 데일리뉴스》는 2001년 4월부터 5월까지 서재필 사후 50주년을 기념하기 위하여 『한수의 여행』을 영문 원문과 한글 번역을 함께 연재하기도 하였다. 이로써 그동안 어둠 속에 갇혀 있던 이 작품은 한국과 미국에서 점차 그 존재가 알려지게 되었던 것이다.

6. 《코리아 리뷰》 텍스트와 단행본 텍스트

서재필은 『한수의 여행』을 《코리아 리뷰》에 여섯 차례에 걸쳐 연재하고 난 뒤 그 이듬해 단행본으로 출간하면서 잡지에 실린 텍스트를 그대로 출간하지 않았다. 언뜻 보면 잡지에 실린 작품을 그대로 단행본으로 출간한 것 같지만 좀 더 꼼꼼히 살펴보면 여기저기에서 부분적으로 수정하였음이 밝혀진다. 이러한 수정은 ① 오자나 탈자의 수정, ② 장의 구별 같은

32 서동성, 「역자의 말」, 서재필, 『한수의 여행』(서울: 보진재, 1979), 1~2. 이 책에 수록한 영문 텍스트는 영인본이 아니라 새로 조판한 것이기 때문에 조판 과정에서 곳곳에 어휘가 누락되어 있고 단락의 표기가 잘못 되어 있어 믿을 만한 텍스트가 못된다. "일종의 사명감에서 정성을 다하여 번역"하였다는 서동성의 번역도 어설픈 데가 적지 않고 오역도 꽤 자주 눈에 띈다. 이 책은 이미 오래전에 절판된 상태에 있고, 이 작품의 영문 원문과 서동성의 번역은 2007년 '송재 서재필 박사 기념재단'에서 펴낸 『인간 송재 서재필』에 수록되어 있지만 표기법만 바꾸었을 뿐 번역은 보진재 번역본과 동일하다.

구성과 관련한 수정, ③ 구두점 같은 비본질적 수정, ④ 작품의 의미에 영향을 줄 수 있는 자구나 문장의 본질적 수정 등 크게 네 가지로 나누어볼 수 있다.

《코리아 리뷰》에 실린 『한수의 여행』에는 오자나 탈자가 가끔 눈에 띈다. 한 달에 한 번씩 잡지를 내고 서재필 혼자서 편집 일을 도맡다시피 하다 보니 꼼꼼히 교정을 볼 수 없었을 것이다. 이러한 사정을 염두에 두면 다른 잡지와 비교하여 오자나 탈자가 별로 없는 것이 오히려 놀라울 정도이다. 예를 들어 잡지 텍스트에는 "course, frugal breakfast"라고 되어 있지만 단행본에서는 "coarse, frugal breakfast"로 고쳐놓았다. 마찬가지로 잡지 텍스트에서 'day'를 탈락시키고 그냥 "After that"이라고 한 것은 단행본으로 출간할 때에는 "After that day"로 수정하였다.

그러나 잡지 텍스트를 바로잡지 않은 곳도 더러 있다. 가령 잡지 텍스트에서는 평양을 어떤 때에는 'Penyan'으로, 또 어떤 때에는 'Peng Yang'으로 표기하였다. 또한 서재필이 잡지 텍스트에서 김상설 목사의 교회가 있다는 'Sunju'와 강일한 목사가 시무하고 있다는 'Senchu'는 비록 표기법은 달라도 선주(宣州)를 가리키는 지명임에 틀림없다. 그런데 서재필은 이러한 표기법을 고치지 않고 단행본에서 그대로 뒤섞어 사용하고 있다. 주인공 박한수가 맨리 선교사가 평양에 세운 미션스쿨에서 공부하는 장면에서는 "his earning capacity"라는 구절이 나온다. 문장이나 단락의 맥락에 비추어보면 아무래도 'earning'보다는 'learning'이라고 하여야 더 맞을 것이다. 특히 바로 앞에 나오는 "as his education broadened"라는 구절은 이 점을 더욱 뒷받침한다. 그런데도 단행본에는 잡지 텍스트처럼 "his earning capacity"로 되어 있다.

서재필은 『한수의 여행』을 《코리아 리뷰》에 연재하면서 작품을 장(章)으로 구분 짓지 않고 오직 잡지 편집의 편의에 따라 적당한 곳에서 중단하였다. 적게는 2쪽이 채 되지 않는 분량에서 많게는 6쪽 가까이 되는 분량에 이르기까지 들쭉날쭉하다. 잡지에 연재할 때 실린 텍스트와 단행본으로 출간할 때 장의 구분과 서로 비교해보면 다음과 같다.

《코리아 리뷰》	단행본
제1회분 (4월호)	제1장; 제2장; 제3장; 제4장 일부
제2회분 (5월호)	제4장 일부; 제5장; 제6장; 제7장 일부
제3회분 (6월호)	제7장 일부; 제8장; 제9장
제4회분 (7월호)	제10장
제5회분 (8월호)	제11장; 제12장 일부
제6회분 (9월호)	제12장 일부; 제13장

위 표에서도 볼 수 있듯이 오직 제10장 한 장으로 되어 있는 제4회분을 제외하고는 하나같이 장이 중간에서 중단된다. 사정이 이러하다 보니 사건이 한참 진행되다가 갑자기 끊기고 마는 경우가 대부분이다. 가령 맨 첫 번째 연재의 분량은 단행본의 제1장, 제2장, 제3장 그리고 제4장의 절반 정도에 해당한다. 그런데 작가가 제1회분 연재를 끝내는 곳은 감옥에서 풀려난 주인공 박한수가 김상설 목사가 써 준 소개장을 들고 평양에 가던 중 미스 마이라 노먼을 만나는 장면이다. 김 목사한테 보내는 편지를 읽은 노먼은 박한수에게 왜 철도를 이용하지 않고 걸어서 가느냐고 묻고, 박한수는 그 이유를 말하는 것으로 끝이 난다. 같은 해 5월호에 실린 제2회에서는 미스 노먼이 자동차에 있는 가죽가방에서 초콜릿 몇 개를 꺼내주며 허기를 달래라고 말하고, 그에게 기차표를 살 돈을 빌려주는 것으로 시작한다. 적어도 작품의 구성을 기준으로 삼는다면 이 장면에서 이야기를 중단할 수는 없을 것이다.

서재필은 잡지에 실린 작품을 단행본으로 출간하면서 이번에는 쉼표나 마침표 또는 하이픈 같은 구두점을 수정하였다. 예를 들어 잡지 텍스트의 "uncalled for outrage"를 단행본에서는 "uncalled-for outrage"로 하이픈(-)을 삽입하였다. 이러한 예는 작품 곳곳에서 쉽게 찾아볼 수 있다.

> For a moment he forgot all the warnings his parents gave him before leaving home, not to have anything to do with the Japanese, and above all never to quarrel with them.[33]

위 인용문에서 서재필은 'home'과 'Japanese' 다음에 쉼표(,)를 붙여 놓았다. 그러나 'not to have' 이하의 구절은 앞의 'all the warnings'를 수식하는 부정어이기 때문에 'not' 바로 앞에서 쉼표를 사용하면 자칫 혼란을 줄 염려가 있다. 또한 'the Japanese' 다음에 쉼표를 사용하면 'not to have' 이하의 구절과 'and' 이하의 구절의 의미 연결이 자연스럽지 못하고 끊길 우려가 없지 않다. 이 점을 의식하였는지 그는 단행본에서는 역시 두 곳에서 쉼표를 사용하되 그 위치를 조금 바꾸었다.

> For a moment he forgot all the warnings his parents gave him before leaving home not to have anything to do with the Japanese and, above all, never to quarrel with them. (6)

위 인용문에서 서재필은 'above all'이라는 구절을 쉼표로 묶어 삽입구로 처리하였다. 그리하여 'not to have' 이하의 구절과 'and' 이하의 구절을 자연스럽게 연결시켰다. 잡지에 실린 텍스트와 비교해볼 때 단행본

---

33 N. H. Osia, "Hansu's Journey," *Korea Review*, April 1921: 12.

의 텍스트가 문법적으로 더 정확하고, 독자들이 그 뜻을 이해하기에도 쉽다.

또한 서재필은 이번에는 부사 'too'를 사용하면서 쉼표를 사용하거나 그 위치를 바꾸어놓기도 하였다. 가령 "he too could have a friend in Jesus"라는 문장에서 'too' 앞뒤로 쉼표를 붙여 "he, too, could have a friend in Jesus"로 수정하였다. "Hansu was very much moved and without realizing he too cried out in loud voice: 'Jesus, save me, too'"[34]라는 문장을 "Hansu was very much moved and, without realizing, he, too, cried out in loud voice: 'Jesus, save me, too!'"(9)로 고쳐놓았다. 단순히 'too' 앞뒤로 쉼표를 사용하여 삽입구 형식으로 만들어놓은 것에 그치지 않고 더 나아가 'without realizing'도 똑같이 쉼표를 사용하여 삽입구로 처리하였다. 그런가 하면 마지막 구절에서 'too' 다음에는 마침표(.) 대신에 감탄부호(!)를 사용하여 기원(祈願)이나 기구(祈求)의 의미를 강조하기도 하였다.

그러나 서재필이 『한수의 여행』을 단행본으로 출간하면서 수정한 부분 가운데에서도 가장 주목해볼 것은 작품의 내용과 관련한 부분이다. 텍스트 비평에서는 구두점 같은 수정은 '비본질적'(accidental) 수정이라고 일컫는 반면, 작품의 내용에 영향을 줄 수 있는 자구나 문장 수정은 '본질적'(substantive) 수정이라고 하여 자못 큰 관심을 기울인다. 본질적 수정도 ① 좀 더 문법에 맞도록 수정하는 경우, ② 좀 더 독자의 이해를 돕도록 수정하는 경우, ③ 문체적 효과를 고려하여 수정하는 경우, ④ 구체적인 역사적 사실을 드러내지 않도록 수정하는 경우 등 크게 네 가지로 나눌 수 있다. 서재필은 단행본으로 출간하면서 이 네 가지 모두를 고려하여

34 위의 책, 13.

잡지에 실린 텍스트를 폭넓게 수정하였다.

단행본 『한수의 여행』에서 《코리아 리뷰》에 실린 텍스트를 문법에 맞게 수정한 예는 그다지 어렵지 않게 찾아볼 수 있다. 예를 들어 제1장에서 "He groaned and mumbled supplication that his agony be ended"(7)라는 문장이 나온다. 잡지에 실릴 때에는 'his agony would be ended'로 되어 있었다. 그러나 서재필은 기원이나 탄원을 의미하는 명사 'supplication' 때문에 조동사 'will'의 과거형 'would'을 사용하는 대신 좀 더 문법에 맞도록 동사 원형 'be'를 사용하였다. "His weariness fell from him"라는 문장도 단행본에서는 삼인칭 소유격 대명사 'His'를 생략하였다. 'from him'이라는 표현이 있기 때문에 굳이 군더더기로 대명사를 사용할 필요가 없기 때문이다. 그런가 하면 서재필은 단행본에서 'after two days' 대신에 'in two days' 사용하였다. 특히 후자의 경우 'in'은 현재를 기준으로 하여 시간의 경과를 말할 때 주로 사용하는 반면, 'after'는 과거를 기준으로 말할 때 주로 사용한다. 그러나 과거형 문장에서도 동작의 완료를 나타날 때에는 'in'을 사용하는 것이 보통이다. 또한 'in'에는 '~이내에'라는 뜻으로도 쓰기도 한다.

서재필은 좀 더 역사적 사실에 가깝게 묘사하거나 독자의 이해를 돕기 위하여 자구나 문장을 수정하기도 하였다. 예를 들어 박한수가 기미독립운동에 참가한 뒤 만주로 도피하여 그곳에서 활약하는 장면에서 이러한 예를 찾을 수 있다. 주인공의 활동과 관련하여 작가는 잡지 텍스트에서 "In fourteen months several schools had been built all through Manchuria and as many churches"[35]라고 적는다. 그러나 14개월 동안 그 넓은 만주 전역을 돌아다니면서 학교와 교회를 세운다는 것은 초인적

35 Osia, "Hansu's Journey," *Korea Review*, August 1921: 15.

인 힘이 아니고서는 불가능할 것이다. 그리하여 작가는 단행본을 간행하면서는 이 문장을 "In fourteen months several schools had been built through that part of Manchuria and as many churches"(58)라고 수정하였다. 다시 말해서 서재필은 박한수의 활동 범위를 찬동을 비롯한 만주의 특정 지역으로 한정하였던 것이다.

마셀라 정이 온갖 고문을 당하고 일본 헌병 막사의 마룻바닥에 누워 있는 장면도 이러한 경우의 좋은 예라고 할 만하다. 잡지 텍스트에서는 "[……] and in a heap in the middle of the floor was the wounded and half-fainting Marcella"[36]로 되어 있었지만 작가는 단행본을 출간할 때에는 'half-fainting'을 'half-conscious'로 수정하였다. '반쯤 기절하였다'는 표현보다는 아무래도 '반쯤 의식을 잃고 있었다'고 표현하는 쪽이 더 옳을 것이다. 박한수는 곧바로 일본군 헌병 막사를 빠져나가 미스 마이라 노먼이 도착하기를 기다리고 있다.

> Hansu quietly slipped out of the main entrance and anxiously waited for Miss Norman to come. In the meantime Miss Norman was having great difficulty in getting to the barracks. [……] Miss Norman and her escort, Dr. Wells, cautiously moved to the spot whence came the voice.[37]

잡지에 실린 위 인용문에서는 미스 노먼이 일본 헌병 막사를 찾는 데 큰 어려움을 겪은 것으로 되어 있다. 그런데 뒤에 와서는 갑자기 웰스 의사가 그녀의 수행원으로 나타남으로써 독자들을 어리둥절하게 만든다.

---

36 Osia, "Hansu's Journey," *Korea Review*, June 1921: 15.
37 앞의 글, 15.

이 두 사람은 박한수가 부르는 곳으로 조심스럽게 다가가고 있다. 이 점을 의식하였는지 서재필은 『한수의 여행』을 단행본으로 출간할 때 위 인용문을 이렇게 고친다.

> Hansu quietly slipped out of the main entrance and anxiously waited for Miss Norman to come. But Miss Norman and her escort were having great difficulty in getting to the barracks. [……] Miss Norman and Dr. Wells cautiously moved to the spot whence came the voice. (46)

위 인용문에서는 시간의 경과를 가리키는 부사구 'In the meantime' 대신에 접속사 'But'을 사용하였다. 후자도 그렇게 썩 어울리는 접속사는 아니지만 후자보다는 조금 낫다. 'Miss Norman' 한 사람만 언급하지 않고 'Miss Norman and her escort'로 그녀의 수행원을 함께 언급함으로써 노먼 혼자서 막사에 도착한 것이 아니라는 사실을 처음부터 분명히 하였다. 그러고 나서 후반부에서 'Miss Norman and Dr. Wells'이라고 말하면서 그녀를 수행하고 있는 사람이 다름 아닌 웰스 의사임을 밝히고 있다.

박한수가 압록강을 건너 만주로 도피하는 장면에서도 서재필은 의미를 좀 더 명확하게 하기 위하여 수정을 하였다.

> He made a small bundle of food and then went back to the boat landing. The skiff was soon loose from its moorings, and several vigorous strokes brought him into midstream.[38]

---

38 Osia, "Hansu's Journey," *Korea Review*, July 1921: 16.

위 인용문 두 번째 문장은 수동형으로 되어 있어서 계류장에 매어놓은 나룻배를 누가 풀어놓는지 그 주체가 누구인지 명확히 드러나 있지 않다. 매듭이 느슨하게 매여 있어 바람에 날려 풀린 것으로 해석할 수도 있고, 박한수가 직접 나룻배를 묶어놓은 줄을 푸는 것으로 해석할 수도 있다. 또한 계류장에서 나룻배를 푼 뒤 노를 힘차게 몇 번 저어 압록강 한가운데로 나아갔다는 후반부에서도 강에 나아간 주체가 나룻배인지 박한수인지 하는 문제가 의문으로 남는다. 그리하여 서재필은 단행본을 출간하면서 잡지에 실린 위 인용문의 두 번째 문장을 완전히 새로 고쳐 쓴다.

> He made a small bundle of food and then went back to the boat landing. He unfastened the skiff from its moorings, stepped into it and with several vigorous strokes brought it into midstream. (54)

위 인용문에서 계류장에 묶여 있는 나룻배를 푸는 주체는 다름 아닌 박한수이다. 서재필은 수동태 문장을 능동태 문장으로 바꾸어놓음으로써 주체와 그의 행동에 훨씬 더 무게를 싣는다. 또한 잡지에 실린 텍스트에는 없던 구절 'stepped into it'을 삽입하여 나룻배를 계류장에서 푸는 동작과 나룻배를 노로 젓는 동작 사이를 좀 더 자연스럽게 연결시킨다. 이 구절이 빠져 있는 잡지 텍스트에서는 나룻배를 젓는 주체가 누구인지 자칫 헷갈릴 염려가 없지 않다. 그런가 하면 "several vigorous strokes brought him into midstream"이라는 문장을 "with several vigorous strokes brought it into midstream"으로 바꾸어 박한수가 일련의 동작의 주체임을 분명히 하였다. 다시 말해서 서재필은 서로 다른 문장 주어를 사용한 잡지 텍스트와는 달리 단행본에서는 "He unfastened [……], stepped [……], and brought [……]"라는 문장 구조를 구사한다. 그러므로 주인공이 나룻배를 푼 뒤 나룻배 안으로 들어가 힘차게 노를 저어 압록강 한복판으로 나아가는 모습을 잡지 텍스트에서는 좀처럼 느낄 수 없다.

이렇게 서재필이 문장의 의미를 좀 더 분명히 하기 위하여 수정한 예는 기미독립운동이 일어나던 날, 박한수가 마셀라 정을 비롯한 여학생들을 처음 만나는 장면에서도 마찬가지로 엿볼 수 있다. 시위에 참여한 박한수는 일본 헌병과 경찰과 소방대를 피하여 덕수궁 담을 끼고 돌아 뽕나무 거리, 즉 오늘날의 신문로 쪽으로 가까스로 몸을 피한다.

> A trolley car had stopped in the middle of the street, and in it were some twenty Korean girls. [……] The Japanese soldiers immediately closed the car door and tied the girls together with heavy cord, like so many bunches of celery.[39] (13)

박한수가 막 신문로에 들어서는 순간 전차 한 대가 다가와 길거리 한복판에 멈추어 선다. 이 전차 안에는 스무 명가량의 한국 여학생들이 타고 있고, 일본 군인들은 전차 문을 닫고는 밧줄로 여학생들을 포박한다. 그러나 이 장면을 읽는 독자들은 전차의 출현과 일본 경찰의 행동이 자칫 논리적으로 연관성이 부족하다고 생각할는지 모른다. 이 점을 의식하였는지 서재필은 위 인용문을 다음과 같이 수정하였다.

> Just as he entered this street, a trolley car stopped near him, and in it

39 Osia, "Hansu's Journey," *Korea Review*, June 1921: 13.

were some twenty Korean girls. [……] The Japanese soldiers immediately entered, closed the car door and tied the girls together with heavy cord, like so many bunches of celery. (39~49)

위 인용문에서는 주인공 박한수가 신문로 거리에 들어서자마자 전차가 그의 근처에 와서 멈추는 것으로 되어 있다. 맨 앞에 "Just as he entered this street"라는 부사절을 사용함으로써 앞 단락과의 연결이 훨씬 자연스러울 뿐만 아니라 새로 시작하는 단락의 내용을 이해하는 데에도 적잖이 도움이 된다. 더구나 전차가 길거리 한복판이 아니라 주인공과 가까운 거리에 멈추어 서기 때문에 그는 전차 안에서 일어나는 사건을 낱낱이 목격할 수 있다. 잡지 텍스트에서는 일본 군인들이 즉시 전차 문을 닫고 여학생들을 포박하는 것으로 나와 있지만 단행본에서는 일본 군인들이 먼저 전차 안에 들어오고 나서 문을 닫고 포박하는 것으로 고쳤다. 잡지 텍스트에서는 전차에 올라타는 동작이 생략되어 있기 때문에 일본 군인들도 여학생들과 함께 이미 전차에 타고 있는 것으로 생각할 독자들이 없지 않을 것이다.

이번에는 서재필은 때로는 문체적 효과를 고려하여 수정하기도 하였다. 가령 맨리 박사를 따라 경성을 처음 방문한 박한수는 남산 구경을 가던 중 일본인 짐꾼을 만나는 장면은 이러한 경우의 좋은 예이다. 잡지 텍스트의 "One day as he was walking up the path leading to the top of Namsan (South Mountain) he met a Japanese coolie among the pines"[40]라는 문장은 문체적 관점에서 보면 조금 어설프다. 그리하여 서재필은 단행본에서는 이 문장을 "Walking up the path one day,

40 Osia, "Hansu's Journey," *Korea Review*, May 1921: 12.

leading to the top of Namsan (South Mountain), he met a Japanese coolie among the pines"(24)로 고쳤다.

작품의 결말 부분에서 박한수가 증기선의 갑판에 서서 밤바다의 풍경을 바라보는 장면이 그러하다.

> One more day and the boat would reach San Francisco, and Hansu was standing on deck to enjoy the beauty and glory of this light night at sea. The moon was just rising, filling the sky with light and making a shimmering silver pathway on the placid water below.[41]

이제 하루만 더 있으면 박한수는 그토록 꿈에 기다리던 샌프란시스코 항구에 도착하게 된다. 때마침 하늘에는 둥근 달이 떠올라 희망에 부푼 주인공의 마음을 한껏 돋운다. 그러나 문체적 측면에서 첫 문장의 첫 머리가 아무래도 자연스럽지 못하다. 물론 "One more day and the boat would [……]"에서 'and'의 바로 앞의 구는 조건을 나타내는 표현이다. 접속사 'and'를 이러한 조건적 의미로 사용하기 위해서는 접속사 앞에 쉼표를 사용하여야 한다. 서재필은 『한수의 여행』의 다른 장면에서도 이 구문을 구사한다. 예를 들어 "Another fifteen minutes and he could see the pine trees projecting over the water's edge"[42]라는 문장이 바로 그것이다. 이 점을 의식하였는지 서재필은 단행본으로 출간하면서 위 인용문을 다음과 같이 수정하였다.

---

41 Osia, "Hansu's Journey," *Korea Review*, September 1921: 14.

42 Osia, "Hansu's Journey," *Korea Review*, July 1921: 16. 서재필은 단행본에서 이 문장을 "After fifteen minutes he could see [……]"로 수정하였다.

In one more day the boat would reach San Francisco. Hansu was standing on deck to enjoy the beauty and glory of this light night at sea. The moon was just rising, filling the sky with light and making a shimmering silver pathway on the placid water. (67)

위 인용문에서 "In one more day [……]"라고 표현하는 것이 "One more day and [……]"라고 표현하는 것보다 정확하다. 또한 잡지 텍스트에서는 배가 곧 샌프란시스코에 도착할 것이라고 한 내용과 박한수가 배의 갑판 위에 서 있는 내용을 한 문장으로 처리하였지만 단행본에서처럼 후자를 별개의 문장으로 독립시키는 것이 훨씬 더 정확하다. 지금 주인공은 마침내 미국 유학의 꿈을 실현시키게 되었다는 가슴 벅찬 희망에 부풀어 있을 뿐만 아니라 마셀라 정에게 사랑을 고백하고 청혼하려고 마음먹고 있다. 또한 마지막 문장의 마지막 어휘 'below'는 사족에 지나지 않는다. 달이 하늘 높이 떠 있기 때문에 굳이 '그 아래'라는 부사를 사용할 필요가 없기 때문이다.

문체적 측면에서 볼 때 위 인용문은 어디 한 곳 나무랄 데 없이 아주 뛰어나다. 가령 밤하늘에 둥근 달이 떠오르게 하여 낭만적 분위기를 자아내려고 한다. 이왕 달 이야기가 나왔으니 말이지만 서재필은 『한수의 여행』에서 지나칠 만큼 달을 자주 사용한다. 예를 들어 마셀라 정이 기미독립운동에 참가하였다고 하여 일본 헌병한테 잡혀가 온갖 고문을 받는 장면에서도, 또 박한수가 압록강을 건너 만주로 넘어갈 때에도 작가는 달을 중요한 소도구로 삼는다. 앞의 두 장면보다도 위 인용문에서 달은 자못 상징적 의미를 지닌다. 윌리엄 셰익스피어의 『로미오와 줄리엣』에서나, 한국의 『춘향전』에서도 젊은 남성이 여성에게 사랑을 고백할 때 달은 낭만적 분위기를 자아내는 데 더할 나위 없이 중요한 역할을 한다.

더구나 위 인용문에서 서재필은 음악성을 살려 시적 분위기를 자아내려고 하기도 한다. 두 번째 문장에서 'standing/sea'에서는 두운법(頭韻法)을 구사하고 'light/night'에서는 모운법(母韻法)을 구사한다. 'Hansu'의 'a'를 미국식으로 발음하느냐에 따라서는 'Hansu/standing'도 얼마든지 모운법으로 볼 수도 있다. 동일한 모음을 반복한다는 점에서는 'and/at'도 크게 다르지 않다. 이러한 소리의 반복을 통한 음악적 효과는 셋째 문장에서도 좀 더 분명하게 드러난다. 'moon/making'을 비롯하여 'pathway/placid'와 'sky/silver'는 두운법인 반면, 'sky/light/rising' 그리고 'pathway/placid'와 'filling/shimmering'은 모운법이다. 또한 'rising/filling/shimmering'에서 마지막 '~ing'은 내적 각운이나 자운법(字韻法)으로 간주할 수 있다. 생각해보면 볼수록 서재필이 시적 분위기를 살리려고 애쓴 흔적을 곳곳에서 엿볼 수 있다.

마지막으로 서재필은 너무 명시적이어서 자칫 문제가 될 법한 역사적 명칭을 밝히지 않으려고 수정을 가하기도 하였다. 예를 들어 조지프 맨리가 박한수에게 평양의 미션스쿨을 졸업한 뒤 서울에 있는 의과대학에서 의학을 공부하기를 바란다고 말한다. 그런데 《코리아 리뷰》에 실린 텍스트에서 작가는 "I would advise you to enter the Severance Hospital College in Seoul and study medicine, answered Dr. Manley"[43]라고 말하면서 '세브란스 의과대학'을 못 박아 밝힌다. 그러나 특정 대학을 명시적으로 밝히는 것이 부담이 되었는지 『한수의 여행』을 단행본으로 출간할 때에는 'Severance'를 삭제하고 그냥 'Hospital College'라고만 하였다. 물론 이 무렵에는 서울(경성)에 의학대학은 세브란스 하나밖에는 없었기 때문에 대부분의 독자들은 맨리가 어느 의과대학을 가리키고 있는

43 Osia, "Hansu's Journey," *Korea Review*, May 1921: 13.

지 곧 알 수 있을 것이다.

이러한 유형의 수정은 박한수가 기미독립운동에 참가한 뒤 일본 경찰을 피하여 만주에 건너가 독립운동을 할 때에도 엿볼 수 있다. 서재필은 잡지 텍스트에서 "The next Sunday the Koreans of Chantong held a mass meeting in their church, which had been built some years ago by the Canadian Presbyterian Mission in Manchuria"[44] 하고 말한다. 그러나 만주에 있는 캐나다 장로회 선교부를 명시적으로 언급하는 것이 부담스러웠던지 단행본으로 출간할 때에는 'Presbyterian'을 삭제한 채 그냥 'Canandian Mission'이라고만 표기하였다.

그런데 여기에서 한 가지 눈여겨볼 것은 서재필이 수정한 곳이 언제나 다 좋아진 것은 아니라는 점이다. 어떤 때에는 단행본에서 수정한 부분이 잡지 텍스트보다 못한 경우도 더러 눈에 띈다. 예를 들어 박한수가 압록강을 건너가기 직전 만나는 한국인 출신 일본 경찰은 기미독립운동 같은 시위는 어리석다고 말하면서 무엇보다도 먼저 무력을 연마한 뒤에야 비로소 일본 제국주의에 저항하여야 한다고 말한다. 그러면서 그는 박한수에게 "Then when we had sufficient training we can rise and drive them out by force"(53) 하고 말한다. 그러나 단행본 텍스트의 'rise'가 본디 잡지 텍스트에서는 'rise up'으로 되어 있었다. 'we can rise up (against the colonizers)'라는 뜻이기 때문에 단순히 자리에서 일어난다는 의미의 전자보다는 자리를 박차고 일어나 맞서 싸운다는 의미가 강한 후자가 더 맞다.

이 소설의 맨 마지막 장면에서도 서재필은 잡지 텍스트에서 사용한 표현을 단행본을 출간하면서 수정하지만 아무래도 개선이라기보다는 개악

---

44 Osia, "Hansu's Journey," *Korea Review*, August 1921: 15.

으로 보아야 할 것 같다. 문제가 되는 문장은 제13장에서 작가가 마셀라 정이 입고 있는 옷차림을 묘사하는 장면이다. "She wore a plain little dress of some soft white material, the only ornament a small gold cross hanging on a narrow blue ribbon"(68)에서 이 문장의 후반부는 "장식품이라고는 오직 푸른색 좁다란 리본에 달린 조그마한 금 십자가 하나뿐이었다"고 옮길 수 있다. 그런데 이 문장만 보아서는 마셀라가 이 금 십자가를 도대체 어디에 매달고 있는지 잘 드러나 있지 않다. 서재필은 《코리아 리뷰》에 실린 텍스트에서 위 문장의 후반부를 "the only ornament a small gold cross on a narrow blue ribbon suspended from her neck"[45]라고 하였다. 즉 'hanging'을 삭제하는 대신에 'suspended from her neck'라는 구절을 보충해 넣음으로써 십자가가 목에 걸려 있다는 사실을 분명하게 하였던 것이다.

45 Osia, "Hansu's Journey," *Korea Review*, September 1921: 14.

제2장

식민지 성장소설로서의 『한수의 여행』

아시아계 미국 문학을 포함하여 미국의 소수민족 문학을 좀 더 찬찬히 들여다보면 한 가지 흥미로운 사실을 발견하게 된다. 물론 더러 예외가 없는 것은 아니지만 소수민족 문학은 장르에서 볼 때 한 가지 공통점이 있다. 즉 고국을 떠나 이국땅에서 새롭게 삶의 터선을 잡고 작품을 쓰는 소수민족 작가들은 다른 장르에 앞서 미국 사회에 동화하면서 겪는 경험을 자서전이나 전기 또는 저널 형식으로 기록하기 일쑤이다. 다시 말해서 그들의 기록은 문학적 상상력의 산물이라기보다는 어디까지나 역사적 사실에 가깝다. 소수민족 작가들이 이산(離散)의 경험과 미국 사회에 동화해 가는 과정을 순수 문학작품으로 형상화하기까지는 어느 정도 시간이 필요하다. 다시 말해서 미국 사회에 뿌리를 내리고 난 뒤에서야 비로소 상상력에 기초한 허구적 작품을 창작한다. 이러한 허구적 문학작품을 창작하기 시작하는 것은 이민 1세대에서는 좀처럼 찾아보기 어렵고 적어도 1.5세대나 2세대 이후에나 가능하다.

이러한 현상은 중국계 미국 문학이나 일본계 미국 문학에서도 쉽게 찾아볼 수 있다. 예를 들어 중국계 미국 문학에서는 일찍이 '수이신파'(水仙

花)라는 필명으로 활동한 이디스 모드 이턴과 맥신 홍 킹스턴(湯婷婷) 등이 자서전을 출간함으로써 토대를 다졌다. 흔히 최초의 아시아계 미국 소설가로 평가받는 이턴은 중국 이민자, 그것도 남성이 아닌 여성 이민자로서 남성 중심의 백인 사회에서 살아가야 하는 이중의 어려움을 기록하여 관심을 끌었다. 또한 에츠 스기모토(杉本鉞子) 같은 작가는 『사무라이의 딸』(1925) 같은 자서전을 출간하여 일본계 미국 문학의 첫 장을 장식하였다. 특히 스기모토는 이 책에서 미국을 지나치게 찬양할 뿐만 아니라 미국 독자들에게 일본의 풍습과 문화를 설명하는 데 온힘을 쏟았다. 일레인 김(Elaine H. Kim)이 스기모토를 비롯한 초기 아시아계 작가들을 "문화적 친선의 대사"라고 부르는 까닭이 바로 여기에 있다.[1]

그러나 한국계 미국 문학에서는 이와는 사정이 조금 다르다. 한국계 미국 작가들이 이민 자서전을 출간하기 시작한 것은 20세기 중엽에 들어서부터이다. 예를 들어 박노영(朴魯英, No-Yong Park)은 『중국인의 기회』를 1940년에 출간하였고, 박인덕(朴仁德, Induk Pahk)은 『구월 원숭이』를 1954년에 출간하였으며, 고태원(高泰媛, Taiwon Koh)은 『곰바위의 쓴 과일』을 1959년에 출간하였다. 또한 차의석(車義錫, Easuk Emsen Charr)은 『금산』을 1961년에 출간하였다. 그런가 하면 피터 현(Peter Hyun), 메리 백 리(白廣善, Mary Paik Lee), 마거릿 배(權貞淑, Margaret K. Pai), 코니 강(姜堅實, K. Connie Kang) 같은 작가들은 1980년대 이후에야 비로소 자서전을 출간하였다.

다른 아시아계 미국 문학과는 달리 한국계 미국 문학에서는 소설 같은 허구적 문학 장르가 자서전이나 전기 같은 역사적 장르보다 먼저 출간되

1 Elain H. Kim, *Asian American Literature: An Introduction to the Writings and Their Social Context* (Philadelphia: Temple University Press, 1982), pp. 24~32.

었다. 송재(松齋) 서재필(徐載弼)은 한국계 미국 소설의 첫 작품일 뿐만 아니라 한국계 미국 문학 전체를 통틀어서도 첫 작품이라고 할 『한수의 여행』을 1921년 잡지에 연재한 뒤 1922년 봄에 단행본으로 출간하였다. 개신교 목사로 독립운동에 헌신한 현순(玄楯)은 역시 한국계 미국 문학에서 최초의 희곡 작품이라고 할 「오월 단오」를 1920년대 중엽에 집필하였다. 1928년에는 류일한(柳一韓, Ilhan New)이 『한국에서 보낸 나의 어린 시절』을 출간하였다. 그리고 강용흘(姜鏞訖, Younghill Kang)은 1931년 『초당』을 출간하여 미아와 다를 바 없는 한국계 미국 문학을 미국 문단에 입적시키는 데 크게 이바지하였다.

1. 『한수의 여행』과 '자서전적 소설'

방금 앞에서 언급한 일레인 김은 초기 한국계 미국 문학의 장르적 특성을 규정하면서 상당 부분 자서전적이라고 지적한다. 이 점과 관련하여 그녀는 "초기 한국계 미국 문학적 목소리는 대부분 자서전적이고 주로 육체 노동에 종사하지 않는 교육 받은 엘리트 계층의 관점에서 전달된다"[2]고 주장한다. 그러면서 일레인 김은 강용흘의 『초당』을 이러한 경우의 대표적인 예로 꼽는다. 그러나 초기 한국계 미국 문학을 주로 엘리트 계층이 창작하였다고 주장하는 점에서는 그녀의 지적이 옳지만, 초기 한국계 미국 문학의 장르적 특성을 자서전적으로 규정짓는 것은 옳지 않다. 초기 한국계 미국 문학을 좀 더 샅샅이 들여다보면 그녀의 이러한 주장은 실제

2 Elain H. Kim, "'These Bearers of a Homeland': An Overview of Korean American Literature, 1934~2001," *Korea Journal* 41: 3 (Autumn 2001): 152; Kim, *Asian American Literature*, pp. 23~43.

사실과 적잖이 다르다는 것이 밝혀진다.

일레인 김의 지적대로 실제로 강용흘은 말할 것도 없고 대부분의 한국계 미국 작가들은 육체노동에 종사하는 사람들이 아니라 엘리트 계층에 속하는 사람들이었다. 그도 그럴 것이 한 시대의 지식인들이 아니고서는 문학작품을 창작할 수 없을 것이기 때문이다. 물론 여기에서 지식인이란 단순히 제도 교육을 받은 학식 있는 사람만을 가리키는 것은 아니다. 문학적 소양과 예술적 재능을 지닌 사람이라면 하나같이 이 범주에 속할 것이다. 좀 더 엄밀히 말하면 문학가나 예술가는 지식인과는 또 다르다. 지식인이나 학자가 로고스에 의존한다면 문학가나 예술가는 어디까지나 파토스에 의존하기 때문이다.

더구나 초기 한국계 미국 작가들이 활약하기 시작하던 무렵 한국은 일제의 식민주의의 지배를 받고 있었기 때문에 웬만한 지식인이 아니고서는 미국에 이민을 가거나 유학을 갈 수가 없었다. 다시 말해서 하와이 사탕수수 농장에 노동자로 이민 온 이주자들을 제외하고는 특권층에 속하는 사람들만이 미국에 올 수 있었다. 심지어 하와이 사탕수수 농장에 노동자로 이민 온 사람 중에도 차의석처럼 미국에 유학하여 서양 학문을 습득할 목적으로 온 사람들이 적지 않았다. 또한 박노영처럼 의식 있는 사람들은 한국에서 일본 제국주의에 맞서 독립운동을 하다가 중국을 거쳐 미국에 망명을 오다시피 하였다. 이렇게 미국에서 고등교육을 받은 이민자들이나 유학생들이 주로 문학작품을 창작하였다. 육체노동에 종사한 이민자 중에서는 메리 백 리나 마거릿 배 같은 인물을 겨우 들 수 있을 정도이다. 이 중에서 한국에서 고등학교 과정을 마친 마거릿 배는 대학 공부를 하기 위하여 사진신부로 미국에서 건너왔던 것이다.

그러나 일레인 김이 초기 한국계 미국 문학이 "대부분 자서전적인 특징을 지닌다"고 주장하는 데에는 적잖이 무리가 따른다. 방금 앞에서 지적하였듯이 중국계 미국 문학이나 일본계 미국 문학은 몰라도 적어도 한국계 미국 문학은 자서전이나 자서전적 작품보다는 문학적 상상력에 크게 의존하는 허구적 작품으로 첫 장을 화려하게 장식하기 때문이다. 물론 일레인 김이 말하는 '자서전적'이란 자서전 그 자체를 가리키기보다는 작품에 드러나는 자서전적 요소를 가리키는 것으로 볼 수 있을는지 모른다. 비록 이 점을 염두에 둔다고 하더라도 한국계 미국 문학은 자서전적 소설이 주류를 이루고 있다고 보기 어렵다. 그녀가 이러한 결론에 이른 것은 아마 강용흘의 『초당』을 한국계 미국 문학의 효시로 간주하고 있기 때문인 듯하다.

서재필의 『한수의 여행』은 한국계 미국 문학사의 시기를 10년 가까이 앞당길 뿐만 아니라 초기 한국계 미국 소설의 장르적 특성을 새롭게 규정짓는다는 점에도 아주 중요하다. 이 작품도 언뜻 보면 강용흘의 『초당』처럼 자서전의 몸에 소설의 옷을 입혀놓은 것으로 생각하기 쉽다. 다시 말해서 강용흘이 한청파라는 이름을 빌려 자신이 살아온 삶의 궤적을 다루듯이, 서재필도 박한수라는 허구적 인물을 등장시켜 젊은 시절 자신의 삶을 기록한다고 볼 수 있다. 식민지 지식인 청년 한청파와 박한수는 일제의 식민주의의 굴레에 벗어나기 위한 방법으로 미국에 건너간다는 점에서 서로 비슷하다. 미국으로 떠나면서 그들은 조국을 위하여 맡아야 할 분명한 사명감과 소명의식을 깨닫고 있다.

그러나 서재필의 작품을 좀 더 꼼꼼히 살펴보면 이 소설은 자서전과는 적잖이 거리가 멀다는 사실이 밝혀진다. 이 작품의 제1장의 "이 이야기는 한반도 북서 지방 죽포의 한 부유한 농부 박길민의 아들 박한수의 실화(實話)이다"[3]라는 첫 문장에 속아 넘어가서는 안 된다. 해체주의를 포함한 포

---

3 N. H. Osia/Philip Jaisohn, *Hansu's Journey: A Korean Story* (Philadelphia: Philip Jaisohn & Co., n. d.), p. 3. 이 작품에서 인용은 이 텍스트에 따르고, 앞으로 인용 쪽수는 본

스트구조주의 이론가들이 지적해왔듯이 엄밀한 의미에서 '실화'라는 장르는 존재하지 않다. 특히 신역사주의 이론가들은 역사와 문학 사이에 놓여 있던 높다란 장벽을 허무는 데 크게 이바지하였다. 실제로 있었던 사건을 기록한 문학을 흔히 '실화 문학'이라고 일컫지만 이 표현은 따지고 보면 모순어법에 지나지 않는다. 언어를 매체를 삼는 점에서 모든 실화는 수사성(修辭性)에 '오염'되지 않을 수 없기 때문이다.

한편 인간의 삶을 다루는 문학은 어떤 식으로든지 사회적 공간과 역사적 시간에서 완전히 벗어날 수 없다. 이 점에서 소설 작품은 하나같이 자서전적 요소를 지니게 마련이다. 소설을 비롯한 문학작품이란 다른 유기체와 마찬가지로 진공 속에서는 생겨날 수도 존재할 수도 없기 때문이다. D. H. 로런스가 일찍이 모든 작가는 원고지 위에 피를 쏟아놓는다고 말한 까닭이 바로 여기에 있다. 모든 문학작품을 좀 더 찬찬히 들여다보면 작가가 살아온 삶의 궤적이 고스란히 드러나 있다. 물론 그렇다고 모든 문학작품을 자서전이나 자서전적 장르로 간주하는 것은 옳지 않다. 가령 같은 푸른색이라고 하여도 그 스펙트럼이 무척 넓어 저마다 색조가 조금씩 다르듯이 자서전적 요소도 작품마다 그 정도가 저마다 다르기 때문이다.

놀랍게도 강용흘의 두 작품 『초당』(1931)이나 『동양사람 서양에 가다』(1937)와 비교해볼 때 『한수의 여행』에서는 오히려 자서전적 요소가 훨씬

문 안에 직접 밝히기로 한다. 서양 문학사에서 소설 장르가 처음 모습을 드러내었을 때 작가들은 작품 제목에 '실화'라는 부제를 붙이기 일쑤였다. 그 무렵 독자들이 허구적 작품에 적잖이 회의를 품었기 때문에 작가들은 일부러 'true story'니 'real story'니 하는 꼬리표를 붙여 독자들을 안심시키려고 하였다. 서재필이 『한수의 여행』을 주인공의 실화라고 밝히는 것도 독자들로 하여금 이 작품을 단순히 허구적이 아닌 실제 일어난 역사적 기록으로 받아들이도록 하기 위해서인 듯하다. 그가 예술적 · 심미적 기능보다는 공리적 · 효용적 기능을 염두에 두고 이 작품을 썼다는 점을 보면 더더욱 그러한 생각이 든다.

적게 드러난다. 서재필의 종증손자로 『한수의 여행』을 처음 한글로 번역하여 국내에서 출간한 서동성(徐東成)은 이 소설의 장르적 특성과 관련하여 "송재 선생이 [……] 자기의 자서전을 소설화해서 쓴 것이기 때문에 순 소설도 아니고 순자서전도 아닌 일종의 뒤범벅의 정치적 선전물"[4]이라고 주장한다. 또한 서동성은 "『한수의 여행』이 어쩌면 하나의 소설화된 자서전이기 때문에 어디서 어디까지가 사실이고, 어디서부터가 순전한 상상인가를 어느 정도 추측할 수 있으나 확실한 것은 알 수가 없다"[5]고 말하기도 한다.

언론학자 정진석(鄭晉錫)도 서동성의 주장을 그대로 되풀이하여 『한수의 여행』을 '자서전적 소설'로 간주한다. 이 작품과 관련하여 정진석은 "서재필이 영어로 쓴 자서전적 소설을 번역한 책이다. [……] 서재필이 어떠한 환경에서 어떠한 과정을 거쳐 망명하게 되었는가를 연구하는 데 참고가 될 수 있는 내용이다"[6] 하고 밝힌다. 모르긴 몰라도 정진석은 서재필의 작품을 읽지도 않고 서동성의 서문을 그대로 옮겨 적어놓은 혐의가 짙다. 정진석의 주장과는 달리 이 소설의 주인공 박한수의 망명 과정은 서재필이 두 차례에 걸쳐 '망명한' 과정과는 사뭇 다르다. 그러므로 허구적 인물인 박한수가 망명하는 과정을 연구 자료로 삼아 서재필의 망명 과정을 연구하였다가는 자칫 그릇된 결론을 내릴 가능성이 크다.

오히려 망명과 관련하여 서재필의 삶과 주인공 박한수의 삶 사이에는 공통점이나 유사점보다는 차이점이 훨씬 더 많다. 가령 미국 망명은 접어두고라도 일본 망명만 하여도 그러하다. 갑신정변(甲申政變)이 '삼일천하'로 실패한 뒤 서재필은 박영효(朴泳孝) · 서광범(徐光範)과 함께 일본에

4 서동성, 「역자의 말」, 『한수의 여행』(서울: 보진재, 1979), 2.
5 앞의 글, 2.
6 정진석, 『독립신문 · 서재필 문헌 해제』(서울: 나남, 1996), 20.

망명하여 1년 가까이 그곳에 피신해 있었다. 그러나 박한수는 서재필처럼 한 번도 일본에 유학을 간 적이 없고, 일본에 망명한 적도 없다. 박한수는 오히려 '일본'이나 '일본 사람'이라는 말만 들어도 그야말로 알레르기 반응을 일으킬 정도로 반일 감정이 무척 남다르다.

서재필이 1885년 4월 미국 화물선 '베이징 시'호를 타고 일본에서 미국으로 망명한 '환경'이나 '과정'은 박한수가 미국으로 '망명'을 떠나는 것과는 사뭇 다르다. 박한수가 미국에 가는 것은 망명보다는 오히려 유학을 하기 위해서이다. 중국 만주(滿洲)에서 묵덴(오늘날의 瀋陽이나 奉天)을 거쳐 상하이(上海)로 가는 그는 곧바로 대한민국 임시정부를 찾아가 그동안 만주에서 자신이 해온 일과 그곳의 실정을 보고한 뒤 미국에 유학하고 싶다는 의사를 밝힌다. 이 점에 대하여 이 소설의 화자는 "그는 공부를 더 하기 위하여 미국에 가고 싶다는 의사를 밝히면서 관리들에게 미국에 입국할 수 있도록 허가증이나 여권을 발부해 줄 것을 요청하였다"(59)고 말한다. 물론 미국 정부는 임시정부를 합법적인 정부로 승인하지 않고 있었기 때문에 여권을 발행할 수 없고 설령 발행해준다고 하여도 아무런 법적 효력이 없다고 일러준다. 결국 박한수는 상하이 주재 미국영사관을 찾아가 한 "친절하고 동정적인"(59) 영사를 설득하여 미국행의 꿈을 이루게 된다.

박한수가 미국에 가서 서양 학문을 배우고 싶다고 생각한 것은 비단 지금이 처음이 아니며 이미 오래전 평양에서 중등교육을 받을 때부터 미국 유학의 꿈을 키우고 있었다. 조지프 맨리 선교사가 평양에 세운 미션스쿨에서 공부를 할 때 미국인 여성 선교사 마이라 노먼이 미래의 계획을 묻자 그는 그녀에게 "필생의 일을 시작하기 전에 먼저 미국에 유학을 가서 좀 더 공부를 더 하고 싶다"(23)고 말한다. 그러면서 이 무렵 그가 무엇보다도 바라던 것은 "자기 민족을 위하여 봉사할 수 있는 위치에 있는 것"

(23)이라고 덧붙인다. 서재필이 미국에 처음 건너간 것은 박한수처럼 고등교육을 받기 위해서가 아니라 어디까지나 국가 전복을 기도한 '역적'의 신분으로서 목숨을 부지하기 위해서였다. 일본에 머무는 동안 간접 또는 직접으로 그의 생명은 위협을 받고 있었다. 개화파의 지도자로 갑신정변을 이끈 김옥균(金玉均)은 실제로 목숨을 잃었다. 정변이 청나라 군대의 개입으로 실패하자 일본으로 망명하여 후쿠자와 유키치(福澤諭吉)에게 의탁한 김옥균은 '이와타 슈사쿠'(岩田周作)라는 가명으로 10여 년 동안 일본 각지에 방랑과 유배 생활을 하다가 마침내 청나라 상하이에 유인되어 1894년 조선 정부에서 보낸 자객 홍종우(洪鍾宇)한테 살해되었다.

이렇게 『한수의 여행』을 자서전적 소설로 간주하는 것은 신복룡(申福龍)도 마찬가지이다. 그는 어린 시절 서재필이 고향을 떠나가던 무렵 "이 당시 서재필의 심정을 가장 잘 표현해 주는 또 다른 자료가 있다"고 밝힌 뒤 그것은 바로 "그의 자전적 소설인 『한수의 여행』에서 주인공인 한수가 상경하는 장면"이라고 지적한다.

> 위의 글에서 꿈을 가지고 농촌을 떠나 서울로 향하는 박한수 소년의 모습은 서재필이 바로 자신의 이향(離鄕)의 순간을 묘사한 것이라고 볼 수 있다. 거기에는 생부를 떠나 양부에게로 가는 혈육의 헤어짐의 아픔이 잠재적으로 표현되어 있을 뿐만 아니라, 야심에 찬 한 시골 소년의 꿈과 야망이 담겨 있다.[7]

신복룡이 언급하는 "위의 글"이란 영어 원문 텍스트 3쪽에서 5쪽에 이르는 부분으로 『한수의 여행』이 시작되는 첫 장면이다. 그런데 이 장면에

7 신복룡, 「개화당과 갑신정변에서의 서재필의 활동」, 이택휘 외, 『서재필』(서울: 민음사, 1993), 170, 172; 신복룡, 「서재필의 생애와 활동」, 『서재필과 그 시대』(서울: 서재필 기념회, 2003), 13~14.

서 주인공 박한수는 한국 지식층의 본거지라고 할 서울에서 관립학교에 다니기로 결심하고 입학시험을 보기 위하여 부모에게 작별인사를 한 뒤 짐 꾸러미를 들고 마을에서 15마일 정도 떨어진 기차 정거장을 향하여 걸어간다. 한편 신복룡이 말하는 "생부를 떠나 양부에게로 가는 혈육의 헤어짐의 아픔"이란 서재필이 양자로 입양되어 양부모한테로 가는 장면을 언급하는 것이다.

이 책의 제1장에서 이미 자세하게 밝혔듯이 다섯 살이 되었을 때쯤 서재필은 생부 서광언(徐光彦)을 떠나 그의 오촌 당숙인 서광하(徐光夏)의 양자로 입양되었다. 그러나 그가 어린 시절 대부분을 아버지가 군수로 부임해 있던 오늘날의 전라남도 보성에 해당하는 동복(同福)에서 살다가 선조의 고향인 충청남도 은진(恩津), 즉 오늘날의 논산에 돌아와 잠깐 소년 시절을 보냈다. 양부모의 집이 은진에서 그다지 멀지 않은 대덕에 있기 때문에 '이향의 순간'이 신복룡이 말하는 것처럼 그렇게 애절하다고 볼 수는 없을 것이다.

이렇듯 역사적 인물 서재필과 허구적 인물 박한수는 집을 떠난다는 사실을 제외하고는 집을 떠나는 방법과 목적 그리고 상황에서 사뭇 다르다. 박한수는 서구식 근대 학교에서 교육을 받기 위하여 홀로 집을 나서 서울로 가고 있는 반면, 서재필은 양자로 입양되기 위하여 생부의 집을 떠나 양부의 집으로 가고 있다. 모르긴 몰라도 서재필의 생부는 나이 어린 아들을 혼자서 양부의 집에 걸어가도록 내버려두지는 않았을 것이다. 더구나 신복룡은 친척 집에 양자로 가는 소년을 묘사하면서 "야심에 찬 한 시골 소년의 꿈과 야망이 담겨 있다"고 말하는 것도 선뜻 이해가 가지 않는다. 신복룡은 이 대목에서 서재필이 일곱 살 때 양부모를 떠나 서울로 유학 가는 장면과 착각하고 있는 것 같다. 서울로 유학 가는 장면이라고 하더라도 시골 소년 서재필이 서울에 가면서 '야심'과 '꿈과 야망'을 품기에는 그의 나이가 너무 어리다. 열여덟 살이 된 박한수와는 달리 이때 서재필의 나이 겨우 일곱 살로 아무리 정신적으로 성숙하였다고 하여도 어디까지나 철부지 소년에 지나지 않았다. 서재필이 과거 준비를 하러 가고 있는 서울 집은 양부의 집이 아니라 양어머니 안동김씨의 남동생 김성근(金聲根)의 집이다. 이 무렵 김성근은 이조참판(吏曹參判)의 벼슬을 지내고 있었고, 이 집에서 서재필은 뒷날 그의 삶에서 핵심적인 역할을 하게 될 개화파 인물들을 만나게 된다.

한편 『한수의 여행』에서 도시에 나가 공부할 때까지 박한수는 양부모가 아니라 친부모와 함께 살고 있다. 또한 농사일로 생계를 유지하는 박한수의 아버지 박길민은 서재필의 친아버지 서광언이나 양아버지 서광하와는 사회적 신분에서도 큰 차이가 난다. 서광언은 전라남도 군수를 역임할 정도로 사회적 지위가 높았다. 박한수의 아버지는 과거 선조의 사회적 신분이 어떠하였는지는 몰라도 지금은 직접 농사를 지어 생계를 유지하는 신분에 놓여 있다. 그가 살고 있는 허술한 초가삼간 보아도 그의 사회적 지위나 신분을 쉽게 미루어볼 수 있다. 초라한 초가집에는 소나무 문짝이 걸려 있고, 방 안에서는 박한수의 어머니가 희미한 호롱불 밑에서 식구들의 헌옷을 깁고 있다.

한마디로 『한수의 여행』의 첫 장면은 정진석이 주장하듯이 서재필의 망명을 연구하는 자료로 삼을 수 없으며, 또한 신복룡이 주장하듯이 고향을 떠나 서울로 향하는 서재필의 심정을 "가장 잘 표현해 주는 자료"로 삼을 수도 없다. 이 소설은 서재필이 망명하게 된 과정을 연구하는 데 걸림돌이 되면 되었지 이렇다 할 도움이 되지 못한다. 이 소설의 내용을 '참고'하여 서재필의 망명 과정을 연구하거나 고향을 떠나는 서재필의 심경을 이해하는 자료로 삼다가는 자칫 과오를 범하기 십상이다. 물론 이 작품은 19세기 말엽에서 20세기 중엽에 이르는 한국의 근대사를 연구하는 데에는 도움을 줄 수 있다. 그러므로 『한수의 여행』은 엄밀한 의미에서 자서전을 소설화한 '자서전적 소설'이나 자서전에 허구적 요소를 가미한 '소설화된 자서전'으로 볼 수 없다.

물론 『한수의 여행』에서도 서재필 자신의 전기적 요소를 전혀 찾아볼 수 없는 것은 아니다. 문학이 아무리 예술가의 상상력이 빚어낸 찬란한 우주라고는 하지만 작가의 전기적 요소를 완전히 배제한 작품은 이 세상에 단 한 권도 없기 때문이다. 비록 정도의 차이는 있을망정 모든 작가는 알게 모르게 직접 또는 간접으로 작품 속에 삶의 흔적을 남기게 마련이다. 예를 들어 주인공 박한수의 외모는 여러모로 작가 서재필과 비슷하다.

> 한수는 마을에서 가장 잘생긴 소년이었다. 적어도 그의 부모는 개인적으로 그렇게 생각하고 있었다. 대부분의 남자 친구들보다 머리 하나 정도 더 키가 컸고, 높은 이마며 단정하고 달걀 모양의 둥그스름한 얼굴에서는 총명함을 느낄 수 있었다. 그의 인상 중에서도 가장 눈에 띄는 것은 보통 한국사람의 눈보다 큼직하고도 깊숙이 박힌 투명하고도 맑은 눈이었다. 그 눈에는 친절하고 동정심 많은 표정이 감돌았지만, 감정이나 호기심에 동요되면 그 눈은 따뜻한 불빛처럼 빛나고 있었다. (3)

서재필이 묘사하는 박한수의 외모에서는 주인공의 지적이고 총명한 분위기가 풍긴다. 남달리 훤칠한 키에서 동그스름한 얼굴 모습, 그리고 이마와 눈 등 이목구비에 이르기까지 보는 사람으로 하여금 호감을 불러일으키기에 충분하다. 그런데 주인공의 이러한 외모에서는 젊은 시절 작가 서재필의 모습이 떠오른다. 장로교 목사로 뒷날 친일 행각을 하는 데 앞장선 정인과(鄭仁果)는 젊은 시절 1896년 11월 독립문(獨立門) 정초식에 참석한 적이 있다. 이때 그는 서재필이 연설하는 모습을 보고 그의 외모에 적잖이 깊은 인상을 받는다.

그는 얼굴이 퍽이나 잘 생기고 키가 후리후리 크고, 콧날이 서고 눈빛이 빛나는 점, 어디로 보나 온몸이 모두 정기(맑은 기운)구나 하고 부르짖으리만치 씩씩한 기상이 전신에 싸고돌았다. 책상을 두드리며 두 발을 굴러가며 열변을 토하던 그 청년의 두 눈에서는 불꽃이 튀는 듯하였다. [……] 제스처를 쓰는 연설은 아마도 그가 맨 처음으로 조선에 수입시킨 것이 아닌가 한다.[8]

놀랍게도 서재필이 묘사하는 주인공 박한수의 외모와 정인과가 묘사하는 작가 서재필의 외모가 아주 비슷하다. 잘생긴 얼굴 모습이며, 키가 큰 모습이며, 불꽃이 튀는 듯한 두 눈이며 어느 곳 하나 닮지 않은 곳이 없다. 서재필은 청년 시절 자신의 모습을 모델로 삼아 주인공의 모습을 묘사한 것은 아닌지 하는 생각이 늘 성노이나. 연설을 히면서 제스처를 사용하는 서재필의 모습은 작품에서는 잘 드러나 있지 않지만 기미독립운동이 일어난 뒤 박한수가 14개월 남짓 만주 여러 지방을 돌면서 조국의 광복에 대하여 연설할 때 아마 사용하였음직하다.

『한수의 여행』에서 전기적 사실은 박한수가 고향 죽포를 떠나 서울로 올라갈 때에도 드러난다. 주인공의 아버지도 아들이 시골에 남아 자신처럼 농사를 짓는 대신 대도시에 나가 공부를 많이 하여 선비가 되기를 바란다.

[박한수의] 부친은 야심 있는 사람이어서 자기 아들이 힘들게 농사를 짓기보

8 정인과, 「壇上의 20 靑年 徐載弼」, 《삼천리》, 제8권 (1936년 11월호), 117~118.

다는 오히려 선비가 되기를 바라고 있었다. 그러한 목적으로 박길민은 얼마 되지 않는 수입에서 절약하고 꾸준히 돈을 모아 전적으로 자기 외아들 교육에 바쳤다. 그는 은근히 아들의 타고난 지능에 감탄하고 있었던 것이다. (3)

위 인용문에서 아들에 대하여 박길민이 품고 있는 기대와 자부심이 무척 크다는 것을 알 수 있다. 농사를 지어서는 가족의 생계를 잇기 힘들 터인데도 그는 아들의 교육을 위하여 돈을 절약하여 저축해둔다. 박길민의 이러한 태도에서는 농사일을 대물림하지 않겠다는 강한 의지를 읽을 수 있다. 자식을 생각하는 마음에서는 대부분의 부모가 그와 같겠지만 그는 남달리 교육의 중요성을 일찍 깨달았다는 점에서 선각자다운 데가 있다. 박한수는 박한수대로 "아버지의 고집과 이타 정신에 대하여 한편으로는 미안한 마음을 느끼고 다른 한편으로는 고마운 마음을"(5) 느낄 뿐이다.

이렇게 자식이 시골에 머물지 않고 대도시에 나가 성공하기를 바라는 것은 서재필의 아버지도 마찬가지였다. 서재필이 일곱 살이 되던 해 그의 아버지는 "넓은 바다에서라야 큰 생선이 마음대로 자랄 수 있는 것과 같이 사람도 사람이 많이 사는 문화 중심의 넓은 천지에 살아야만 될 수 있는 것이니 서울로 가라"[9]고 말하였다고 전해진다. 서재필이 일곱 살 때 일이라면 '그의 아버지'는 서재필의 생부 서광언보다는 그의 양부(養父) 서광하로 보아야 할 것이다. 그의 양부가 말하는 '문화 중심의 넓은 천지'는 서재필이 『한수의 여행』 첫 머리에서 "모든 지식인의 메카"(3)라고 부르는 한양(서울)과 크게 다르지 않다.

---

9 김도태, 『서재필 박사 자서전』(서울: 을유문화사, 1972), 49. 서재필이 일곱 살 때 서울로 올라가 과거 공부를 하는 데에는 아버지의 권유보다는 양어머니 김 씨의 권유로 보는 쪽이 더 옳다. 서재필의 구술에 주로 의존한 김도태의 자서전은 사실과 다른 곳이 곳곳에서 눈에 띈다. 이광린, 「서재필의 개화사상」, 《동방학지》 제18호(연세대학교 국학연구원, 1973), 3; 신복룡, 「서재필의 생애와 활동」, 『서재필과 그 시대』(서울: 서재필 기념회, 2003), 10.

이밖에도 서재필과 박한수 사이에서 유사점이나 공통점을 더 찾아볼 수 있다. 가령 이 무렵 대부분의 지식인이 그러하듯이 처음에는 유교나 유가를 생활방식으로 받아들이다가 뒷날 기독교 신앙에 귀의한다는 점에서 두 사람은 아주 비슷하다. 박한수는 같은 감옥에 갇혀 있던 김상설 목사의 권유로 기독교에 귀의한다. 박한수는 며칠 전 집을 떠날 때만 하여도 유교 질서에 길들여 있거나 토속 신앙에 젖어 있었다. "하늘을 향하여 두 눈을 들어 올리고 부모님을 위하여 부디 성공하게 해 달라고 이름 모를 신에게 기도를 중얼거린다"(5)는 문장은 이를 뒷받침한다. 여기에서 '이름 모를 신'이란 어쩌면 그의 어머니가 믿고 있을 토속신이거나 그의 아버지가 믿고 있는 유교의 조상신으로 기독교의 유일신과는 거리가 멀다.

이렇게 유교 질서에 철저히 따르던 서재필은 뒷날 기독교로 귀의한다는 점에서 작중인물 박한수와 비슷하다. 서재필은 미국에 망명한 뒤 샌프란시스코에서 낮에는 노동을 하고 밤에는 기독청년회(YMCA)에서 영어를 배울 때 기독교에 귀의하였다.[10] 특히 그는 영어를 배우려고 다녔던 샌프란시스코 메이슨 스트리트 장로교회의 성경 공부반에서 기독교 복음을 처음 접한 것으로 전해진다. 펜실베이니아 주에서 탄광을 경영하는 부호요 자선사업가인 존 홀렌백을 처음 만나 그의 후원을 받게 되기 시작하는 것도 바로 이 교회에서였다. 이렇게 우연하게 기독교에 귀의한 뒤 서재필은 앞으로 평생 동안 기독교란 좋은 종교라고 생각하였다. 가령 《독립신

---

10 갑신정변이 실패로 돌아간 뒤 일본으로 망명한 서재필은 잠시 요코하마(橫浜)에 머문 적이 있고, 이때 미국인 선교사 헨리 루미스에게 한국어를 가르쳤다. 이 무렵 루미스는 미국성서공회의 대표로 성서를 한국어로 번역하는 일에 관심을 기울이고 있었다. 특히 이수정(李樹廷)이 일본에서 번역하고 있던 『신약 마가젼 복음셔언해』(1885)에 깊이 관여하고 있었다. 서재필은 요코하마에서 루미스와 이수정을 만나면서 어쩌면 기독교에 처음으로 관심을 기울였는지도 모른다.

문》에 쓴 한 논설에서도 그는 "셰상에 교가 만이 잇으되 예수교 ᄀᆞ치 참 착ᄒᆞ고 참 사랑ᄒᆞ고 참 남을 불쌍히 여기는 교는 셰계에 다시 업는지라"[11] 하고 밝힌다.

이 점과 관련하여 유영익(柳永益)은 서재필의 독립운동 사상이 서구 민주주의와 기독교 사상과 깊이 연관되어 있다고 지적한다. 그러면서 서재필이 궁극적으로 구상하고 있던 정치 체제는 다름 아닌 기독민주주의였다고 말한다.[12] 실제로 기미독립운동이 일어난 직후 필라델피아에서 제1차 한인회의가 열렸을 때 서재필은 한국이 일제 식민주의로부터 독립하고 생존하려면 무엇보다도 민주주의와 기독교 신앙을 접목하여야 한다고 부르짖은 것을 보면 유영익의 주장은 설득력이 있다.

> 한국은 비록 면적은 작지만 지리적인 상황을 고려할 때 아시아 지역에서 매우 중요한 역할을 하고 있습니다. [……] 아마도 민주주의와 기독교 신앙이 아시아 대륙에 깊게 뿌리 내릴 수 있을 것입니다.
>
> 우리가 이런 위대한 임무로 모일 때마다 하나님의 인도와 도움과 보호를 구하는 것은 당연한 일이며 우리의 의무이기도 합니다. 그것은 하나님이 온 세계를 지배하시며, 우리는 오직 하나님으로부터 완전한 지혜와 용기를 얻을 수 있기 때문입니다.[13]

위 인용문에서 서재필은 지정학적으로 중요한 위치에 있는 한국은 말할 것도 없고 그 주변 아시아 나라들도 기독교민주주의를 토대로 한 국가

---

11 《독립신문》 1896년 8월 20일자.

12 유영익, 「서재필의 독립운동 사상과 방략」, 『서재필과 그 시대』, 409~414.

13 「제1차 한인회의 의사록」, 『인간 송재 서재필』(서울: 송재 서재필 박사 기념재단, 2007), 223~224.

를 건설하여야 한다고 주장한다. 이러한 국가를 건설하는 데 그는 민주주의보다 기독교를 우선순위에 놓는다. 그의 이러한 태도는 "우리의 첫 번째 임무는 동양을 기독교국으로 만드는 것이고, 두 번째 임무는 동양을 민주화하는 것입니다"[14]라는 대목에서 잘 드러나 있다. 심지어 서재필은 기독교 정신으로 식민지 종주국 일본마저 기독교민주주의 국가로 만들어야 한다고 지적하기도 한다.

또한 후견인의 호의나 제안을 단호히 거절한다는 점에서도 작가 서재필이나 허구적 인물 박한수는 서로 비슷하다. 서재필이 고등학교를 졸업하자 그의 후견인 홀렌백은 서재필을 불러놓고 이미 입학 허가를 받은 라파예트대학에서 일단 공부를 마치고 난 뒤 프린스턴신학대학에서 신학을 전공하여 조선에 선교사로 돌아가겠다는 것을 서면으로 약속하라고 권유하였다. 그렇게 하여야만 앞으로 서재필을 재정적으로 계속 지원해주겠다는 것이다. 그러나 서재필은 두 가지 이유 때문에 은인의 제의를 받아들일 수 없었다. 그는 홀렌백에게 "말씀은 고맙습니다만 시면 약속을 할 수는 없습니다. 첫째, 아시다시피 조선 정부가 저를 역적으로 몰았기 때문에 제가 귀국하는 즉시로 저를 교수형에 처할 것입니다. 둘째, 저는 하나님을 믿고 있고 일생 동안 계속 기독교인이 될 것이라는 것을 보장할 수는 있습니다만, 현재로서 저는 선교사가 되라는 하나님의 부르심을 받았다고는 생각지 않습니다"[15] 하고 대답하였다고 전해진다. 결국 서재필로서는 홀렌백의 제안을 거절하지 않을 수 없었고, 마침내 어쩔 수 없이 은인과 결별할 수밖에 없었다.

이렇게 서재필이 홀렌백의 제안을 거부한 것처럼 『한수의 여행』의 주

14 같은 책, 272~273.

15 Liem, Channing, *Philip Jaisohn: the First Korean-American, a Forgotten Hero* (Elkins Park, Pa: Philip Jaisohn Memorial Foundation, 1984), pp. 111~112.

인공 박한수도 후견인의 호의나 제안을 거부한다. 주인공에게 홀렌백에 해당하는 인물이 미국 선교사 조지프 맨리이다. 평양에 미션스쿨을 설립하여 운영하는 그는 박한수가 3년 동안 공부할 수 있도록 온갖 배려를 아끼지 않는다. 학교 기숙사에 머물고 식사 비용 대신에 하루 세 시간씩 정원 일을 하도록 주선해준다. 평양에서 중등 과정을 모두 마치자 맨리는 박한수에게 서울에 있는 의과대학에서 의학을 공부할 것을 권유한다. 그는 부드러운 음성으로 "난 자네가 서울에 있는 의과대학에 입학하여 의학을 공부할 것을 권하고 싶네"(25) 하고 말한다. 실제로 이 무렵 한국에는 미국과 캐나다 의료 선교사들이 봉사하고 있었지만 환자를 돌보기에는 턱없이 부족하였다. 그러나 박한수는 은인이라고 할 맨리 선교사의 제안을 거부하고 제1차 세계대전이 일어나자 유럽 전선으로 떠나간다.

그런가 하면 허구적 인물 박한수는 일본인을 싫어하고 배일 감정을 품는다는 점에서도 작가 서재필과 비슷하다. 적어도 일본을 끔찍이 싫어한다는 점에서 서재필과 박한수는 서로 적잖이 닮아 있다. 물론 두 사람의 배일 감정에도 차이는 있다. 박한수는 조금 지나치다 싶을 만큼 처음부터 일본을 싫어한다. 어렸을 적부터 부모를 비롯한 주위 사람들한테서 일본 사람에 대하여 나쁘게 말하는 것을 들어온 그는 일본과 일본 사람에 대한 편견이 무척 심하다. 일본인을 '별난' 사람으로 보는가 하면, 건뜻 하면 '왜놈'이라고 부르기 일쑤이다.

한편 일본에서 유학하면서 근대화를 호흡한 서재필의 일본에 대한 태도는 처음에는 호의적인 입장에서 점차 적대적인 입장으로 바뀐다. 처음에는 동아시아 여러 나라 중에서 가장 먼저 서구 문명을 받아들여 근대화를 이룩한 일본에 대하여 호감을 품고 있었다. 그러나 갑신정변을 일으켰을 때 일본이 지원해주리라고 기대하였던 것과는 달리 일본이 무관심한 태도를 취하자 그는 일본에 적잖이 실망하였다. 이렇게 일본의 이중적인 성격과 야심을 눈치 챈 뒤 서재필은 이이제이(以夷制夷), 즉 일본을 수단으로 이용하여 청국의 유산을 청산하려고 하였다. 뒷날 그는 「개혁자들의 실수」라는 글에서 개화파가 일본의 지원을 믿고 정변을 일으키려고 한 것은 큰 실수였다고 회고한다.[16] 그리고 마지막 단계로 서재필은 인류의 평화를 위협하는 적대국으로 일본을 날카롭게 비판하였다.

서재필과 박한수 사이에 가장 큰 공통점이라면 역시 민족과 나라에 대한 애틋한 사랑을 빼놓을 수 없다. 일본인 역무원을 구타하였다는 이유로 감옥에 갇히는 박한수는 김상설 목사한테서 기독교 복음을 전해 듣는다. 김상설은 그에게 "만약 자신의 조국을 위하여 목숨을 다하여 이바지하지 않는다면 그는 기독교인인 못되오. 만일 누군가가 자신의 조국을 배반한다면 그는 자신의 가족, 자신의 친구들 그리고 자신의 하나님을 배반하는 것이오"(16) 하고 말한다. 그러자 박한수는 "저는 조국의 자유를 위하여 제 목숨을 바칠 것을 제 부모님께 약속하였고, 또 맹세를 했습니다"(17) 하고 대답한다. 주인공 박한수의 이러한 태도는 작가 서재필의 입장과 크게 다르지 않다.

그러나 『한수의 여행』에서 작가 서재필의 전기적 요소는 더 이상 찾아보기 어렵다. 실제로 방금 앞에서 예로 든 내용도 좀 더 엄밀히 따지고 보면 서재필의 전기적 요소로 간주하는 데에는 적잖이 무리가 따른다. 굳이 서재필이 아니라고 하더라도 다른 사람한테도 얼마든지 찾아볼 수 있는 에피소드거나 사건이기 때문이다. 기미독립운동이 일어난 1919년 직후까지의 삶을 대충 훑어보더라도 허구적 인물 박한수와 작가 서재필 사이에는 큰 차이가 있다. 극단적으로 말하자면 박한수의 삶이 아닌 것이 곧

16 Philip Jaisohn, "Mistakes of the Reformers," *The New Korea*(August 25, 1938); "My Days in Korea," *My Days in Korea and Other Essays*, ed., Sun-pyo Hong (Seoul: Yonsei University Institute for Modern Korea Studies, 1999), p. 22.

서재필의 삶이고, 이와는 반대로 서재필의 삶이 아닌 것이 곧 박한수의 삶이라고 하여도 크게 틀리지 않을 것이다.

가령 박한수가 한반도의 북서지방 '죽포'에서 농부의 아들로 태어나는 반면, 서재필은 한반도 남쪽 자락 동복(보성)에서 출생하였다. 주인공이 태어났다는 '죽포'만 하여도 한반도에 있는 실제 지명이라기보다는 어디까지나 허구적 지명에 지나지 않는다. 물론 전라남도 여수시에 죽포라는 곳이 있지만 박한수의 고향은 한강 이북에 위치해 있다. 또한 『세종실록』(世宗實錄)에는 강원도 간성(杆城)을 옛날에는 죽포(竹苞)로 일컬었다는 대목이 나온다. 그러나 서재필은 『한수의 여행』에서 죽포를 "한국의 북서지방의 한 도(道)"(3)에 위치해 있다고 못 박아 말한다. 서동성이 아예 "평안도 죽포"라고 옮기는 것은 이 시골 마을이 평양과 그다지 멀지 않은 곳에 자리 잡고 있기 때문이다. 물론 작가는 작품에서 주인공의 고향을 '평안도'라고 한 번도 못 박아 말하지 않지만 여러 정황으로 미루어보아 평안남도임에 틀림없다.

서재필은 죽포를 허구적 지명으로 사용하는 것처럼 이번에는 '찬동' 또는 '찬통'이라는 또 다른 허구적 지명을 사용하기도 한다. 작가는 만주에 있는 이 마을을 영어 원문으로 'Chantong'으로 적고 있어 한국어로 '찬동'으로 표기하여야 할는지 아니면 '찬통'으로 표기하여야 할는지 망설여진다. 어느 쪽으로 표기를 하든 이곳은 어디까지나 지도에서는 찾아갈 수 없는 상상의 공간이다. 그런데 문제는 작가가 이 지명을 일부러 애매하고 모호하게 만든다는 데 있다. 텍스트에서 보면 주인공 박한수는 선천을 거쳐 압록강을 건너 만주 찬동/찬통에 도착하는 것으로 되어 있다. 강을 건너자마자 남쪽으로 난 길을 밤새도록 걸어 중국인 장터에 도착하고, 그곳에서 다시 중국인 장사꾼들과 함께 북쪽으로 10마일 떨어진 찬동/찬통에 도착한다. 그렇다면 이 마을은 중국 랴오닝성(遼寧省)에 위치해 있는 어느 지역인 것 같다.

그러나 서재필이 이 소설의 다른 곳에서 밝히는 내용으로 미루어보면 찬동/찬통은 랴오닝성에 있는 한 마을이 아니라 지린성(吉林省) 옌벤(延邊)의 조선족자치주 룽징(龍井)인 듯하다. 이 마을에는 무엇보다도 일본 제국주의자들을 피하여 모국을 떠나온 교포 수백 명이 함께 모여 살고 있다는 점에서 그러하다. 또한 몇 해 전 캐나다 선교회가 세운 이 마을에 교회를 세웠다는 점에서도 그러하다. 일제강점기 룽징은 중국 땅이면서도 한민족이 많이 살고 있었으며, 한민족이 많이 살고 있으면서도 한반도가 아닌 곳이었다. 3·1운동의 영향을 받아 3·13만세운동이 일어난 룽징을 비롯한 지린 성에서는 1920년대 대한독립단(大韓獨立團), 서로군정서(西路軍政署), 북로군정서(北路軍政署), 그리고 대한국민회(大韓國民會) 등 70여 개에 이르는 독립운동 단체가 조직된 곳이기도 하다.

특히 룽징은 캐나다를 비롯한 외국 선교사들의 주요 활동 무대이기도 하였다. 동만주 지역의 선교를 맡은 캐나다 장로회는 흔히 북간도로 일컫는 동만주에 일찍이 1906년에 광제암교회를 설립하는 등 전도 활동을 활발하게 전개하였다. 그렇다면 박한수는 압록강을 건너 만주에 가는 쪽보다는 아무래도 두만강을 건너 만주에 가는 쪽이 더 수월하고 이치에 맞을 것이다. 그런데도 서재필은 굳이 선천을 거쳐 압록강을 건너 만주에 가도록 만든다. 이 또한 작가가 역사적 사실에 얽매이지 않고 허구적 사실에 무게를 실으려고 하였다는 것을 알 수 있다.

미국 선교사가 평양에 설립한 미션스쿨에서 서양식 근대 교육을 받는 박한수와는 달리, 서재필은 일곱 살 때 서울에 올라와 외삼촌 김성근 집에서 전통적인 유가 교육을 받는다. 서재필이 김옥균과 서광범 등 개화파 인사들과 교류하면서 서구 문물을 받아들이고 근대정신을 호흡하기 시작하는 반면, 박한수는 주로 맨리나 마이라 노먼 같은 서양 선교사들과 접

촉하면서 서구 문명의 세례를 받는다. 서재필이 일본의 군사학교에서 군사 교육을 받는 반면, 박한수는 러시아의 극동군대에서 군사 교육을 받는다. 서재필은 갑신정변이 실패로 돌아간 뒤 일본과 미국에서 망명 생활을 하지만, 박한수는 제1차 세계대전 중 러시아의 극동군대의 일원으로 유럽 전선에서 싸운다. 한마디로 서재필이 문관적인 기질이 강하다면 박한수는 무관적인 성격이 짙다고 할 수 있다. 이렇듯 작가 서재필의 삶은 『한수의 여행』에서 주인공 박한수의 삶과 달라도 너무 다르다.

이밖에도 주인공 박한수의 삶은 작가 서재필의 삶과 크게 다르다. 가령 1919년의 독립만세운동만 하여도 그러하다. 박한수가 파고다공원과 서울 시내에서 기미독립운동을 목격하고 참가할 때 작가 서재필은 태평양 건너 미국, 그것도 대륙의 동쪽 끄트머리 대서양 연안에서 살고 있었다. 좀 더 자세히 말해서 펜실베이니아 주 필라델피아에 '필립 제이슨 회사'를 설립하여 인쇄 및 문구 사업을 운영하고 있었다. 그가 "우리는 소규모로 시작하였는데 점차 사업이 확장되어 1919년까지 여러 해에 걸쳐 필라델피아에서 상당히 큰 장사를 하였다"[17]고 밝히는 것을 보면 이 회사는 꽤 성업을 한 듯하다. 실제로 필라델피아 시내 두 곳에 지점을 두고 종업원도 적게는 50명에서 많게는 70명을 고용하는 사업체로 발전하였다. 이렇게 필라델피아에서 한참 사업을 하고 있을 때 그는 3 · 1운동 소식을 전해 들었던 것이다.

이러한 여러 정황으로 미루어볼 때 초기 한국계 미국 문학이 다분히 '자서전적' 특성을 지닌다는 일레인 김의 주장은 이제 더 받아들이기 어렵다. 강용흘과 그 이후에 활약한 작가들의 작품이라면 몰라도 적어도

17 서재필, 「체미 50년」, 현종민 편, 『서재필과 한국민주주의』(서울: 대한교과서주식회사, 1990), 139~140; 민태원 편, 『갑신정변과 김옥균』(서울: 국제문화협회, 1947), 82~83.

『한수의 여행』에는 그녀의 주장이 더 이상 들어맞지 않는다. 일레인 김은 지금껏 서재필이 소설을 출간하였다는 사실에 대하여 알지 못하고 있었던 것 같다. 실제로 그녀의 논문이나 저서에는 류일한과 강용흘만 언급할 뿐 서재필에 관해서는 한마디 언급도 없다. 만약 일레인 김이 서재필의 소설을 알고 있고 또한 이 작품을 논의 대상으로 삼았더라면 그러한 결론에 이르지는 않았을 것이다. 이렇게 초기 문학이 자서전과 이렇다 할 관계가 없다는 점에서 한국계 미국 문학은 자서전적 요소에 크게 의존하는 다른 아시아계 미국 문학과는 큰 차이가 나는 것이다.

2. 역사소설인가, 정치소설인가

『한수의 여행』의 장르적 특성을 '소설화된 자서전'은 말할 것도 없거니와 '자서전적 소설'로 규정지을 수 없듯이 이 작품을 '역사소설'로도 범주화할 수 없다. 이 작품의 장르와 관련하여 오세웅(吳世雄, Sewoong Oh)은 "한국의 특정한 시기에 일어난 사건에 기초를 두고 있는 역사소설로 분류하는 것이 적절할는지 모른다"[18]고 지적한다. 따지고 보면 소설 장르란 하나같이 '특정한 시기에 일어난 사건'을 다루게 마련이다. 여기에서 오세웅이 말하는 사건이란 두말할 나위 없이 3 · 1운동을 가리킨다. 물론 기미독립운동은 이 작품에서 핵심적 사건인 것은 틀림없지만 그렇다고 이 작품의 장르를 역사소설로 간주하는 것은 문제가 없지 않다.

유럽에서 19세기 낭만주의 작가들이 널리 유행시킨 역사소설은 그 이름이 가리키듯이 사건과 작중인물을 명확한 역사적 맥락 안에 설정하는

18 Oh, "*Hansu's Journey* by Philip Jaisohn," p. 46.

소설을 말한다. 역사적인 실제 인물을 다루건 아니면 허구적 인물과 역사적 인물을 혼합하여 다루건 역사소설에서는 무엇보다도 새로운 역사 해석을 목표로 삼거나 과거의 획기적인 역사적 사건을 재현하는 데 초점을 맞춘다. 스코틀랜드의 작가 월터 스콧의 작품에서 볼 수 있듯이 역사소설 작가들은 흔히 다른 두 문화가 서로 갈등을 일으키고 충돌하는 역사적 시대를 중심적인 배경으로 삼는다. 또한 특정한 사회의 풍습이나 제도 그리고 배경 등을 자세히 묘사하거나 역사적 핍진성(逼眞性)을 전달하려고 시도하기도 한다. 그런가 하면 역사소설은 과거 역사를 폭넓게 조망하면서 극적인 역사적 사건을 중심 플롯으로 삼기도 한다.

그러나 『한수의 여행』에서는 전형적인 역사소설에서 흔히 볼 수 있는 이러한 특성은 좀처럼 찾아보기 어렵다. 서재필은 이 작품에서 비록 20세기 초엽이라는 역사적 맥락 안에서 사건을 다루기는 하지만 역사적 사건을 재현하거나 역사를 새롭게 해석하려고 하지 않는다. 한국 민족은 일제의 식민주의를 혹독히 겪고 있지만 그 경험을 두 문화의 긴장이나 갈등의 차원에서 취급하지 않는다. 또한 서재필은 이 무렵 특정한 제도나 풍습을 리얼리즘 수법으로 자세히 묘사하는 등 역사적 핍진성에 관심을 기울이지도 않는다. 그렇다고 이 작품에는 일본의 풍습이나 제도 등 문화와 관련한 언급도 한마디 없다.

더구나 전형적인 역사소설에서는 사건이 벌어지는 시간이 작가가 살고 있는 시대에 앞서게 마련이다. 다시 말해서 역사소설은 더러 예외가 없는 것은 아니지만 당대보다는 과거의 사건을 다루기 일쑤이다. 바로 이 점에서 역사소설은 '대안적 역사'와 구별 지을 수 있다. 공상과학소설이나 역사소설의 하부 장르라고 할 '대안적 역사'에서는 실제 역사와는 달리 역사적 사건을 가상하여 역사를 재구성한다. 다시 말해서 실제 일어난 역사가 아니라 어쩌면 일어났었을지도 모르는 가능성의 역사를 다룬다. 프랑스에서는 '대안적 역사'가 역사적 시간과는 무관하다고 하여 '위크로니'(uchronie)라고 부른다. 유토피아(utopia)가 이 세계에 존재하지 않는 지리적 공간을 배경으로 삼는 소설이듯이 위크로니란 이 세계에 존재하지 않는 역사적 시간을 배경으로 삼는 소설을 말한다.

그러나 서재필이 『한수의 여행』을 집필한 시기와 이 작품에서 벌어지는 역사적 사건 사이에는 시간적으로 이렇다 할 거리가 없다. 작가의 시대와 사건의 시대 사이에 상당한 시간적 차이가 있는 역사소설과는 달리, 이 소설에서 사건은 거의 동시대적으로 이루어진다. 비교적 짧은 시간 안에 박한수가 겪는 일련의 사건은 하나같이 20세기 초엽에 국한되어 있다. 좀 더 자세히 말한다면 그는 한반도 서북지방에 위치한 고향 죽포를 떠나 평양에서 중등학교 과정을 마친 뒤 제1차 세계대전에 참가하고 귀국하여 서울에서 기미독립운동에 참가한다. 그런 다음 중국 만주 지방에서 14개월 남짓 독립운동을 전개한 뒤에 상하이에서 여객선을 타고 일본을 거쳐 미국으로 향한다. 한마디로 이 작품은 역사적 사건을 소망하기에는 시간적 퍼스펙티브가 너무 짧다.

『한수의 여행』을 역사소설로 간주할 수 없다는 것은 서재필이 이 작품에서 일부러 역사적 사실을 틀리게 기록하거나 왜곡하여 기술한다는 점에서도 잘 드러난다. 이 책의 마지막 장에서 좀 더 자세히 밝히겠지만 이 작품에서 작가가 다루는 사건은 실제 역사적 사실과 다른 점이 한두 가지가 아니다. 예를 들어 기미독립운동 독립선언서에 서명하기 위하여 주인공 박한수를 동반하여 서울에 가는 길 목사와 관련한 부분이 그러하다. 또한 박한수가 서울에 일어난 3 · 1운동에 참가한 뒤 평안북도 선천에서 목격하는 사건도 실제 역사적 사실과는 적잖이 다르다. 역사소설에서 작가는 문학적 상상력에 의존하되 작품에서 골격이 되는 역사적 사건은 비교적 사실에 맞게 충실하게 다루게 마련이다.

장르적 특성에서 볼 때 『한수의 여행』은 역사소설보다는 오히려 정치소설로 범주화하는 쪽이 훨씬 더 정확하다. 정치소설이란 글자 그대로 정치적 문제를 다루는 소설로서 정치적 사건, 정치 제도 그리고 정치 이론 등에 대하여 논평하기 위하여 서사 형식을 취하는 소설을 말한다. 역사소설과는 달리 정치소설은 흔히 기존 사회를 직접 비판하는 데 초점을 맞추지만 때로는 대안적이고 환상적인 현실을 제시하기도 한다. 다시 말해서 정치소설가들은 자칫 현실 비판의 칼날을 무디게 할 위험이 있지만 풍자와 유토피아의 문학 형식을 즐겨 사용한다. 상황에 따라 작가는 드러내놓고 정면으로 공격할 수 없고 오직 풍자와 우화를 빌려 우회적으로 공격할 수밖에 없기 때문이다. 또한 그러한 방법이 직접 공격하는 것보다 어떤 면에서는 효과가 훨씬 더 크다는 사실을 잘 알고 있다.

정치소설은 그 역사적 계보를 거슬러 올라가다 보면 서양에서는 까마득히 멀리 기원전 4세기 플라톤의 『공화국』, 동양에서는 기원전 3세기 인도의 비슈누 사르마가 지었다는 『판차탄트라』를 만나게 된다. 영국 작가 토머스 모어는 『유토피아』(1516)를 출간하여 정치소설을 좀 더 본격적인 단계로 끌어올렸다. 그가 이 소설을 쓰게 된 것은 16세기 초엽 영국의 정치적 한계와 경제적 모순을 풍자하고 비판하려는 데 있었다. 이 책에서 저자는 히스로디라는 선원한테서 '유토피아'라는 이상한 나라의 제도와 풍속 등을 전해 듣고 그 내용을 기록하는 형식을 취한다. 이 소설은 겉으로는 현실에는 없는 이상 사회를 묘사한 작품 같지만 한 꺼풀만 벗겨놓고 보면 이 무렵의 유럽, 특히 영국 사회를 날카롭게 비판하였다. 이 공화국에서는 모든 시민이 교대로 농경에 종사하지만 노동 시간은 겨우 여섯 시간밖에는 되지 않고, 여가 시간은 교양을 쌓는 데 보내며, 필요한 물품은 시장의 창고에서 자유롭게 마음대로 꺼내 쓸 수 있다.

정치소설은 17세기에 잠시 소강을 상태를 맞은 뒤 계몽주의 시대 18세기와 19세기에 이르러 다시 한 번 활기를 되찾는다. 그리하여 조너선 스위프트가 『걸리버 여행기』(1726)를 출간한 것을 시작으로 이 장르의 소설은 여러 나라에서 마치 비가 내린 뒤 죽순처럼 쏟아져 나왔다. 예를 들어 프랑스에서는 계몽사상가 볼테르가 『캉디드』(1759)를, 영국에서는 벤저민 디즈레일리가 『혁명가 에픽』(1834)을, 미국에서는 여성 소설가 해리어트 비처 스토가 『톰 아저씨의 오두막집』(1852)을, 헨리 애덤스가 『민주주의』(1880)를 잇따라 출간하면서 정치소설을 더욱 정교하게 갈고 닦았다. 20세기에 들어와서도 사정이 다르지 않아서 윈스턴 처칠을 비롯하여 올더스 헉슬리, 싱클레어 루이스, 조지 오웰, H. G. 웰스, C. P. 스노, 존 도스 패소스, 그리고 로버트 펜 워런 등이 서구 문학사에서 정치소설을 굳건한 소설 장르의 반열에 올려놓았다. 그런데 정치소설을 쓴 작가 중에는 디즈레일리나 처칠처럼 현실 정치에 직접 몸담고 있던 정치가들도 적지 않았다.

정지소실은 한국에서도 일찍부터 꽤 인기를 끌었다. 가령 프리드리히 실러의 희곡 『빌헬름 텔』(1805)을 중국인 정철관(鄭哲寬)이 개작한 것을 대본으로 국한문혼용체로 중역한 『서사건국지』(瑞士建國誌)는 넓은 의미에서 정치소설에 속한다. 박은식(朴殷植)은 이 소설을 번안하여 1907년 10회에 걸쳐 《매일신보》에 연재한 뒤 단행본으로 출간하여 이 무렵 독자들한테서 큰 관심을 끌었다. 제목에서도 드러나 있듯이 실러의 이 작품은 스위스 건국에 주역을 맡은 빌헬름 텔을 주인공으로 삼는다. 좀 더 구체적으로 말해서 오스트리아의 포악한 압제적 통치에 맞서 독립운동을 하는 스위스 발트슈테덴의 세 주의 주민들과 주인공 텔 사이의 긴장, 그리고 그 관계 속에서 전개되는 자유와 정의를 위한 투쟁을 다룬다.

한편 1908년 구연학(具然學)이 출간한 『설중매』(雪中梅)도 정치소설로 보아 크게 틀리지 않다. 이 소설은 일본 작가 스에히로 데스초(末廣鐵腸)가 개화와 계몽사상을 고취하기 위하여 쓴 정치소설 『설중매』를 번안하고 개작한 것이다. 새 시대의 선구적 지식인 이태순은 격동기의 정치 사회를 무대로 자유와 독립을 위한 정치운동을 벌인다. 한편 신학문을 익힌 신여성 장매선도 주위의 온갖 불의와 권모술수에 굴복하지 않고 개화운동을 벌이며 어버이의 유언에 따라 마침내 이태순과 가약을 맺기에 이른다는 내용으로 되어 있다. 일본의 원작에서는 일본의 미래상을 예상하여 그 미래의 시점에서 1884년경의 일본 사회를 회고하여 묘사하는 방법을 구사한다면, 구연학의 작품에서는 갑오개혁(甲午改革) 이후의 한국 현실에 초점을 맞춘다.

특히 구연학의 작품에서 찬찬히 눈여겨볼 것은 작중인물로 등장하는 청년 정객 대부분이 서재필이 중심이 되어 설립한 독립협회(獨立協會)의 회원이라는 점이다. 1896년(고종 33년) 7월에 설립한 한국 최초의 근대적인 사회정치 단체라고 할 이 협회를 설립한 사람들은 중국의 유산을 청산할 것을 부르짖는 반청적(反淸的)인 입장에 서 있었고 갑오개혁에 참여하였다. 개화 지식층이 주축이 된 독립협회 회원들은 정부의 외세 의존 정책에 맞서 한국의 자주독립과 내정 개혁을 표방하였다. 서재필을 중심으로 이상재(李商在) · 이승만(李承晩) · 윤치호(尹致昊) 등이 적극 참여하였지만 협회 발족 당시에는 이완용(李完用) · 안경수(安駉壽) 같은 정부 요인들도 참여하였다.

이 협회의 창립 주도 세력을 좀 더 자세히 살펴보면 ① 갑오개혁 당시의 집권관료 세력들로 서재필을 귀국시켜 《독립신문》의 창간을 지원해준 건양협회 세력, ② 외국 외교관들이나 선교사들과 교제를 해온 외교계 관료 세력과 정동구락부 세력, ③ 개별적으로 서구 근대 사상을 호흡하면서 개화 정책을 추진하던 중견 실무 관료층 등이었다. 초기에는 토론회와 연설회 등을 열어 민중 계몽운동에 힘써서 많은 젊은이들을 모았으며, 나중에는 정치 문제에 관심을 표명하고 실천에 옮겼다. 그 해 11월 모화관(慕

華館)을 '독립관'으로 개칭하여 집회장으로 사용하였으며, 영은문(迎恩門) 자리에 '독립문'을 세워 독립정신의 상징으로 삼았다.

또한 구연학이 『설중매』에서 작중인물들이 활동하는 무대를 백운대(白雲臺)의 북한사(北漢寺)로 설정한 점도 눈길을 끌기에 충분하다. 스에히로는 원작에서 일본의 하코네(箱根) 온천 복주루(福住樓)를 무대로 삼았지만, 구연학은 온천 지방이 아닌 사찰을 무대로 삼는다. 갑신정변을 일으키기 전 김옥균을 비롯한 개화파들이 자주 모여 일본과 서양의 문물에 대한 지식을 습득한 곳이 봉원사(奉元寺)였다는 사실을 생각하면 작가가 하필이면 왜 사찰을 공간적 배경으로 삼았는지 알 만하다. 이동인(李東仁)이 주지로 있던 봉원사는 말하자면 근대 계몽기 개화의 산실과 같은 곳이었다. 비록 정도의 차이는 있을망정 근대적 민주정치를 주창하는 인물들이 점진적 개혁을 내세우고 현실을 개혁하는 과정을 제시하였다는 점에서 이 두 소설은 정치소설의 범주에 넣을 수 있다.

이처럼 정치소설은 다른 장르의 소설과는 달리 흔히 시대적인 여건이나 배경과 아주 깊이 연관되어 있다. 다시 말해서 정치소설은 우연히 창작하는 것이 아니라 어떤 필연적인 시대적 상황을 전제로 창작하는 경우가 많다. 가령 일본에서 에도(江戶)와 메이지(明治) 두 시대를 잇는 교량 역할을 하며 근대 문학이 발전하는 데 비옥한 밑거름 역할을 한 것은 바로 정치소설이었다. 특히 메이지 유신을 단행한 이후 스에히로 같은 작가들은 일본 국민을 정치적으로 계몽할 필요성을 느끼고 정치소설을 많이 썼다.

적어도 이 점에서는 서재필의 『한수의 여행』도 크게 다르지 않다. 그가 이 소설을 집필한 것은 20세기 초엽 한국의 식민지 상황과 세계의 정치적 현실을 묘사하고 풍자하기 위해서였다. 한일병합(韓日併合) 이후 일본 제국주의의 온갖 횡포, 군국주의의 대두와 이에 따른 제1차 세계대전의 발발, 일제 식민주의에 맞서 일어난 기미독립운동, 일본 제국주의의 비인도적인 탄압 등은 서재필이 이 작품을 가장 중요한 이유일 뿐만 아니라 또한 이 작품에서 다루는 가장 중요한 문제이다. 특히 이 가운데에서도 3 · 1운동은 그가 이 소설에서 다루는 가장 핵심적인 사건이다. 이 사건은 그가 한민족의 저력을 새롭게 평가하는 계기가 되었다.

서재필이 이렇게 한민족의 저력을 다시 평가하였다는 것은 곳곳에서 그다지 어렵지 않게 찾아볼 수 있다. 예를 들어 1925년 7월 서재필은 하와이 호놀룰루에서 개최한 범태평양회의에 참석하기 위하여 잠깐 샌프란시스코에 들른 적이 있다. 그곳 국민회가 초청한 환영식에서 그는 "30년 전 인천항을 떠날 때 내 뒤를 받들어 주지 않아 한인들이 다 죽은 백성인 줄 알았습니다. 그러나 1919년 3 · 1운동을 보니 산 백성인 줄 알았고, 이런 백성은 반드시 자유 독립을 하고 말 것으로 믿었습니다. 그래서 내가 연설도 하고 선전 사업 활동을 시작하게 되었습니다"[19] 하고 밝힌다. 여기에서 그가 말하는 '30년 전'이란 온갖 압력을 받고 '추방'당하다시피 하여 두 번째로 조국을 떠나 미국에 건너간 해인 1898년으로 정확히 말하자면 30년이 아니라 27년 전이다. 일제 식민주의에 맞서 기미독립운동을 일으킨 것을 보고 나서야 서재필은 한민족이 '죽은 백성'이 아니라 '산 백성'이라는 사실을 새삼 깨달았다. 이보다 몇 년 앞서 1922년 뉴욕에서 열린 3 · 1절 기념행사 때에도 그는 "나는 그 무렵 우리 민족이 완전히 썩어서 소생의 가망이 없다고 생각했습니다. [……] 1919년의 민중 봉기는 이런 변화를 말해주는 최초의 징조이며, 우리는 이 사실을 하나님께 감사드리지 않을 수 없습니다"[20] 하고 밝힌다.

19 「서재필의 상항 도착과 환영식석에서의 연설」, 《신한민보》 1925년 6월 25일자.

20 "Koreans Celebration March 1st," Korea Review, April 1922; 최병헌, 『강변에 앉아 울었노라: 뉴욕한인교회 70년사』(서울: 깊은샘, 1992), 54~55.

3. 선전 홍보 활동과 『한수의 여행』

전형적인 정치소설이 흔히 그러하듯이 『한수의 여행』은 정치나 정치와 직접 또는 간접으로 관련한 여러 문제를 작품의 핵심적인 요소로 삼는다. 앞에서 이미 언급한 서동성은 서재필이 "미국 사람들에게 한국의 실정과 일본 군국주의자들의 한국 침략상과 한국에서 자행한 잔인무도한 행위에 대해서 대미 홍보 활동의 한 수단으로"[21] 이 소설을 썼다고 밝힌다. 또한 "역사적 가치보다는 이 책자가 미국인에게 한국을 선전하고 한국의 독립을 호소하는 홍보 활동의 한 수단으로서 만들어졌다는 데 큰 의미가 있다"[22]고 지적한다. 앞에서 이미 지적하였듯이 기미독립운동 이후 서재필은 신문 · 잡지 · 책자 등을 발행하여 미국 사람을 비롯한 전 세계 시민을 상대로 선전 활동을 활발히 전개하기 시작하였다. 특히 서양 사람들에게 기미년 독립만세운동에 대한 인식을 넓히는 데 주력하였다.

그런데 서재필은 이렇게 문서를 통한 선전 홍보 활동을 벌일 계획을 이미 기미독립운동이 일어나기 전부터 품고 있었다. 1918년 12월 대한인국민회 중앙총회장 안창호(安昌浩)에게 보낸 편지에서 그는 세계에 한국의 사정을 널리 알릴 잡지가 꼭 필요하다고 밝히며 이 일에 협조해줄 것을 당부하였다.

> 오늘날 한국이 일본의 밥이 되어 그의 모든 권리가 박멸되었고 그의 백셩들이 승전국의 노예가 되어 구차훈 명을 보젼하였으나 아직까지 누구가 일본의 불공평한 학대를 항거ᄒᆞ여 스스로 보호하고져 하는 자 업스며, 또 누구나 동일한 힘

---

21 서동성, 「역자의 말」, 2.
22 같은 글, 4.

으로 그 육체와 영혼을 결박흔 일본의 무거운 기반을 벗고져 하기를 꾀하는 이도 없도다. [……] 내가 하고자 하는 것은 미주에서 제일 고등한 영문 잡지를 시작하되, 한국 · 일본 · 중국의 역사상과 현시의 정형을 게재하고자 함이니, 이러한 기관으로 우리는 세계의 눈앞에 한국이 어떻게 국치 당한 것과 일본이 어떻게 한인을 대우한 사실을 드러내고자 함이라. 이것이 우리의 마땅히 또 능히 만들어 놓을 만한 기관이며, 또는 우리가 이것으로 능히 해외나 해내(海內)에 있는 한인의 생명을 보호하리라.[23]

서재필은 안창호에게 이렇게 영문 잡지의 필요성을 역설한 뒤 잡지를 운영할 구체적인 방안까지 제시하였다. 즉 그는 미국 교민들한테서 일주일에 50달러씩 구독료를 받아 자본금 50만 달러를 모금한 뒤 여기에서 나오는 이익금으로 잡지를 운영한다는 것이다. 그러나 대한인국민회는 두 번에 걸쳐 이 문제를 논의하였지만 끝내 서재필의 제안을 부결시켰다. 서재필이 제시한 50만 달러의 모금액은 한인 교포가 담당하기에는 너무 엄청난 액수일 뿐만 아니라, 설령 이 금액을 모금한다고 하여도 잡지 발간보다는 더 중요한 일에 사용하여야 한다고 판단하였기 때문이다.

그러나 서재필은 대한인국민회의 결정과는 관계없이 영문 잡지 발간을 계속 추진하였다. 특히 기미독립운동이 일어나자 더 이상 이 일을 미룰 수가 없다고 판단하였다. 그리하여 필라델피아에서 제1차 한인회의를 개최하고 이 회의의 결정에 따라 그는 한국홍보국을 설립한 뒤 마침내 영문 월간지 《코리아 리뷰》(Korea Review)를 간행하기에 이르렀다. 1922년 뉴욕 타운홀에서 개최한 3 · 1절 기념식에서 서재필은 이 잡지의 역할이 무척 크다는 사실을 밝혔다. "세계로부터 정당한 대우를 받으려면 우리 입

23 「서재필 박사의 편지」, 《신한민보》 1919년 2월 20일자.

장을 알려야 합니다. 그래야만 일본이 조선사람에 대하여 퍼트리는 온갖 악선전을 믿지 않게 될 겁니다. [……] 이러한 생각으로 3년 전 나는 《코리아 리뷰》를 시작하였고, 이를 매체로 삼아 그동안 조선 편을 드는 친구를 수천 명 얻었습니다" 하고 말한다. 그러면서 그는 "지금 죽어가고 있는 어머니를 위하여 내가 할 수 있는 의무는 과연 무엇인가?" 하고 스스로 물어보았다고 고백한다.[24] 이 무렵 그가 얼마나 고국의 독립을 우선 과제로 생각하고 있었는지 단적으로 엿볼 수 있다.

기미독립운동 직후 서재필이 벌인 문서를 통한 홍보와 선전 활동은 이렇듯 미국에서 꽤 성공을 거두었다. 그의 말대로 한국 편을 드는 미국인 지지자가 수천 명에 이르렀는지는 정확히 알 수 없지만 한국에 대하여 거의 모르고 있던 미국 사람들에게 일제 식민주의의 굴레에 놓여 있는 조선의 사정과 함께 일본의 잔악상을 널리 알린 것만은 틀림없다. 그리하여 1919년 7월 일본 수상 하라 타카시(原敬)는 조선총독 하세가와 요시미치(長谷川好道)를 만난 자리에서 조선에서 일어난 '소요' 때문에 일본이 미국에서 비판의 대상이 되고 있어 외교적으로 일본이 불리한 입장에 놓여 있다고 불평할 정도였다.

이 무렵 서재필은 《코리아 리뷰》를 발행하는 것과 거의 동시에 한국의 열악한 사정과 일본 제국주의의 횡포를 알리는 여러 홍보 책자를 제작하여 배포하였다. 예를 들어 82쪽 분량의 『필라델피아 대회 의사록』, 15쪽 분량의 『한국의 독립』, 16쪽 분량의 『한국의 어린 만세 순교자들』, 15쪽 분량의 『한국에서의 일본 흉포』, 그리고 70여 쪽에 이르는 화보집 『한국의 독립운동』 같은 영문 책자가 바로 그것이다. 서재필의 이러한 일련의

24 "Koreans Celebrate March 1st," *Korea Review*, April 1922; 최병헌, 『강변에 앉아 울었노라: 뉴욕한인교회 70년사』, 55.

활동은 서부 지역 샌프란시스코에서 국민회총회의 출판 사업이나 문서 활동과 거의 맞먹는다. 미국 동부의 《코리아 리뷰》에 해당하는 정기간행물이 대한인국민회에서 발행하던 《신한민보》라고 할 수 있다. 격일로 발행하던 이 신문은 일제강점기 미국에 살고 있는 교포들에게 독립정신을 고취시키는 데 아주 큰 역할을 하였다.

이정식(李庭植)은 서재필이 한국홍보국에서 간행한 이러한 홍보 책자가 하나같이 한편으로는 일본 제국주의의 만행을 폭로하고 다른 한편으로는 한민족이 얼마나 자주독립을 염원하고 있는지 널리 알리는 데 크게 이바지하였다고 지적한다. 이와 관련하여 그는 "이 모든 책자들은 한국의 독립이 법적으로나 도의상으로 정당하다는 것을 역설하였고, 또 목격자들의 증언과 현장에서의 사진들을 통하여 한국에서 일어난 3 · 1운동이 거족적이었고 또한 일제의 탄압이 지극히 잔학했다는 것을 증명하고, 따라서 한민족의 염원은 완전무결한 자주독립이라는 것을 나타내고 있다"[25]고 밝힌다.

서재필이 『한수의 여행』을 《코리아 리뷰》에 연재한 뒤 단행본으로 출간한 것은 바로 이렇게 이 무렵에 전개하기 시작한 문서를 통한 선전 홍보 활동과 깊이 연관되어 있다. 특히 그는 미국 행정부와 입법부에 대한 선전 공작 활동 못지않게 문서를 통한 선전 활동이 무척 중요하다는 사실을 잘 알고 있었다. 23여 년 전 그는 일찍이 《독립신문》을 창간하여 한국에서 자주와 자강의 계몽운동을 전개하면서 "펜이 칼보다 강하다"는 사실을 깊이 깨달았기 때문이다. 서재필은 한국을 떠나면서 마지막으로 쓴 논설에서 신문이 민중 계몽에 얼마나 중요한 역할을 할 수 있는지 피력한다.

---

25 이정식, 「송재 서재필의 재미 시절」, 『인간 송재 서재필』, 120; 이정식, 『구한말의 개혁 · 독립투사 서재필』(서울: 서울대학교출판부, 2003), 298~299.

> 삼년 젼에 내 본국에 도라온지 얼마 아니 되야 국문 신문이 불가불 잇서야 할 일을 ᄭᆡ닷고 ᄯᅩ 기시 정부 당로ᄒᆞᆫ 사ᄅᆞᆷ들도 나와 동의ᄒᆞ며 대황데 폐하의 은총으로 이년 젼에 집을 주셔셔 독립신문을 쳐음으로 내게 되여 그후브터 외국 친구와 대한 사람의 보좌ᄒᆞᆷ을 힘입어 영문과 국문으로 두 신문을 난우어 확쟝ᄒᆞ얏스며 대한을 세계에 쇼기ᄒᆞᄂᆞᆫ 일에 약간 유익ᄒᆞᆷ이 잇슴을 밋으며 일본과 청국에 잇ᄂᆞᆫ 신문들이 우리 신문들이 우리 신문을 후대ᄒᆞᆷ을 감샤ᄒᆞ노라.[26]

1895년 12월 귀국하자마자 서재필이 김홍집(金弘集) 내각이 제안하는 관직을 마다하고 굳이 국문 신문을 발행한 데에는 그럴 만한 까닭이 있었다. 민중을 계몽하여 서구식 근대화를 이룩하는 데에는 신문이 '불가불 있어야' 한다고 깨달았기 때문이다. '사회의 목탁'으로 민중을 계몽하는 데에는 아마 신문만큼 좋은 매체가 없을 것이다. 위 인용문에서 특히 주목해보아야 할 대목은 "대한을 세계에 소개하는 일에 약간 유익함이 있음을 믿으며"라는 문장이다. 이렇게 서재필은 신문이 대한제국을 세계에 널리 소개하는 데 유익하다고 생각하였다. 그런데 이러한 역할을 하는 데 그는 '약간 유익함'이 있다고 말하고 있지만 이 말을 액면 그대로 받아들여서는 안 된다. 모르긴 몰라도 그는 아마 겸손한 마음에서 이렇게 말하는 것 같기 때문이다.

실제로는 《독립신문》은 민중을 계몽하고 선도하는 데 '약간' 유익한 것이 아니라 '상당히' 유익하였다. 이 신문 창간을 일본 측이 강력하게 저지하려고 한 것은 바로 그 때문이다. 일본인들은 《한성신보》(漢城新報)를

---

26 《독립신문》 1898년 5월 17일자; 정진석, 『독립신문 · 서재필 문헌 해제』, 121. 서재필의 이러한 태도는 같은 날 《The Independent》에 실린 "A Parting Word"에 좀 더 뚜렷이 드러나 있다. "나는 고국에 돌아오자 곧 특히 민중이 읽을 수 있는 언어로 된 신문의 필요성을 절감하였다. 당시 정부 관직에 있던 진보적인 내 친구들도 똑같은 생각을 내게 피력하였다."

발행하여 한국의 정세를 세계에 알리는 한편 조선 침략의 교두보로 삼았다. 이러한 상황에서 한글 신문이 발행된다는 것은 그들에게 여간 큰 위협에 아니었다. 《독립신문》을 창간하기 몇 달 전 서재필은 윤치호에게 "일본의 의사에 반대하는 어떤 행동을 하는 사람은 누구나 암살해 버리겠다고 그들은 강력하게 암시하였다. 그들은 나를 독약처럼 미워한다"[27]고 털어놓았다. 이렇게 서재필에게 위협을 준 '그들' 중에서도 주한 일본공사 코무라 주타로(小村壽太郎)는 첫 손가락에 꼽힌다. 코무라는 서재필뿐만 아니라 이 신문 창간을 돕던 유길준(兪吉濬)까지 생명의 위협을 가하였다. 서재필은 이러한 암살 위협을 무릅쓰면서도 신문을 발행하여 민중계몽 운동에 앞장섰던 것이다.

서재필이 이렇게 문서를 통한 홍보와 선전이 효과적이라고 생각한 것은 몇 십 년이 지난 뒤에도 조금도 달라지지 않는다. 1939년 봄 그는 미국에 유학 중인 한국 유학생들이 설립한 북미조선유학생회가 발행하던 영문 신문에 「문화와 선전」이라는 글을 기고하였다.

> 강력한 군사력으로 무장하지 않은 국민을 약탈하거나 군사력을 사용하겠다고 위협하는 것은 인간의 역사가 시작된 이후 늘 자행되었던 낡은 관행이다. 그러나 최근에는 일부 국가들이 선전이란 새로운 형식의 무기를 사용하여 동일한 목적을 달성하고 있다. 어떤 면에서는 선전이 더 낫고 더 효과적인 수단이다. 비용이 적게 들고 위험도 적기 때문이다. 더구나 아주 훌륭한 계획으로 위장하고 있어 어느 누구도 이러한 선전에 반대할 수 없고, 선전의 진짜 목적이 무엇인지조차 의심할 수가 없다.[28]

---

27 국사편찬위원회 엮음, 『윤치호 일기』제4권 (서울: 국사편찬위원회, 1974), 134. 1896년 1월 31일.

28 Philip Jaisohn, "Culture and Propaganda," *The Korean Student Bulletin*, March–April, 1939.

위 인용문에서 서재필은 강력한 군사력과 대비되는 문화적 선전을 '새로운 무기'라고 부른다. 그는 문화적 선전이라는 신예 무기를 효과적으로 이용하고 있는 대표적인 전체주의 국가로 독일과 이탈리아를 예로 든다. 이러한 '새로운 무기'를 사용하여 이탈리아는 에티오피아를 정복하였고, 독일은 총 한 발 발사하지 않고 라인란트를 다시 점령하고 오스트리아를 합병하였다. 또한 독일은 스페인 반란군을 지속적으로 지원함으로써 자신들에게 유리하도록 스페인 내전을 연장시켰다고 말하기도 한다.

최근 들어 적지 않은 이론가들이 '문화 제국주의'니 '소프트 파워'니 하는 용어를 사용하지만 서재필은 이미 몇 십 년 앞서 문화가 정치 못지않게 막강한 힘을 발휘할 수 있다고 내다보았다. 에드워드 사이드가 『문화와 제국주의』(1993)에서 제국이 세계를 지배할 때 어떻게 문화를 이용하는지 설득력 있게 분석한 것은 서재필이 이 글을 발표한 지 무려 50여 년 이상이 지난 뒤이다. 이 책에서 사이드는 제국주의의 제도적이고 정치적이며 경제적인 작용은 문화의 힘이 없이는 결코 유지될 수 없다고 지적한다. 그에 따르면 제국주의의 문화야말로 일종의 '이데올로기적 화평 공작'에 지나지 않는다. 서재필은 사이드보다 몇 십 년 앞질러 약소국가를 침략하는 데 문화적 선전이 군사력보다 훨씬 더 효과적인 수단이라고 보았던 것이다.

더구나 서재필은 좁게는 소설, 넓게는 문학의 효능을 잘 알고 있었다. 다 같이 활자 매체를 이용한다고 하여도 소설 같은 문학작품은 선전 책자와는 또 다르다. 가령 한국홍보국에서 발행한 『한국의 독립』이나 『한국의 어린 만세 순교자들』 또는 『한국에서의 일본 흉포』 같은 선전 책자는 그 효과에서 볼 때 소설 『한수의 여행』과는 큰 차이가 난다. 로고스에 의존하는 이러한 책자와는 달리 파토스에 의존하는 문학작품은 그 호소력이 무척 강하다. 예로부터 정치가들이나 철학자들은 문학의 이러한 힘을 잘 알고 있었다. 진시황제(秦始皇帝)의 분서갱유(焚書坑儒)도 플라톤의 시인 추방론도 따지고 보면 문학의 위력에 대한 공포에서 비롯된 것으로 보아 크게 틀리지 않을 것이다.

4. 『한수의 여행』과 성장소설

서재필의 『한수의 여행』은 한편으로는 정치소설의 범주에 속하지만 또 다른 한편으로는 성장소설(빌둥스로만)의 범주에 속한다. 이 작품을 좀 더 꼼꼼히 읽어보면 성장소설 전통에 굳건히 서 있다는 사실이 곧 밝혀진다. 두말할 나위 없이 성장소설은 젊은 주인공이 온갖 역경을 겪으면서 심리적으로나 도덕적으로 또는 사회적으로 인격을 형성해나가는 유형의 소설을 말한다. 여기에서 말하는 성장이란 어디까지나 정신적 성장이요 인격적 성장을 말한다. 성장소설을 흔히 '교육소설'이니 '교양소설'이니 하고 부르는 까닭이 바로 여기에 있다. 이 유형의 소설이 계몽주의 시대 독일에서 처음 유행하기 시작하였다는 것은 우연한 일이 아니다. 성장소설의 주인공이 겪는 교육 과정은 어둠의 세계에서 빛의 세계로, 무지의 세계에서 지혜의 세계로 이행하는 것을 뜻한다.

『한수의 여행』은 여러 점에서 성장소설의 특성을 두루 갖추고 있다. 무엇보다도 이 작품은 전형적인 성장소설이 으레 그러하듯이 나이 어린 작중인물을 주인공으로 삼는다. 서재필은 이 소설의 첫 장면에서 주인공 박한수의 나이를 분명히 밝힌다.

> 한수는 새로 창호지를 바른 남쪽 창가에 앉아서 공자(孔子)의 도덕 철학에 관한 큼직한 책을 탐독하고 있었다. 그는 방금 열여덟 살 생일을 맞이하였고, 이제

몇 달 있으면 한국 선비들의 메카라고 할 서울에 가서 공립학교 입학 시험을 볼 것이다. (3)

작품이 시작할 때 주인공 박한수의 나이가 열여덟 살이고 작품이 끝날 때 그의 나이가 스물여덟 정도라면 다른 성장소설의 주인공과 비교해볼 때 나이가 조금 많다고 할는지도 모른다. 가령 독일 문학사에서 성장소설의 전범으로 꼽히는 요한 볼프강 폰 괴테의 『빌헬름 마이스터의 수업시대』(1796)에서 주인공 빌헬름은 박한수보다 훨씬 어린 나이에 작품에 등장한다. 또한 괴테의 이 작품에서 직접 또는 간접으로 영향을 받은 영국 작가 찰스 디킨스의 『위대한 유산』(1861)에 등장하는 주인공 핍도 아주 어린 나이에 등장한다. 그러나 성장소설에서 중요한 것은 주인공의 육체적 연령이라기보다는 오히려 정신적 연령이요 심리적 연령이다. 또한 열여덟 살은 동양에서나 서양에서나 상징적인 나이로 청년과 성년을 가르는 분수령에 해당한다.

위 인용문에서 주인공이 읽고 있는 책도 찬찬히 주목해볼 필요가 있다. 그는 지금 창가에 앉아 "공자의 도덕 철학"에 관한 큼직한 책을 읽고 있다. 서재필은 공자(孔子)의 도덕철학에 관한 책이 어떤 책인지에 대해서는 언급하고 있지 않지만 두말할 나위 없이 사서삼경(四書三經) 중의 한 권일 것이다. 이 무렵 전통적인 유가 교육에서 사서삼경은 누구나 읽어야 할 필독서이기 때문이다. 그런데 여기에서 작가가 '도덕 철학' 책을 언급하는 것은 이 작품의 장르인 성장소설과 관련하여 시사하는 바가 자못 크다. 앞에서 이미 밝혔듯이 성장소설은 바로 나이 어린 주인공의 도덕적 성장을 다루기 때문이다.

더구나 성장소설이 흔히 그러하듯이 『한수의 여행』에서도 주인공은 어떤 목적을 달성하기 위하여 홀로 집을 떠나 세상 밖으로 나아간다. 일단

집 밖으로 나서면 가정이나 가족 구성원은 주인공에게 이렇다 할 의미가 없다. 물론 그동안 울타리 구실을 한 집을 떠나 미지의 새로운 세상 속으로 나아간다는 것이 주인공에게는 해방이면서도 동시에 심리적 부담이 되기도 한다. 박한수에 대하여 이 소설의 화자는 "그는 태어나서 지금까지 줄곧 살아 온 집을 떠나는 것이 섭섭하였으며, 부모에 대한 사랑을 그의 가슴 깊이 새겼다"(5)고 말한다. 그러면서 문가에 서서 자신을 향하여 온갖 일로 거칠어진 손을 흔들고 있는 부모를 바라보며 눈시울을 적시는 주인공의 모습에 초점을 맞춘다.

『한수의 여행』은 성장소설이 흔히 그러하듯이 여정이나 여행을 핵심적인 모티프로 삼는다. 그런데 주인공이 겪는 이러한 지리적 이동은 시골에서 도시로, 도시의 변경에서 도시의 중심으로 이동하기 일쑤이다. 서재필이 작품 제목에 '여행'이라는 말을 사용하고 있다는 사실에 주목하여야 한다. 박한수는 부모의 배웅을 받으며 집을 나선 뒤 곧바로 15마일을 걸어 기차 정거장으로 간다. 그 뒤부터 어떤 때에는 본의로 또 어떤 때에는 본의와는 관계없이 그는 한반도 곳곳을 끊임없이 누비며 돌아다닌다. 죽포에서 평양으로, 평양에서 서울로, 서울에서 다시 죽포로, 죽포에서 선천을 거쳐 압록강을 건너 만주로 피신한다. 박한수의 여정은 비단 한반도에 그치지 않고 시베리아에서 중국을 거쳐 동유럽 폴란드까지 이른다. 중국으로 피신한 뒤에는 만주 지방에서 1년 남짓 체류한 뒤 묵덴을 거쳐 이번에는 상하이에 도착한다. 상하이에서 다시 나가사키(長崎)와 고베(神戶)를 거쳐 요코하마(横浜)에서 배를 갈아타고 미국으로 향한다. 그리고 이 소설의 마지막 장면에서 박한수는 어느덧 호놀룰루를 거쳐 이제 샌프란시스코 항구 도착을 바로 눈앞에 두고 있다.

성장소설에서 주인공은 이러한 갈등과 좌절을 겪으며 자아 정체성을 새롭게 인식하거나 세계에서의 자신의 역할을 깨닫는다. 이것이 바로

'빌둥'(Bildung)의 의미, 즉 한 인간으로서 자아를 '형성'해가는 과정이다. 본질적으로 추구 모티프에 뿌리를 두고 있는 성장소설에서는 주인공이 삶을 준비하는 과정이나 좀 더 의미 있는 삶을 추구하는 과정을 중심 플롯으로 다루게 마련이다. 『한수의 여행』에서 주인공이 깨닫게 되는 자아 인식이나 세계에 대한 인식은 주로 민족과 깊이 연관되어 있다. 일제강점기에 그는 민족을 식민주의의 굴레에서 해방시킴으로써 명실공히 자주독립 국가를 건설하는 것이 곧 그가 맡은 임무라고 믿는다. 작품 첫머리에서 이러한 임무는 막연하고 추상적인 상태로 남아 있지만 그가 온갖 경험을 겪으면서 조금씩 좀 더 구체적인 모습으로 자리를 잡아가기 시작한다.

서재필은 박한수가 자기 인식이나 세계 인식을 조금씩 깨달아가는 과정을 상징을 통하여 보여준다. 이 소설의 제12장에서 주인공은 미국 영사를 설득한 끝에 마침내 미국행의 꿈을 성취하기에 이른다. 영사가 박한수에게 미국 여객선의 식당 웨이터 신분으로 미국에 갈 수 있도록 배려해주었고, 그는 곧 증기선을 타고 태평양으로 나아간다.

> 그 이튿날 그 거대한 증기선은 닻을 올리고 우숭(吳淞)의 탁한 황톳물을 헤치고 빠져나와 푸른 태평양 속으로 들어갔다. [……] 이틀 뒤 그 배는 일본의 나가사키 항에 도착했다. 한수는 태어난 지 처음으로 적국의 땅을 보았다. 초록색 들판이며, 푸른 하늘이며, 육지에 둘러싸인 항구의 반짝거리는 맑은 물은 마치 한 폭의 그림과 같았다. 이튿날 배는 내해(內海)의 물을 유유히 헤치고 고베 항에 정박하였다. 고베 항은 나가사키만큼 아름답지는 않아도 시모노세키 해협을 지나는 주변 풍경은 역시 한수를 즐겁게 해 주었다. (61)

위 인용문에서 찬찬히 눈여겨볼 것은 색깔의 상징성과 그 색깔의 변화이다. 박한수가 탄 증기선은 마침내 상하이 "우숭의 탁한 황톳물"에서 빠져나와 점차 "푸른 태평양" 속으로 진입한다. 두말할 나위 없이 누런색에서 푸른색, 탁한 흙탕물에서 투명한 바닷물로 점차 바뀐다는 것은 곧 주인공의 인식 세계나 심리 세계에 변화가 일어나고 있음을 뜻한다. 그동안 주인공이 미몽과 무지의 어둠 속에서 방황하면서 삶의 방향을 모색하였다면, 이제부터는 계몽과 지식의 좀 더 밝은 빛 속에서 삶을 영위하게 될 것임을 암시한다.

더구나 박한수는 이틀 뒤에는 일본의 나가사키 항구에 도착한다. 이 항구는 비록 적국의 땅일망정 한 폭의 그림처럼 아름답기 그지없다. 초록색 들판과 푸른 하늘 그리고 반짝거리는 맑은 물에서는 혼돈의 세계에서 질서의 세계로 나아가는 주인공의 심경을 읽을 수 있다. 이 장면에서도 초록색과 푸른색의 시각 이미지가 지배적으로 나타난다. 서양 문화권에서나 동양 문화권에서나 초록색이나 푸른색은 젊음과 함께 꿈과 이상 그리고 낭만과 희망을 상징한다. 박한수가 미국에 도착하여 과연 어떠한 삶을 살아갈는지는 알 수 없지만 작가는 이러한 상징을 빌려 그의 앞날이 자못 희망에 찬 것임을 암시한다.

이 증기선은 연극에 빗대어 말하자면 마지막 무대에 해당한다. 연극에서는 흔히 첫 장면에 등장한 인물들이 다시 등장하여 사건을 마무리 짓고 해피엔딩으로 끝을 맺는다. 배가 고베 항에 도착하였을 때 박한수는 뜻밖에 마이라 노먼과 마셀라 정을 다시 만난다. 노먼은 이 작품에서 비교적 자주 등장하는 인물에 속한다. 다른 작중인물들이 한두 번 등장한 뒤 작품에서 영원히 사라지는 것과는 사뭇 대조가 된다. 박한수는 감옥에서 풀려난 뒤 평양으로 가는 길에 노먼을 처음 만난다. 조지프 맨리 선교사가 평양에 설립한 미션스쿨에서 공부할 때에도 한두 번 그녀를 만난다. 또한 기미독립운동이 일어날 때 뜻하지 않게 동대문 근처 미션스쿨의 교장으로 있는 노먼을 다시 한 번 만난다. 그리고 사건이 모두 끝나는 이 마지막 장면에서 다시 한 번 그녀를 만나는 것이다.

마셀라 정은 노먼과는 마치 샴의 쌍둥이처럼 거의 언제나 붙어 다니는 인물이다. 비록 박한수가 감옥에서 풀려난 뒤 노먼을 만나는 장면에서는 만나지 않지만 마셀라는 간접적으로나마 이 장면에도 등장한다. 박한수가 노먼에게 어디로 가는 길이냐고 묻자 그녀는 "이곳에서 멀지 않은 곳에 성경반이 있으며, 그곳에 사는 여성들에게 성경을 가르치기 위해 한 달에 세 번씩 그곳에 갑니다. [……] 저를 돕고 있는 마셀라 정이라는 한국 여성이 성경반 준비를 위해 그곳에 미리 가 있지요"(20) 하고 말한다. 그러고 보니 노먼이 이렇게 박한수에게 마셀라를 소개하는 것도 연극적 수법이다. 연극에서는 중요한 작중인물이 등장하기에 앞서 다른 작중인물의 입을 빌려 중심인물을 먼저 소개하기 일쑤이다. 가령 윌리엄 셰익스피어의 비극 『로미오와 줄리엣』(1623)은 이러한 경우의 좋은 예이다. 남주인공 로미오가 무대에 등장하기 전에 몬태규 부인이 먼저 아들이 지금 어디에 있는지를 물으며 그를 넌지시 소개한다. 여주인공 줄리엣은 제1막 제3장에 가서야 비로소 처음 등장한다. 캐퓰릿 부인이 유모에게 역시 딸이 어디에 있는지를 물으면서 간접적으로 그녀를 소개한다.

이렇게 서재필은 노먼의 입을 빌려 마셀라 정을 간접적으로 소개함으로써 앞으로 그녀가 중심적인 인물로 등장할 것임을 예고한다. 아니나 다를까 『한수의 여행』에서 가장 중요한 장면 중의 하나라고 할 독립만세운동 시위 장면에서 마셀라는 처음 모습을 드러낸다. 주인공 박한수가 마셀라를 처음 만나는 것은 바로 일본 제국주의에 맞서 손목이 잘리면서까지 용감하게 시위를 벌이는 장면에서이다. 그 뒤 몇 년 동안 박한수는 마셀라를 만나지 못하다가 지금 고베 항구에서 미국으로 가는 증기선에서 다시 만나는 것이다. 그녀는 지금 노먼의 도움으로 그녀와 함께 미국에서 아동교육학과 가정학을 공부를 하기 위하여 유학을 가고 있는 중이다. 기회가 되면 음악도 공부하고 싶다고 밝히기도 한다. 피아노를 즐겨 연주하던 그녀는 이제 한쪽 손목이 잘린 지금 아마 성악을 염두에 두고 있다.

또한 마지막 장면에서 박한수는 미국 '노던' 대학의 총장 휴스턴을 처음 만나기도 한다. 이 패기 넘치는 젊은 청년한테서 한국의 역사와 일제강점기의 한국의 여러 실정을 전해들은 휴스턴 총장은 미국에 도착하면 그에게 '노던' 대학에서 공부할 수 있도록 도와주겠다고 약속한다. 미국 영사를 설득하여 미국 증기선 회사에서 일하는 것도 좀처럼 믿기지 않지만, 처음 만나는 대학 총장을 설득하여 장학금을 받아내는 것도 좀처럼 믿기지 않는다. 어찌 되었던 서재필은 이 소설을 해피엔딩으로 끝내기 위하여 플롯을 조금 무리하게 이끌어간다.

박한수가 이렇게 자기인식 과정에 이르는 데에는 한 젊은 여성이 촉매 역할을 한다. 작품 첫 부분과 중간 부분 그리고 맨 마지막 부분에 언급되거나 등장하는 마셀라 정은 그를 자기인식에 이르게 하는 데 그야말로 산파 역할을 한다. 적어도 이 점에서 『한수의 여행』은 앞에서 언급한 괴테의 『빌헬름 마이스터의 수업시대』와 적잖이 닮아 있다. 괴테의 작품에서 빌헬름이 나탈리에를 만나고 마침내 그녀와 결합함으로써 자아를 발견하듯이 박한수도 마셀라를 매개로 자신을 발견한다. 그러고 보니 찰스 디킨스의 『위대한 유산』에서도 주인공 핍은 묘령의 아가씨 에스텔라를 만남으로써 참다운 자아와 자신의 정체성을 확립하게 된다.

그러나 『한수의 여행』이 전통적인 성장소설과 다른 점도 없지 않다. 성장소설에서 주인공은 흔히 사회 질서를 받아들이면서 어느 정도 사회와 타협하거나 사회에 순응한다. 다시 말해서 그동안 활시위처럼 팽팽하게 대립하던 사회와 화해하여 어느 정도 그 사회의 일원으로서 조화롭게 살아가게 마련이다. 이러한 특성은 신생 국가라고 할 미국의 성장소설보다는 구대륙 유럽의 성장소설에서 쉽게 엿볼 수 있다. 그러나 전통적인 성장소설의 주인공과는 달리 박한수는 사회의 가치나 질서와 조금도 타협하려고 하지 않는다. 두말할 나위 없이 그는 일제강점기 식민지 체험을 혹독히 겪고 있는 식민지 주민이기 때문일 것이다. 이러한 상황에서 사회에 순응하거나 타협한다는 것은 곧 조국을 배반하고 일본 제국주의에 협력하는 친일 인물이 된다는 것을 뜻한다.

성장소설에서 지리적 공간 못지않게 중요한 것이 주인공이 성장하고 발전하는 역사적 시간이다. 주인공이 놓여 있는 시대적 환경이나 사회 질서는 흔히 주인공이 성장하는 데 걸림돌이 된다. 『한수의 여행』에서는 무엇보다도 일제의 식민주의가 이러한 걸림돌 역할을 한다. 이 소설에서 처음 사건이 일어나는 시대적 배경은 1911년이다. 이 작품이 시작하는 시대적 배경을 1911년으로 간주하는 것은 감옥에 갇힌 목사 김상설이 박한수에게 말하는 대목 때문이다. 조국을 구해달라고 하나님께 기도를 드렸다는 이유로 감옥에 갇힌 김상설은 주인공에게 "[하나님께서는] 일찍이 인류 역사의 여명기에 당신의 많은 비밀과 의도를 인간에게 알리시려고 유태 민족을 선택하셨지만, 지금으로부터 일천구백십일 년 전에 그분께서는 당신의 아들을 사람의 형태로 이 세상에 보내시사 그 성인을 통하여 죄인들을 위하여 당신의 사랑과 관용을 보여 주셨소"(13) 하고 말한다. '일천구백십일 년 전'에 예수 그리스도가 태어났다면 현재 연도는 다름 아닌 1911년이다.

1911년이라면 제3대 한국 통감인 데라우치 마사타케(寺內正毅)가 대한제국의 내각총리대신 이완용과 형식적인 회의를 거쳐 조약을 통과시켜 일본 제국에 편입시킨 경술국치(庚戌國恥)가 일어난 지 1년 남짓 된 해이다. 일본 제국주의는 러시아에 선전포고를 하기에 앞서 1903년 12월에 이미 한국을 일본의 세력권 아래에 둘 것을 각의에서 결정하였다. 그리하여 1904년 러시아에 선전포고를 하고 인천에 병력을 투입하여 황성을 점령하면서 노일전쟁(露日戰爭)을 일으켰으며, 조선에 한일의정서 체결을 강요하여 이른바 '공수동맹'을 맺고 전쟁에 대한 지원을 약속받았다. 이 전쟁의 결과로 체결된 포츠머스 강화 조약에 따라 러시아는 조선에서 손을 떼었던 것이다.

그 뒤 고종황제가 제1차 한일협약(韓日協約)에 대한 불만을 나타내고 밀사를 파견한 사건이 일어나자 이를 구실로 삼아 일본은 조선의 외교권 박탈을 주요 내용으로 하는 이른바 제2차 한일협약을 강요하여 체결한다. 이 을사늑약(乙巳勒約)과 더불어 조선은 명목상으로는 일본의 보호국이지만 실제로는 일본 제국주의의 식민지가 되었다. 이렇게 을사늑약 이후 실질적 통치권을 잃었던 대한제국은 한일병합조약(韓日併合條約)과 더불어 마침내 일본 제국에 편입되면서 일제강점기가 시작되었다. 1910년의 한일병합은 실제로 일본 제국주의 세력에 의한 영토 강점의 성격이 짙었으며, 초기 지배의 모습은 바로 군사적 무력에 바탕을 둔 식민지 통치였다. 이때부터 일제는 헌병 경찰 제도를 실시하였기 때문에 조선은 계엄령 아래에 놓여 있었던 것과 크게 다름없었다.

또한『한수의 여행』에서 사건이 시작하는 1911년은 일본 제국주의가 신민회(新民會) 사건을 조작한 해이기도 하다. 신민회는 상동교회 부설 공옥학교의 교사들을 중심으로 1906년에 이회영(李會榮) · 이동녕(李東寧) · 전덕기(全德基)를 중심으로 기독교 이념을 바탕으로 조직한 민족운동을 위한 항일 비밀결사 단체였다. 경기도 · 황해도 · 평안도 · 함경도 등 여러 도에 지부를 설치하고 회원 수를 계속 늘려나가자 조선총독부는 데라우치 마사타케 총독을 암살할 음모를 꾸몄다는 이른바 '105인 사건'을 날조하여 해체하였다. 이 단체는 근대 이후의 공화정체를 제창한 대표적 조직으로 뒷날 서간도의 신흥무관학교(新興武官學校)를 세우는 데 크게 이바지하였다. 또한 바로 이 해에 일본 제국주의는 어업령 · 산림령 · 사찰령

등을 잇달아 공포하여 식민지를 경제적으로 수탈하고 종교적으로 탄압하기 시작하였다.

5. '식민지 성장소설'로서의 『한수의 여행』

『한수의 여행』을 성장소설의 관점에서 다루면서 무엇보다도 주목하여야 할 것은 주인공 박한수가 식민지 시대의 청년이라는 점이다. 바로 이 점에서 그는 전통적인 성장소설의 주인공과는 사뭇 다르다. 그는 일제강점기라는 암울하고 혹독한 환경 속에서 온갖 역경과 싸우며 정신적으로나 심리적으로 성장해나간다. 그렇기 때문에 식민지 청년으로서 그가 겪는 고뇌와 갈등이 무척 크다. 이 점에서 이 소설은 성장소설이되 '식민지 성상소설'로 범주화하여야 한다. 식민지 성장소설은 시대적 배경이나 공간적 배경이 제국주의적 열강의 식민주의 지배를 받는다는 짐에서 괴테나 디킨스의 작품에서 흔히 볼 수 있는 전통적인 성장소설과는 적잖이 다르다. 주인공의 '성장'은 이러한 식민주의 경험 때문에 직접 또는 간접으로 크나큰 영향을 받을 수밖에 없다.

예를 들어 박한수는 집을 나선 지 얼마 되지 않아 기차역에서 평양행 기차표를 사는 장면에서 일본어를 모른다고 일본인 역무원한테서 얼굴을 구타당한다. 역무원이 일본어를 구사할 줄 모른다고 조선 청년을 구타하는 것은 언뜻 대수롭지 않게 보일는지 모르지만 실제로는 아주 중요한 사건이다. 이 무렵 일본 제국주의가 얼마나 비이성적이고 폭력적이었는지 단적으로 보여주는 좋은 증거이다. 혈기 왕성한 기분에 박한수는 역무원을 구타하고 이 때문에 그는 곤장을 맞고 감옥에 갇힌 채 30일 동안 중노동의 형벌을 받는다. 한때 서울을 방문한 그는 일본인들이 중요한 자리를 모두 차지하고 있는 것을 보고 놀라움과 함께 분노를 느낀다. 이 소설의 화자는 "보잘것없는 왜놈들이 가는 곳마다 모든 일을 관장하고 있는 것을 보고 박한수는 마음이 아팠고, 때로는 울화가 치밀어 견디기 어려웠다"(23)고 말한다. 이러한 상황에서 박한수는 자신이 추구하는 가치와 식민지 사회의 가치가 서로 충돌하기 때문에 적잖이 고민하고 갈등을 겪는다.

이러한 일본 제국주의의 만행과 폭력 때문에 박한수는 그가 계획하던 삶의 방향에 적잖이 차질이 빚어진다. 그가 처음 집을 떠나는 것은 "한국 지식인들의 메카인 서울에 올라가 관립학교에 입학하기 위해서"(3)이다. 아들을 출세시키기 위하여 그의 아버지 박길민은 농사를 지어 버는 얼마 안 되는 돈을 푼푼이 저축한다. 이렇게 자식의 교육에 온힘을 쏟는 박길민은 작가 서재필과 비슷하다. 서재필은 한국이 서구 문명을 받아들여 근대화를 이룩하기 위해서는 무엇보다도 먼저 젊은이들을 교육시켜야 한다고 부르짖었다. 《독립신문》에 실린 한 논설에서 그는 자식에게 교육을 시키는 것보다 더 좋은 투자는 없다고 주장한다. "ᄉ서삼경을 읽어가지고ᄂᆞᆫ 이 셰계에ᄂᆞᆫ 무용지물이 될 터이니 무삼 학문이든지 실상 학문을 배워 이 셰계에서 무삼 일을 한ᄀᆞ지 능히 ᄒᆞ게 되어야 그 사ᄅᆞᆷ이 남에게 대접도 받고 무엇을 ᄒᆞ여 먹고 살든지 살 방책이 싱길지라. [……] 자제들을 학교에 보내어 학문 배오게 하ᄂᆞᆫ 거시 곧 논을 사주ᄂᆞᆫ 것보다 나을지라"[29] 하고 밝힌다. 또한 1897년 8월에 독립협회에서 처음으로 개최한 토론회에서도 그는 '조선의 급선무는 인민의 교육'이라는 주제를 내걸었다. 그러고 보니 독립협회는 서재필 자신도 지적하듯이 정치적 대회라기보다는 차라리 교육기관에 더 가까웠다.

그러나 박한수와 그의 아버지의 계획은 일본 제국주의의 횡포 때문에

29 《독립신문》 1896년 12월 22일자.

어쩔 수 없이 궤도를 수정하지 않을 수 없었다. 서울에 올라가 관립학교에서 서구식 근대 교육을 받을 계획을 포기한 채 그는 평양에서 서양 선교사가 세운 미션스쿨에서 교육을 받는다. 아마 박한수는 서울에 올라갔어도 그의 계획대로 관립학교에는 입학하지 못하였을 것이다. 『한수의 여행』에서 플롯이 시작하는 1911년 조선총독부는 제1차 조선교육령을 반포하여 성균관(成均館)을 비롯한 여러 관립학교를 폐지하였기 때문이다. 일본 제국주의는 조선인의 교육을 보통학교 4년과 중등보통학교 4년까지로 제한함으로써 일본인과 교육에서 차별을 두었다. 1910년 5월에 학부대신의 인가를 얻은 사립학교의 수는 모두 2,250여 개였지만 이 무렵 학교들은 대부분 초등교육이나 중등교육을 담당하는 교육 기관이었고 고등교육 기관은 거의 없다시피 하였다. 1915년에 이르러서야 공립 보통학교의 수는 1910년에 비하여 세 배 가까이 늘어난 반면, 사립학교의 수는 절반 정도로 크게 줄었다. 이러한 상황에서 박한수가 자신의 꿈과 이상을 펼칠 수 있는 가능성은 그만큼 줄어들 수밖에 없었을 것이다.

서재필의 『한수의 여행』은 유럽 제국주의가 맹위를 떨치던 19세기 말엽에서 20세기 초엽에 걸쳐 유행한 식민지 성장소설과 여러모로 비슷하다. 가령 러드여드 키플링을 비롯하여 조지프 콘래드, 제임스 조이스, 버지니아 울프, 그리고 진 리스 같은 작가의 성장소설은 괴테의 전통적인 성장소설에서 흔히 볼 수 있는 장르적 규범을 여러모로 깨뜨린다. 첫째, 식민지 성장소설에서 주인공은 정신적인 차원이나 심리적인 차원에서 성장하기보다는 오히려 '정치적 무의식'에서 깨어난다. 바꾸어 말해서 정신적 개안(開眼)이나 영혼의 자각이 아니라 정치적 의식에 눈을 뜨는 것이다.

『한수의 여행』에서도 박한수는 점차 정치적 무의식에서 정치적 의식으로 이행할 뿐 전통적 성장소설에서 흔히 볼 수 있듯이 정신적으로 성장하거나 심리적으로 발전하지 않는다. 작품이 처음 시작할 때에는 그는 오직 부모의 기대에 부응하여 서울에 있는 관립학교에 입학하여 세속적으로 출세하려는 것이 삶의 목표였다. 그러나 이러한 목표는 평양 미션스쿨에서 교육을 받고 제1차 세계대전에 참전하면서 조금씩 바뀌기 시작한다. 그러다가 기미독립운동에 직접 참가하고 일본 제국주의의 만행을 목격하고 난 뒤에는 조국 독립을 위하여 헌신하기로 결심한다. 앞에서 이미 밝혔듯이 박한수가 이렇게 결심하는 데에는 마셀라 정한테서 받은 영향이 무척 크다. 이 점에서 박한수는 작가 서재필과 비슷하다. 3 · 1운동이 일어나기 전만 하더라도 서재필은 항일 독립운동에 그렇게 적극적으로 관여하지는 않았지만 독립만세운동을 전해 듣고는 생업까지 포기하다시피 한 채 독립운동에 전념하였다.

압록강을 건너 중국의 만주 찬동/찬통에 도착하는 박한수는 그 지방에 살고 있는 동포에게 독립운동 소식을 전해주면서 항일투쟁을 좀 더 조직적으로 전개할 수 있도록 도와준다.

> "무엇보다도 먼저 우리가 해야 할 일은 말입니다." 한수가 모여 있는 한국인 동포들에게 말했다. "만주와 시베리아에 살고 있는 우리 동포들에게 독립운동의 새 소식을 알려주고, 그들을 도와 모국에서 투쟁하는 우리 동포들과 협력할 수 있도록 조직하도록 하는 일입니다. 이 일을 위해서 저는 제 모든 시간과 정력을 바치겠습니다." (57~58)

박한수는 찬동/찬통뿐만 아니라 한국 동포가 살고 있는 만주의 다른 지방을 돌면서 동포들을 격려하고 항일운동을 조직한다. 이러한 과정에서 그는 조국의 독립에 헌신하는 동포 중에는 기독교인들이 많고 그들이 지도자의 역할을 하고 있다는 사실을 깨닫게 된다. 그리하여 그는 곳곳에

교회를 세우는 한편 젊은이들을 교육시킨다. 열네 달 남짓 만주에 머무는 동안 그는 교회와 학교를 여러 개 세운다. 이렇게 박한수가 독립운동가나 혁명가로 변신하는 데에서 압록강을 건넌다는 사실은 상징적 의미가 있다. 이 강을 분수령으로 하여 그가 이 강을 건너기 전과 이 강을 건너 뒤의 그의 모습 사이에는 자못 큰 차이가 나기 때문이다. 압록강을 건너기 전의 박한수가 소극적이었다면 그 강을 건넌 뒤의 그의 모습은 좀 더 적극적이고 역동적이었다고 할 수 있다.

둘째, 전통적인 성장소설에 등장하는 주인공과는 달리 식민지 성장소설의 주인공은 좀처럼 정신적으로 성장하지 않거나 성장할 수 없다. 말하자면 소아마비에 걸려 있는 사람처럼 일정한 상태에서 성장이 멈춘 뒤에는 더 이상 자라거나 발전하지 않기 일쑤이다. 다시 말해서 제국의 지배와 종속을 받은 경험은 피식민지 소년이나 청년에게 돌이킬 수 없을 만큼 깊은 외상을 안겨주는 것이다. 남아프리카의 여성 작가 올리브 슈라이너가 '랠프 아이언'이라는 필명으로 발표한 성장소설 『아프리카 농장 이야기』(1883)는 아마 이러한 경우의 좋은 예가 될 것이다. 영국의 식민지 농장에서 성장하는 세 작중인물을 다루는 이 작품에서 주인공들은 정신적으로 좀처럼 성장하지 않는다. 작중인물들과 마찬가지로 제국주의에 경제적 수탈과 정치적 속박을 받고 있는 식민지도 '성년'이 될 수 없다는 사실을 암시한다.

적어도 이 점에서 서재필의 『한수의 여행』은 비록 식민지 성장소설의 범주에 속한다고 하더라도 유럽의 식민지 성장소설과는 성격이 조금 다르다. 다음 장에서 주제와 관련하여 자세히 밝히겠지만 주인공 박한수는 식민지 지식인으로 온갖 고통과 좌절을 겪으며 삶의 의미를 조금씩 깨달아가기 때문이다. 그러한 깨달음은 비단 정치적 의식에만 국한되지 않고 정신적 성장과 심리적 발전으로 이어진다. 바로 여기에 식민지 성장소설로서 이 작품이 지니는 독특한 성격이 있는 것이다.

제3장

『한수의 여행』의 소설적 기고

신생 국가 미국을 건설한 국부(國父) 중의 한 사람으로 높이 평가받는 벤저민 프랭클린은 다재다능하기로 이름을 떨친 사람이다. 미국에 처음 인쇄기를 들여와 책을 찍은 인쇄업자요 출판업자였는가 하면, 신문과 잡지를 창간하고 그곳에 글을 많이 발표한 저널리스트요 문필가였다. 프랑스 주재 미국 공사로 미국이 영국 식민지에서 독립하는 데 큰 공을 세운 외교관이었는가 하면, 피뢰침과 다초점 렌즈를 발견한 과학자였다. 19세기 미국 작가 허먼 멜빌은 이렇게 팔방미인으로 활약한 프랭클린을 두고 "시인만 빼고는 뭐든지 한 사람"이라고 말한 적이 있다.

이렇게 다재다능하고 팔방미인으로 말하자면 송재(松齋) 서재필(徐載弼)도 프랭클린과 크게 다르지 않다. 따지고 보면 서재필은 여러모로 이 미국의 국부와 비슷한 데가 많다. 가령 계몽사상가로 신문을 창간하여 민중 계몽에 헌신한 점에서도, 공식적이건 비공식적이건 외교관으로 활약한 점에서도 공통점이 적지 않다. 또한 저널리스트와 문필가로 활약한 것도 빼놓을 수 없는 공통점이다. 그러나 두 사람은 무엇보다도 식민지 상황에서 조국의 독립을 위하여 온힘을 바쳤다는 점에서 매우 비슷하다. 특별한 공식적 지위에 오르지는 않았어도 식민지 종주국으로부터 조국을 독립시키는 데 중추적인 역할을 하였다. 한마디로 서재필도 프랭클린처럼 시인만 아니었을 뿐 여러 분야에서 걸쳐 폭넓게 활약한 인물이다.

프랭클린이 『자서전』(1791, 1793)을 써서 지금까지도 뭇 사람에게 감명을 주고 있듯이 서재필은 영문 소설 『한수의 여행』이라는 작품을 써서 한국계 미국 문학의 첫 장을 화려하게 장식하였다. 그러나 서재필은 직업적인 소설가가 아니었고, 처음부터 소설가로서의 길을 걸을 생각도 없었다. 소설 창작은 서재필에게 본기(本技)라기보다는 말기(末技)요, 본업이라기보다는 어디까지나 부업에 지나지 않았다. 그렇기 때문에 『한수의 여행』은 전문가의 작품이라기보다는 아무래도 아마추어적인 작품으로 볼 수밖에 없다. 앞 장에서 이미 지적하였듯이 서재필이 이 소설을 집필한 것은 1919년 기미독립운동 직후, 그러니까 미국 필라델피아에 본부를 둔 한국홍보국을 통하여 문서 선전과 홍보 활동을 활발히 전개하던 무렵이었다. 또한 이 작품을 집필한 것도 따지고 보면 그러한 활동의 일환이었다. 다시 말해서 이 무렵 여러 책자나 잡지를 발간하던 서재필은 이번에는 소설 형식을 빌려 일본 제국주의의 만행을 폭로하고 한국의 독립운동의 정당성을 미국을 비롯한 전 세계에 널리 알리려고 하였다.

서재필은 전문적인 작가가 아닌 만큼 『한수의 여행』은 소설로서 서툴고 부족한 점이 한두 가지가 아니다. 방금 지적하였듯이 문학의 예술적 기능이나 심미적 목적을 염두에 두고 이 작품을 쓴 것이 아니라 처음부터 어떤 공리적·효능적 기능을 염두에 두고 썼기 때문에 더더욱 그러하다. 그러나 작가가 어떤 의도로 작품을 썼는가 하는 것은 그렇게 크게 문제가 되지 않는다. 가령 프랑스 문학에서 리얼리즘 전통을 굳건히 세운 오노레 드 발자크나 흔히 19세기 러시아 문학의 최고봉으로 일컫는 표도르 도스토예프스키는 남에게 진 빚을 갚기 위하여 작품을 썼던 것이다. 그러므로 서재필의 소설을 지나치게 그 의도나 동기와 관련시켜 논하는 것은 그렇게 바람직하지 않다.

『한수의 여행』을 좀 더 꼼꼼히 읽어보면 서재필이 여러 문학 장치에 세심한 배려를 하고 있다는 사실을 깨닫게 된다. 소설의 3대 요소라고 할 구성 · 문체 · 주제 등에서 서재필은 그 나름대로 관심을 기울인다. 이 작품은 플롯에서 작중인물의 성격 형성, 공간적 배경과 시간적 배경, 상징에 이르기까지 소설이라면 으레 갖추어야 할 기본적인 요소를 두루 갖추고 있다. 이 중에서 어떤 요소는 상당한 수준에 올라 있지만 다른 요소는 수준에 미치지 못한다. 그렇다면 서재필은 나름대로 소설 창작의 기본 문법을 터득하고 있었던 셈이다. 그동안 신문이나 잡지에 글을 써온 언론인이나 문필가로서 갈고 닦은 재능을 그는 이 작품에서 한껏 발휘하고 있었던 것이다.

1. 스토리와 플롯의 불균형

『한수의 여행』이 소설작품으로 미숙하다는 것은 무엇보다도 플롯 구성 방법을 보면 잘 알 수 있다. 장르에서 넓게는 성장소설, 좀 더 좁게는 '식민지 성장소설'에 속하는 이 작품은 주인공 박한수가 열여덟 살부터 스물일곱 살 정도에 이르기까지 10여 년 동안 겪는 경험과 사건을 다룬다. 좀 더 자세히 말하자면 박한수가 청운의 꿈을 품고 평안도 시골 고향 죽포를 떠나 온갖 일을 경험한 뒤 샌프란시스코 항구에 도착하기 직전 배 갑판에서 마셀라 정에게 사랑을 고백하는 20대 후반까지의 삶을 기록한다. 이렇게 10여 년에 걸친 주인공의 삶을 작가 서재필은 모두 열세 장으로 나누어 기술한다.

그런데 서재필은 이 열세 장에서 전통적인 소설 기법에 따라 주인공의 삶을 사건이 일어난 순서에 따라 연대기적으로 기록한다. 즉 이 소설에서 사건은 오직 먼 과거에서 가까운 과거로 이동할 뿐이다. 다시 말해서 '플래시백'을 통한 과거 회상 수법이나 모더니즘 소설에서 흔히 볼 수 있는 '내면 독백'이나 '의식의 흐름' 수법은 좀처럼 사용하지 않는다. 비록 연대기적으로 기록한다고 하여도 서재필은 미래에 일어날 사건을 미리 앞질러 언급하는 '플래시포워드' 수법을 사용하지도 않는다. 작가가 각 장에서 다루는 내용을 간추려 보면 다음과 같다.

제1장: 박한수가 고향집을 떠나 관립학교에 입학하기 위하여 서울로 향하다. 기차역에서 일본 역무원을 구타하였다고 하여 일본 경찰한테 고문을 당하고 한 달 동안 감옥에 갇히다.

제2장: 감옥에 갇혀 강제노역에 종사하는 동안 선주 장로교회 목사 김상설을 만나 기독교 신앙을 처음 접하다.

제3장: 감옥에서 풀려난 뒤 김상설이 소개해준 소개장을 들고 미국 선교사 조지프 맨리를 만나기 위하여 평양으로 향하다.

제4장: 평양에 가는 길에 미국 선교사가 설립한 학교에서 교사 생활을 하고 있는 미국인 여성 마이라 노먼을 만나다. 평양에 도착하여 미국 선교사요 교장 선생인 맨리를 만나다.

제5장: 맨리 선교사가 설립한 미션스쿨에서 정규 학생으로 3년 동안 공부하다. 맨리와 동행하여 서울을 방문한 뒤 제1차 세계대전이 일어났다는 소식을 듣고 시베리아 러시아 극동군에 입대하여 훈련을 받고 유럽 전선으로 떠나다.

제6장: 4년여 동안 폴란드를 비롯한 유럽 전선에서 전투에 참가한 뒤 블라디보스토크를 거쳐 평양에 도착하다. 평양에서 길 목사를 만나고, 그와 동행

하여 기차를 타고 서울에 가다.

제7장: 파고다공원에서 기미독립선언서를 낭독하는 것을 듣고 난 뒤 곧이어 서울 거리에서 벌이진 시위에 참가하다.

제8장: 일본 경찰이 시위를 잔혹하게 탄압하는 것을 목격하던 중 마셀라 정을 처음 만나다. 그녀의 애국심에 감탄하다.

제9장: 마셀라 정이 다니는 동대문 근처 미션스쿨을 찾아가 교장 마이라 노먼을 만나고, 노먼과 함께 의식을 잃은 마셀라 정을 학교로 옮기다.

제10장: 잠깐 고향을 방문한 뒤 선천을 거쳐 압록강 강변에서 경찰을 살해하고 강을 건너 중국 만주로 넘어가다.

제11장: 14개월 동안 만주에서 동포들에게 독립운동 소식을 전하고 학교와 교회를 세운 뒤 상하이(上海) 임시정부를 찾아가다. 미국행 비자를 얻기 위하여 미국 영사를 만나 설득하다.

제12장: 미국 영사의 배려로 미국행 여객선 선실 식당의 웨이터로 취직되어 미국행 여객선을 타다. 일본 고베 항에서 미국 유학을 띠나는 마셀라 정과 마이라 노먼을 만나다.

제13장: 호놀룰루를 거쳐 샌프란시스코 항구로 향하다. 박한수가 마셀라 정에게 청혼을 하고 두 사람은 조국이 독립한 뒤 결혼할 것을 약속하다.

위 인용문에서도 잘 드러나듯이 제1장에서 제13장에 이르는 모든 사건은 하나같이 마치 화살처럼 앞으로 진행할 뿐이다. 서재필이 『한수의 여행』에서 이렇게 사건을 연대기적으로 기술하지만 그렇다고 플래시백을 통한 과거 회상 수법을 전혀 사용하지 않는 것은 아니다. 실제로 아무리 연대기적 기술이라고 하여도 부분적이나마 과거 회상 수법을 전혀 사용하지 않는 소설을 찾아보기란 여간 어렵지 않다. 어쩌다 아주 드물게 서재필도 이 작품에서 과거 회상 수법을 사용한다. 예를 들어 제5장 첫 장면은 이러한 경우의 좋은 예라고 할 만하다. 이 장면에서 화자는 비록 부분적이지만 플래시백 수법을 통하여 박한수의 과거를 회상한다.

> 한수는 그 학교에서 3년 동안 머무는 동안 많은 성과를 거두었다. 첫째, 그는 하나님께 자신의 마음을 바쳤으며, 예수를 그의 구주로 받아들였다. 둘째, 그는 영어로 책을 읽고 말을 할 수 있을 만큼 충분히 영어를 배웠다. 부모님께 가끔 편지를 썼으며 부모님을 여러 번 평양에 초대하였다.[1]

위 인용문에서 서재필은 화자의 입을 빌려 주인공이 맨리 선교사의 학교에서 공부하는 3년 동안 무척 많은 것을 터득하였다고 밝힌다. 즉 기독교 신앙을 받아들였고, 영어 실력이 눈에 띄게 향상되었으며, 시골에 있는 부모를 여러 번 평양에 초대하였다는 것이다. 독자들은 박한수한테 3년 동안 어떠한 사건이 일어났는지 이 몇 문장을 통하여 겨우 짐작할 수 있을 뿐이다. 건축에 빗대어 말한다면 작가는 건물의 골격만 대략적으로 보여줄 뿐 구체적인 건축의 모습을 보여주지 않는다.

그러나 만약 전통적인 성장소설 전통에 서 있는 다른 작가 같았으면 플래시백을 사용하면서 과거에 일어난 사건을 이보다는 훨씬 자세히 그리고 구체적으로 묘사할 것이다. 가령 주인공이 예수 그리스도를 구주로 영접하였다면 어떠한 과정을 거쳐 그렇게 영접하였는지, 이 과정에서 감옥에서 만난 김상설 목사가 어떤 영향을 끼쳤는지, 또는 이렇게 기독교를 받아들이는 과정에서 그동안 몸에 밴 유교 질서와 갈등을 일으키지는 않았는지 등 플롯에 살을 붙일 사건은 얼마든지 있다. 그런데도 서재필은

1 N. H. Osia/Philip Jaisohn, *Hansu's Journey: A Korean Story* (Philadelphia: Philip Jaisohn & Company, n. d), p. 23. 이 책에서 인용은 이 텍스트에 따르고 앞으로 쪽수는 본문 안에 직접 적기로 한다.

박한수의 3년에 걸친 삶을 두세 문장으로 간략하게 요약해버리고 만다.

또한 위 인용문에서 세 번째 문장도 마찬가지이다. 맨리 선교사의 학교에서 박한수가 말을 하고 책을 읽을 정도로 영어를 많이 배웠다면, 이 낯선 외국어를 배우는 과정도 좀 더 구체적으로 설명하여야 할 것이다. 작품의 제1장 첫 장면에서도 엿볼 수 있듯이 지금까지 그가 공부해온 것은 주로 공자(孔子)의 유가철학이었고, 최근에서야 관립학교에 입학하기 위하여 산수 같은 과목을 독학하였을 뿐이다. 이 무렵 학문이나 출세에 뜻을 둔 대부분의 젊은이들이 그러하듯이 그도 유교의 경전 중에서 가장 핵심적인 사서삼경(四書三經)을 주로 공부하였다. 그렇다면 그동안 주로 한문을 공부한 박한수가 한문이나 한국어와는 전혀 다른 영어를 습득하는데 어려움을 겪지는 않았는지, 만약 어려움을 겪었다면 얼마나 겪었는지 등을 소상하게 밝혀야 할 것이다. 부모에게 가끔 편지를 썼다는 대목도 단순히 진술만 할 것이 아니라 그 진술을 좀 더 자세하게 부연하여 설득력 있는 이야기로 만들었어야 했을 것이다.

미국 문학에 심리주의적 리얼리즘 전통을 수립하는 데 크게 이바지하고 모더니즘의 씨앗이 발아하는 데 밑거름 역할을 한 헨리 제임스는 「소설의 기술」에서 작가는 작품에서 사건에 대하여 '말하는' 대신 사건을 구체적으로 '보여주어야' 한다고 지적하였다. '말하기'(telling)와 '보여주기'(showing)의 개념이 바로 그것이다. '말한다'는 것은 사건에 대하여 평면적으로 진술하는 것을 일컫는 반면, '보여준다'는 것은 사건에 살을 붙여 드라마틱하게 극화(劇化)하는 것을 말한다. 제임스의 기준에 따른다면 서재필은 『한수의 여행』에서 독자들에게 사건을 극적으로 '보여주기'보다는 '말하는' 데 많은 지면을 할애한다.

『한수의 여행』에서 서재필은 이렇게 연대기적으로 플롯을 진행하면서도 주인공 박한수가 열여덟 살이 될 때까지 어떻게 살아왔는지에 대해서는 한마디도 언급하지 않는다. 다시 말해서 작가는 주인공의 삶 한중간에서 그의 이야기를 시작해나간다. 적어도 이 점에서 그의 수법은 마치 호메로스 같은 서사시 시인들이 작품 한중간에서 이야기를 시작하는 '인 메디아스 레스'(in medias res) 수법과 비슷하다. 고대 서사시 같은 구전 전통에 뿌리를 두고 있는 이 기법은 모더니즘 시대에 이르러 다시 한 번 각광을 받았다. 예를 들어 윌리엄 포크너를 비롯하여 포드 매덕스 포드, 최근에는 토니 모리슨 같은 작가들이 이 기법을 즐겨 사용하였다.

작가들은 '인 메디아스 레스' 기법을 사용하되 현재 사건을 기술하는 사이사이에 과거 회상 수법을 도입하여 주인공의 과거에 대하여 언급하게 마련이다. 그렇게 함으로써 독자들에게 주인공의 삶을 좀 더 균형 있게 보여줄 수 있다. 그러나 『한수의 여행』에서 서재필은 과거 회상 수법을 좀처럼 사용하지 않는다. 이 소설의 화자(話者)는 작품 첫 머리에서 "이 이야기는 한국 북서부 지방에 위치해 있는 죽포의 유복한 농부 박길민의 외아들 박한수의 삶을 사실대로 옮겨놓은 실화(實話)이다"(3)라고 밝힌다. 그러나 열여덟 살 이전 그가 어떻게 살았는지 전혀 모른 채 그의 생애에 관한 실화를 '사실대로' 깨닫기란 무척 어려울 것이다.

더구나 플롯 구성과 관련하여 서재필은 주인공의 삶을 주마간산(走馬看山) 격으로 다루고 지나가기 일쑤이다. 주인공의 삶에서 아주 중요한 사건인데도 그 사건에 대하여 한두 마디 잠깐 언급만 하고 그냥 지나쳐 갈 따름이다. 여기에서 잠깐 소설 장르를 말할 때마다 늘 문제가 되는 '스토리'와 '플롯'의 차이점을 짚고 넘어갈 필요가 있다. 영국의 소설가요 이론가인 E. M. 포스터는 지금은 고전이 되다시피 한 『소설의 양상』(1927)에서 '스토리'와 '플롯'을 엄격히 구분 짓는다. 물론 플롯과 관련한 이론은 까마득히 멀리 아리스토텔레스의 『시학』에까지 거슬러 올라갈 수 있다. 포스터가 '스토리'라고 부르는 것은 아리스토텔레스의 '무토스'(muthos)에 가까운 개념이고, 포스터의 '플롯'은 그리스 철학자가 말하는 프락시스(praxis)나 로고스(logos) 또는 홀로스(holos)에 가까운 개념이다.

포스터는 소설에서 일어나는 사건을 '스토리'와 '플롯'으로 구분 지은 뒤 소설에서는 무엇보다도 플롯이 중요하다고 지적하였다. 그는 "왕이 죽고 곧 이어서 왕비도 죽었다"는 문장과 "왕이 죽자 슬픔을 이기지 못하여 왕비도 죽었다"는 문장을 각각 스토리와 플롯의 예로 든다.[2] 앞의 문장에서는 단순히 일어난 순서에 따라 사건을 연대기적으로 배열해놓은 반면, 뒤의 문장에서는 원인과 결과의 관계에 따라 사건을 예술적으로 배열해 놓았다. 다시 말해서 전자에서는 '무슨' 사건이 일어나는가에 초점을 맞추는 반면, 후자에서는 작가가 그 사건을 '어떻게' 전달하는가에 초점을 맞춘다.

'스토리'와 '플롯'의 개념은 러시아 형식주의의 내러티브 이론에서도 매우 중요한 위치를 차지한다. 빅토르 쉬클로프스키 같은 이론가들은 포스터의 이론을 한 발 더 밀고 나간다.[3] 러시아 형식주의자들은 스토리와 플롯을 '파불라'(fabula)와 '슈제트'(sujet)라고 불렀다. 그러나 그들은 파불라와 슈제트에 관하여 포스터보다 훨씬 더 혁명적인 이론을 제기하였다. 그들에 따르면 오로지 슈제트/플롯만이 문학적이며 파불라/스토리는 한낱 작품의 원자재에 지나지 않는다. 러시아 형식주의자들에게 슈제트/플롯은 궁극적으로 단순히 사건을 배열하는 것일 뿐만 아니라 더 나아가 이야기를 중지시키고 지연시키기 위하여 작가가 사용하는 모든 기교이기도

2 E. M. Forster, *Aspects of the Novel* (New York: Harvest Books, 1956), p. 60.

3 Viktor Shklovsky, "Art as Technique," in Lee T. Lemon and Marion J. Reis, eds., *Russian Formalist Criticism: Four Essays* (Lincoln: University of Nebraska Press, 1965), pp. 3~24; Viktor Shklovsky, *Theory of Prose*, trans. Benjamin Sher (Elmwood Park: Dalkey Archive, 1990).

하다. 그러므로 러시아 형식주의에서 슈제트/플롯의 이론은 '낯설게 하기'의 개념과 서로 깊이 연관되어 있다. 바꾸어 말해서 독자로 하여금 사건을 기계적으로 친숙하게 받아들이지 못하도록 의도적으로 방해하는 기교가 곧 슈제트/플롯인 것이다.

그런데 『한수의 여행』에서는 작중인물이 빚는 행동의 인과 관계에 따른 배열이라고 할 '플롯'과 단순히 줄거리를 요약해놓은 '스토리' 사이에 적잖이 불균형이 일어난다. 앞에서 이미 지적하였듯이 10여 년 동안 주인공에게 일어나는 사건을 중심 플롯으로 삼고 있으면서도 한두 문장으로 처리하고 넘어가버리는 사건이 한둘이 아니다. 또한 주인공의 삶에 중요한 사건인데도 누락되어 있거나 결락되어 있는 부분도 더러 있다. 그러므로 박한수의 삶을 총체적으로 조감하기란 여간 어렵지 않다. 인물화에 빗대어 말한다면 이 소설은 한 폭의 완성된 초상화라기보다는 오히려 얼굴 윤곽을 대충 그려놓은 스케치에 가깝다.

이 점을 좀 더 뚜렷이 이해하기 위하여 여기에서 잠깐 프랑스의 서사학 이론가 제라르 주네트의 서사 이론을 살펴보는 것이 좋을 것 같다. 그는 소설에서 일어나는 사건을 연대기적이고 논리적 순서에 따른 스토리라고 할 '이스투아르'(histoire), 그리고 이스투아르를 여러 기법에 따라 예술적으로 재구성한 플롯이라고 할 '레시'(récit)의 두 갈래로 크게 나눈다.[4] 주네트는 동사에서 사용하는 문법 범주를 사용하여 '레시'를 ① 시(時), ② 법(法), ③ 태(態)의 세 형태로 나눈다. 주네트는 서사 시간이라고 할 시를

---

4 Gérard Genette, *Narrative Discourse: An Essay on Method*, trans. Jane Lewin (Ithaca: Cornell University Press, 1980). 서사학자들마다 저마다 서로 다른 용어를 쓰는 탓에 적지 않은 혼동이 일어난다. 가령 주네트가 '이스투아르'라고 부르는 것을 롤랑 바르트와 클로드 브레몽은 '레시'라고 부른다. 한편 츠베탕 토도로브는 주네트와 마찬가지로 '이스투아르'라는 용어를 사용한다. 또한 주네트의 '레시'에 해당하는 용어로 토도로브는 '디스쿠르'라는 용어를 사용하는가 하면, 바르트는 '나라시옹'이라는 용어를 사용하기도 한다.

이번에는 ① 순서, ② 지속, ③ 빈도의 세 하부 유형으로 다시 나눈다. 여기에서 순서란 이스투아르의 시간과 레시의 시간 사이에서 일어나는 순차적인 관계를 가리킨다.

한편 주네트는 이스투아르에서 사건의 지속과, 레시에서 그 사건을 기술하는 텍스트상의 길이 사이의 관계를 '지속'이라고 부른다. 즉 지속은 작가가 어떻게 사건이나 에피소드를 생략하고 확장하고 요약하고 중지하는가 하는 문제와 연관되어 있다. 이스투아르의 속도와 레시의 속도 사이에는 어쩔 수 없이 차이가 있게 마련이다. 바꾸어 말해서 레시의 속도는 이스투아르의 속도보다 빠르게 진행하거나 이와는 반대로 느리게 진행한다. 주네트는 이스투아르와 레시 사이의 속도 차이를 '아니소크로니'(anisochrony)라고 부른다. 레시의 사건이 이스투아르의 사건과 비교하여 가장 빠르게 나타나는 형태가 '생략'이고, 가장 느리게 나타나는 형태가 '휴지'이다. 서로 극단적인 이 두 유형 사이에는 이론적으로 무한한 수의 형태가 있을 수 있지만 주네트는 크게 ① 휴지, ② 장면, ③ 요약, ④ 생략의 네 하부 유형으로 나눈다. 그런데 이스투아르의 시간적 차원이 레시의 공간적 차원으로 환원되는 만큼 '지속'은 '순서'처럼 그렇게 엄격하게 계산할 수가 없다.[5]

『한수의 여행』에서는 주네트가 말하는 '아니소크로니'가 자주 자주 일어날뿐더러 그 정도가 무척 심하다. 다시 말해서 서재필은 이 소설에서

---

5 주네트는 휴지를 'TR=n, TH=0. 그러므로 TR oo 〉 TH'라는 공식으로, 장면을 'TR=TH'이라는 공식으로 표기한다. 또한 요약은 'TR 〈 TH'이라는 공식으로 표기하고, 생략은 'TR=0, TH=n. 그러므로 TR 〈 oo TH'이라는 공식으로 표기한다. 여기서 'TR'은 레시의 시간을, 'TH'는 이스투아르의 시간을 가리킨다. 그러나 이상하게도 주네트는 요약과 반대되는 범주를 다루고 있지 않다. 문학 작품에서 얼마든지 'TR 〈 TH'와는 반대되는 'TR 〉 TH'의 범주를 상정해 볼 수 있고, 이 범주에 '부연'이라는 이름을 붙일 수 있을 것이다. 이스투아르의 시간과 레시의 시간이 동일한 '장면'은 이론상으로는 가능할지 모르지만 실제로는 좀처럼 일어날 수 없다. 그러므로 '장면'의 범주 대신에 '부연'의 범주로 대치하는 것이 더 정확할 듯하다.

'요약'과 '생략'을 많이 사용한다. 가령 주인공 박한수가 감옥에서 만난 김상설 목사의 소개로 미국인 선교사 조지프 맨리가 평양에 설립한 미션 스쿨에 다니는 사건은 이러한 경우의 좋은 예가 된다. 이미 앞에서 인용하였듯이 제5장 첫머리에서 이 소설의 화자는 "한수는 그 학교에서 3년 동안 머무는 동안 많은 성과를 거두었다. [……] 그는 좀 더 폭넓게 공부하면서 더욱 쓸모 있는 인간이 되었고 학습 능력도 꽤 늘어났다"(23)[6]고 밝힌다.

그러나 이 장면에서 무엇보다도 중요한 것은 주인공이 3년 동안 학교에서 습득한 결과가 아니라 무엇을 어떻게 습득하였는지 하는 그 과정이다. 이 장면만 읽고서는 독자들은 3년 동안 박한수에게 과연 어떠한 일들이 일어났는지 도무지 알 수가 없다. 앞에서 이미 지적하였듯이 화자의 입을 빌려 기독교에 귀의하고 영어를 배우고 부모와 연락하여 그들을 몇 번 평양에 초대하였다고 진술하는 것만으로는 충분하지 않다. 서재필은 제5장 첫 단락에서만 3년 동안에 있었던 주인공의 삶을 간단히 요약한 뒤 곧바로 다시 플롯을 앞으로 진행시킨다. 즉 박한수는 마이라 노먼에게 3년 전에 빌린 돈을 갚는 자리에서 미국에 건너가 공부를 더 하고 싶다는 의사를 밝힌다. 이 사건은 그가 이 학교에서 거의 학업을 다 마쳐가는 단계에서 일어난다. 제5장의 나머지 사건은 그가 이 학교의 설립자요 교장인 맨리를 따라 서울을 방문한 뒤에 벌어지는 사건을 주로 다룬다.

서울에 머무는 동안 맨리한테서 유럽에서 제1차 세계대전이 일어났다

6 원문에는 'earning ability'로 되어 있지만 아무래도 'earning'은 'learning'의 오자인 듯하다. 박한수는 3년 동안 이 학교에 다니는 동안 숙식비를 지불하는 대신 하루에 3시간씩 정원 일을 하는 것 말고는 수입이 되는 어떠한 일도 하지 않기 때문이다. 그러므로 앞뒤 문맥으로 미루어보아 그가 돈을 버는 능력이 향상되었다는 말은 맞지 않고 학문을 익히고 갈고 닦는 능력이 향상되었다고 말하는 쪽이 맞다.

는 소식을 전해 들은 박한수는 짤막한 쪽지를 써놓고는 작별인사도 하지 않고 곧바로 원산을 거쳐 러시아의 블라디보스토크로 향한다. 그곳에서 러시아 군대에 입대하여 기관총을 다루는 훈련을 받는다. 이 소설의 화자는 "1915년 봄 그의 사단은 유럽 전선에서 임무를 수행하도록 기차에 올라타라는 명령을 받았다"(27)고 말한다. 이 장면에서도 예외가 아니어서 서재필은 주인공이 입대하는 부대가 어떤 부대인지, 그가 어떠한 훈련을 어떻게 받았는지, 또 왜 유럽 전선으로 배치를 받는지 등에 관한 자세한 내용을 모두 생략해버린다.

주네트가 말하는 '아니소크로니'는 제6장에 이르면 훨씬 더 심하게 나타난다. 첫 머리에서 화자는 "그 뒤 2년은 조용한 한국 시골 출신인 소년에게 하나의 큰 경험이요 뜻밖의 사실이었다"(28)고 말한다. 그러면서 화자는 이 전쟁 기간 동안에 일어난 사건 때문에 주인공은 '불세례'를 받은 것과 다름없다고 밝힌다. 독자들이 궁금하게 생각하는 것은 주인공이 전쟁터에서 어떠한 '불세례'를 받았는지, 이러한 시련과 고통을 통하여 그에게 정신적으로 어떠한 변화가 일어나는지 하는 문제이다. 그러나 화자는 비품과 식량 그리고 장비 부족으로 무척 고생을 하였고 전투에 패하여 많은 인명 피해를 내고 철수할 수밖에 없었다고 말할 뿐 주인공이 겪는 '불세례'에 대해서는 구체적으로 자세히 밝히지 않는다. 전선에 투입되는가 하였더니 어느덧 전투가 끝나고 박한수는 곧바로 블라디보스토크에 도착한 뒤 만주를 거쳐 다시 한반도에 돌아온다. 삶과 죽음이 교차하는 전쟁터에서 보낸 4년여 동안의 사건을 겨우 한 페이지로 그것마저도 세 단락 안에 모두 취급해버린다.

> 한수는 패잔병 몇 명과 함께 시베리아로 철수하라는 명령을 받았다. [……] 1918년 말엽 한수는 마침내 블라디보스토크에 도착하였다. [……] 그는 블라디

> 보스토크와 만주의 하르빈(哈爾濱) 사이를 운행하는 기차의 화부로 취직하는 데 성공하였다. [……] 하르빈에 도착해서는 하르빈과 묵덴(瀋陽, 奉天) 사이를 운행하는 기차에서 같은 일을 하려고 지원하였다. [……] 기차가 압록강의 푸른 물 위에 걸려 있는 철교를 지나 한국 쪽 언덕에 닿자 한수는 외국 여러 나라에서 5년 동안 모험을 한 뒤 다시 조국 땅에 돌아온 것에 대하여 무릎을 꿇고 감사드리고 싶었다. (29)

위 인용문에서도 볼 수 있듯이 서재필은 주인공 박한수가 겪는 사건의 골격만을 기술할 뿐 좀처럼 그 골격에 살을 붙이고 그 살에 피를 통하게 하는 데에는 실패한다. 전문적인 소설가라면 아마 주인공이 "외국 여러 나라에서 5년 동안" 겪는 온갖 '모험'에 초점을 맞추어 플롯을 진행할 것이다. 물론 작가가 주인공의 과거 삶을 자세하게 다루는 데에는 어쩔 수 없이 한계가 있을 수밖에 없다. 화가가 캔버스 안에 삶의 모습을 다 담을 수 없듯이 작가도 제한된 지면 안에 삶의 모습을 기록할 수밖에 없기 때문이다. 비록 이 점을 염두에 둔다고 하여도 작가는 주인공의 삶에서 가장 중요한 부분을 선별하여 극적으로 묘사하지 않으면 안 된다.

한편 『한수의 여행』에서 서재필은 주네트가 '요약'(TR 〈 TH)으로 일컫는 범주와 반대되는 범주라고 할 '부연'(TR 〉 TH)을 사용하기도 한다. 다시 말해서 서재필은 경우에 따라서는 사건을 길게 부연함으로써 이스투아르의 사건보다도 오히려 레시의 사건을 길게 지속하기도 한다. 박한수가 길 목사를 대동하여 서울에 가서 기미독립운동 시위를 목격하는 제7장은 이러한 경우를 보여주는 좋은 예이다. 길 목사가 스스로 경찰서에 찾아가 자수한 뒤 박한수는 곧바로 파고다공원 쪽으로 발길을 옮긴다. 군중 속을 파고들어가 그는 연사의 얼굴이 보이고 연설하는 소리를 잘 들리는 곳에 자리를 잡는다. 연사와 관련하여 이 소설의 화자는 "그의 목소리는 그윽하고 메아리치듯 낭랑하였고, 그의 태도에는 온몸을 뒤흔드는 강렬한 감정이 드러나 있었다"(34)고 밝힌다. 그런 뒤 화자는 장황하게 이 연사의 연설 내용을 한 페이지가 훨씬 넘도록 그대로 옮겨놓을 뿐만 아니라, 연설을 마친 뒤 그가 낭독하는 독립선언서와 공약삼장을 한 글자도 빼지 않고 그대로 옮겨놓는다.

『한수의 여행』이 소설작품으로 미숙하다는 인상을 주는 것은 이렇게 이스투아르와 레시 사이의 시간을 적절하게 구사하지 못하기 때문이다. 이스투아르의 시간을 너무 요약해버리는가 하면, 이와는 반대로 레시의 시간을 너무 길게 늘어놓기도 한다. 서재필은 주인공 박한수의 청년기 삶을 그리되 그것을 지나치게 스케치 풍으로 다룬다. 극단적으로 말하자면 주인공은 살아 숨 쉬는 인물이라기보다는 상점 쇼윈도에 서 있는 마네킹과 같다. 인간의 형체만 갖추고 있을 뿐 피와 살을 지닌 구체적인 인물로 부각되어 있지 않기 때문이다.

2. 작중인물과 성격 형성

플롯이 소설의 집을 떠받들고 있는 한 기둥이라면 작중인물은 또 다른 기둥이다. 『한수의 여행』에서 플롯 구성 방법은 적잖이 미숙하지만 주인공을 비롯한 작중인물들을 창조하고 그들에게 성격을 부여하는 성격 형성이나 성격 묘사 방법은 그런 대로 손색이 없다. 다시 말해서 서재필은 플롯에서 부족한 점을 작중인물들과 그 성격 형성이나 성격 묘사로 보충하고 있다. 작중인물의 창조와 성격 형성은 이 소설에서 가장 돋보이는 부분이다. 이 작품에서 서재필은 작중인물의 창조와 성격 형성에서 뛰어난 솜씨를 보여준다.

방금 앞에서 언급한 E. M. 포스터는 『소설의 양상』에서 ① 출생, ② 음식, ③ 수면, ④ 사랑, ⑤ 죽음 등을 "인간의 삶에서 중요한 사건"으로 든다. 그러고 난 뒤 그는 이 다섯 가지 행위를 '호모 사피엔스'(homo sapiens), 즉 실제 인간이 경험하는 것과 '호모 픽투스'(homo fictus), 즉 허구적 세계인 소설에 등장하는 인간이 경험하는 것을 서로 비교한다. 포스터는 '스토리'와 '플롯'을 엄격히 구분 짓듯이 이 두 유형의 인간이 경험하는 행위도 서로 엄격히 구분 짓는다. 소설에서는 '호모 픽투스'가 경험하는 경험이 '호모 사피엔스'가 경험하는 행위보다 중요함은 두말할 나위가 없다. 그리하여 포스터는 "허구가 역사보다 더욱 사실적이다. 그 이유는 허구는 증거를 초월하고 우리 모두는 우리 자신의 경험을 통하여 증거를 넘어서는 그 무엇이 있다는 사실을 알고 있기 때문이다"[7] 하고 지적한다.

논리적으로 보자면 소설에 등장하는 인물은 하나같이 '호모 픽투스'에 해당하게 마련이다. 그러나 포스터가 말하는 이 유형의 인물은 소설에 등장하는 작중인물로 적합한 인물을 말한다. 반짝인다고 모두 황금이 아니듯이 소설에 등장한다고 하나같이 호모 픽투스는 아니다. 다시 말해서 호모 픽투스는 양적 개념이라기보다는 어디까지나 질적 개념이다. 이 인물이 역사적인 실제 인물과 다른 것은 독자들이 진부한 인물보다는 예외적인 인물에 관심을 기울이기 때문이다. 즉 독자들은 소설에 등장하는 인물이 일상적 세계에서 만나는 평범한 인물보다는 좀 더 고상하거나 잔인하거나, 좀 더 용감하거나 비겁하거나, 또는 좀 더 잘 생겼거나 못 생기기를 바란다. 비록 평범하고 재미없고 지루한 인물이라고 하여도 실제 세계의 인물과 비교하여 좀 더 특이하게 평범하고 특이하게 재미없고 지루하여

7 Forster, *Aspects of the Novel*, p. 70.

야 한다.

『한수의 여행』의 주인공 박한수는 여러모로 포스터가 말하는 '호모 픽투스'에 가까운 인물이다. 작품 첫머리에서 서재필은 화자의 입을 빌려 주인공의 외모가 보통 사람과는 적잖이 다르다고 말한다.

> 한수는 마을에서 가장 잘생긴 소년이었다. [……] 대부분의 남자 친구들보다 머리 하나 정도가 더 키가 컸고, 높은 이마며 단정하고 달걀 모양의 둥그스름한 얼굴은 총명함을 말해 주었다. 그의 인상 중에서도 가장 눈에 띄는 것은 보통 한국사람보다 크고도 깊숙이 박힌 투명하고도 맑은 눈이었다. 그 눈에는 친절하고 동정심 많은 표정이 감돌았지만, 감정이나 호기심에 동요되면 그 눈은 따뜻한 불빛처럼 빛나고 있었다. (3)

위 인용문을 읽다 보면 주인공 박한수의 겉모습이 마치 눈앞에 직접 있는 듯 선명하게 떠오른다. 주인공의 겉모습은 말할 것도 없고 더 나아가 그의 성격까지 엿볼 수 있다. 이렇듯 서재필은 주인공의 겉모습을 통하여 성격을 부여하는 솜씨가 뛰어나다. 그가 이 작품을 집필한 20세기 초엽만 하여도 한국에서는 아직도 관상이 미래의 운명이나 성격을 예측하고 판단하는 중요한 구실을 하였다. 사람의 생김새나 얼굴 모습을 보고 그의 성격을 비롯하여 운명이나 심지어 수명까지도 판단하였다. 요즈음에도 관상학에서는 얼굴은 곧 마음의 거울이라고 하여 이목구비와 얼굴 표정에 주목하고 있다.

소설에서 작중인물의 성격을 제시하는 방법은 크게 두 가지로 나뉜다. 첫째는 성격이 이러저러하다고 직접 제시하는 방법이요, 다른 하나는 성격을 간접적으로 보여주는 방법이다. 흔히 해설적 또는 분석적 방법이라고도 부르는 첫 번째 방법에서는 화자가 직접 작중인물의 특성을 요약하여 소개하거나 작중인물의 심리 분석과 다른 작중인물의 보고나 논평 등을 빌리는 방식으로 이루어진다. 한편 극적 방법이라고 일컫는 두 번째 방법은 작중인물의 겉모습, 행동, 대화 등 객관적 상황을 묘사함으로써 독자들에게 간접적으로 인물의 성격을 드러내는 방식이다. 첫 번째 방법과 비교하여 두 번째 방법은 작중인물을 극적으로 생생하게 묘사할 수 있다는 장점이 있다.

위 인용문에서 볼 수 있듯이 『한수의 여행』에서 서재필은 이 두 가지 성격 형성 방법을 서로 절충하여 사용한다. 즉 어떤 때에는 작중인물의 성격을 직접 제시한다. 가령 "높은 이마며 단정하고 달걀 모양의 둥그스름한 얼굴은 총명함을 말해 주었다"는 문장이 바로 그러하다. 작가는 "총명함을 말해 주었다"고 직접 드러내놓고 성격을 말하는 대신 그냥 "이마는 높고 단정하였고, 얼굴은 달걀 모양처럼 둥그스름하였다"고 표현함으로써 그가 총명하다는 것을 간접적으로 넌지시 말할 수도 있었을 것이다. 그렇다면 이 경우 "총명함을 말해 주었다"는 구절은 사족에 해당한다.

한편 서재필은 인용문의 나머지 문장에서처럼 주인공의 겉모습을 언급함으로써 그의 성격을 간접적으로 드러낸다. 박한수의 눈 표정과 관련하여 그는 "보통 한국사람보다 크고도 깊숙이 박힌 투명하고도 맑은 눈"을 지니고 있다고 말한다. 이렇게 눈이 깊숙이 박히고 투명한 눈의 소유자라면 아마 정신이 맑고 지적 수준이 높은 사람일 것이다. 그런데 작가의 이러한 외모 묘사는 박한수의 성격에 비추어볼 때 아주 정확하다.

이렇게 외모를 묘사함으로써 작중인물의 성격 형성을 부여하는 방법은 조지프 맨리 선교사에서도 좋은 예를 찾을 수 있다. 제4장 끝 장면에서 김상설 목사의 소개장을 들고 평양에 있는 한 미션스쿨의 교장실로 찾아가는 박한수는 사무실 문가에서 한 미국 사람을 만난다.

그는 키가 6피트가 넘는 건장한 체구였다. 매부리 콧잔등 위에는 거북이 껍질로 만든 안경이 얹혀 있었고, 약간 벗어진 이마에서는 햇빛이 반사되어 번쩍이고 있었다. 한수는 이 몸집이 큰 사람으로 보고 조금 당황했지만 그의 친절한 미소와 푸르고 맑은 눈에 초리에 마음이 놓였다. (22)

맨리 선교사의 외모를 묘사하는 이 장면은 첫 장에서 박한수의 외모를 묘사하는 장면과 아주 비슷하다. 서재필은 맨리의 눈에 독자의 관심을 돌린다. 박한수의 눈이 "투명하고도 맑은" 것처럼 맨리의 눈도 "푸르고 맑은" 표정을 띠고 있다. 큼직하고 맑은 눈으로 말하자면 마셀라 정의 눈도 이와 크게 다르지 않다. 서재필은 그녀의 외모를 묘사할 때마다 크고 맑은 눈을 빼놓지 않고 언급한다.

이렇게 서재필이 눈의 상징성을 빌려 작중인물의 성격을 묘사하려는 것은 비단 박한수와 맨리 선교사에 그치지 않는다. 미국인 여성 마이라 노먼의 외모를 묘사하는 장면에서도 그는 특히 그녀의 눈에 주목한다. "그녀의 큼직한 담갈색 눈이며 비단실 같은 터부룩한 눈썹은 동정과 이해심으로 가득 차 있었다. 한수에게 그녀는 따뜻한 아침 햇살을 즐기려고 수레에서 내려온 어떤 여신과 같았다"(20)고 말한다. 기독교 복음을 전하는 노먼을 이교도적인 여신에 빗대는 것이 어딘지 걸맞지 않지만, 터부룩한 눈썹과 큼직한 눈에서 그녀의 상냥하고 친절한 성격을 창조하려고 한 작가의 의도는 의심할 여지가 없다.

예로부터 영혼의 거울 또는 마음의 창이라고 흔히 일컬을 만큼 동양에서 눈이 차지하는 몫은 무척 크다. 서양에서도 눈은 아주 중요한 상징적 의미가 있어 흔히 "apple of eye"라고 하면 가장 소중한 것을 뜻한다. 사과 모양이 눈처럼 둥글기도 하지만 예로부터 성스러운 과일로 생각하였기 때문에 이러한 표현이 생겨났다. 가령 "주께서 광야에서 야곱을 찾으

셨고 [……] 그를 만나, 감싸 주고, 보호하고, 당신의 눈동자처럼 지켜 주셨다"(「신명기」 32장 10절)는 구절에서 '눈동자'는 바로 "apple of eye"를 번역한 말이다.

한편 서재필은 일본 사람의 외모를 묘사할 때에는 유난히 눈이 작다는 점을 강조한다. 예를 들어 작품 첫 부분에서 일본인 경찰서장을 묘사하는 장면이 그러하다. "주걱턱에 이빨은 나오고 이마는 뒤로 벗겨지고 머리가 총알같이 생긴" 경찰서장은 모습부터가 별로 호감이 가지 않는다. 특히 서재필은 그의 눈과 관련하여 "그는 작고 반짝거리는 둥근 검은색 눈으로 조롱 반 경멸 반 한수를 쏘아보았다"(11)고 말한다. 또한 서재필은 길 목사가 경찰서를 찾아가 자수할 때에도 그를 체포하는 일본 경찰서장의 눈 역시 무척 작게 묘사한다. 그는 화자의 입을 빌려 "기독교인들을 잔혹하게 고문할 것을 기대하며 그는 조그마하고 검은 눈을 반짝거렸다"(34)고 말한다. 박한수나 맨리 선교사 또는 마이라 노먼의 크고 맑은 눈과 비교할 때 일본인의 눈은 상대적으로 작고 그 색깔도 검은 빛을 띤다.

작중인물의 성격 형성과 관련하여 서재필이 작중인물의 눈 못지않게 신장과 체구에도 관심을 기울인다는 점에 주목할 필요가 있다. 박한수나 맨리는 키가 크고 건장한 인물로 묘사하는 반면, 일본 사람들은 흔히 키가 작고 몸집이 왜소한 것으로 묘사한다. 예를 들어 제4장에서 박한수는 "반의식 상태에서 플랫폼에 누워 있는 동안 검은 콧수염을 한 키 작은 일본사람이 군도로 자신의 머리를 내리쳤다"(6)고 말한다. 특히 서재필은 『한수의 여행』에서 일본 사람을 흔히 경멸하여 가리키는 '왜인'(倭人) 또는 '왜놈'이라는 표현을 자주 사용한다. 이 어휘는 본디 키가 작고 왜소하게 생겼기 때문에 붙은 별명이다. 그런데 서재필은 이 '왜놈'을 외래어처럼 그냥 'Wainom'으로 표기하거나 그 의미를 쉽게 풀어서 '일본 피그미족'(Japanese pigmies)으로 표기한다.

이렇게 일본 사람들을 키가 작은 민족이라고 강조하는 것과는 사뭇 대조적으로 그는 조지프 맨리 같은 미국인들이 키가 크다는 사실을 강조한다. 이 미국 선교사에 대하여 작가는 "그는 키가 6피트가 넘는 건장한 체구였다"(22)고 밝힌다. 이렇게 키가 큰 것은 박한수도 마찬가지이다. 같은 또래의 친구들과 비교하여 그는 머리 하나 정도 더 키가 큰 것으로 묘사되어 있다. 작가는 마이라 노먼이나 마셀라 정 같은 작중인물도 키가 큰 것으로 묘사한다. 그렇다면 키가 크다는 것은 단순히 신체적 특성이 아니라 긍정적인 도덕적 특성을 드러내기 위한 장치라고 할 수 있다.

한마디로 박한수의 전체적인 외모에 드러난 첫 번째 성격은 총명하다는 것이요, 두 번째 성격은 친절하고 동정심이 많지만 감정이 북받치거나 호기심이 생기면 크게 동요한다는 점이다. 그가 총명하고 영리하다는 것은 그의 아버지 박길민도 일찍부터 눈치 채고 있었다. 농사를 지어 버는, 얼마 되지 않는 돈을 모아 아들을 서울로 유학을 보내어 교육을 시키는 것은 바로 그 때문이다. 주인공이 똑똑하고 영리하다는 것은 이 작품 곳곳에서 쉽게 찾아볼 수 있다. 동양의 고전 사서삼경을 탐독할 뿐만 아니라 관립학교에 입학하기 위하여 신학문을 공부하기도 한다. 작품의 후반부에서 박한수가 중국 주재 미국 영사를 설득하여 미국 비자를 받아내는 것도, 미국 '노던' 대학 총장한테서 장학금을 받아내는 것도 그가 탁월한 능력의 소유자라는 사실을 말해준다.

박한수가 친절하고 동정심이 많다는 것은 기미독립운동 시위 장면을 보면 잘 알 수 있다. 마셀라 정이 일본 경찰한테 부상당한 채 군인 병영으로 끌려간 뒤 그는 그녀가 다니는 학교에 찾아가 그 소식을 전해준다. 만약 그의 희생적인 노력이 없었더라면 마셀라는 아마 길거리에서 그만 사망하고 말았을 것이다. 박한수가 그녀에게 베푸는 행동은 젊은이가 한 여학생한테 보여주는 호의나 관심을 훨씬 뛰어넘는다. 또한 박한수가 독립만세운동 시위가 있은 뒤 만주로 몸을 피하여 활동할 때에도 그의 희생정신을 잘 엿볼 수 있다. 1년 남짓 그곳에 머무는 동안 그는 만주 곳곳에 학교와 교회를 세우며 조국의 독립과 교포들의 삶을 개선하기 위하여 온갖 노력을 아끼지 않는다.

또한 박한수가 감정이 북받치거나 호기심이 생기면 크게 동요하는 것은 서울에 가기 위하여 기차역에 도착하여 벌어지는 장면에서 잘 드러난다. 역구내에서 평양행 표를 구입할 때 그는 일본인 직원의 얼굴을 구타할 뿐만 아니라 갑자기 한국 사람한테 얻어맞고 어리둥절한 채 나자빠져 있는데 그는 이번에는 발길로 걷어차인다. 물론 일본인 직원이 먼저 한수에게 일본어를 모른다고 나무라며 따귀를 때린다. 이 소설의 화자는 "한수는 일본사람들이 본디 미개하고 야만적이며 한국사람들과 다투기를 좋아한다는 말을 들었지만, 자기 나라 말을 못 알아듣는다고 사람을 마구 때리리라고는 한 번도 생각해 본 적이 없었다"(5~6)고 밝힌다. 그러나 일본인 직원이 먼저 폭력을 행사함으로써 한수를 화나게 한 것은 사실이지만 한수의 행동도 충동적이며 저돌적이라는 인상을 씻기 어렵다. 한수는 집을 떠나기 전에 부모로부터 일본 사람과는 될 수 있는 대로 상종하지 말고 무엇보다도 그들과 절대로 다투어서는 안 된다는 충고를 들었는데도 그는 "순간적으로 모든 경고를 잊고" 이렇게 충동적으로 행동하기 때문이다. 한마디로 그는 부당한 일이나 불의를 보면 참지 못하는 성격이다.

박한수의 성격이 이렇게 충동적이고 저돌적이라는 것은 조지프 맨리 선교사와 함께 서울을 방문할 때 그곳에서 일어나는 사건에서도 엿볼 수 있다. 일본 사람에 대한 증오심이 무척 크다고는 하지만 그가 남산에 올라가는 도중 일본인 인부 한 사람을 만나 그에게 폭력을 가하는 것은 정당방위의 수준을 뛰어넘는 경솔한 행동이라는 비판을 면하기 어렵다. 다리를 다친 이 일본 사람은 짐을 운반해주면 운임의 절반을 주겠다고 제안한다. 그러자 한수는 경멸하듯 "왜놈과는 상종하고 싶지 않소"(24) 하고 내뱉는다. 이 말을 듣고 분개한 일본 사람은 한수의 얼굴을 치려고 주먹을 휘두른다.

> 인부는 주먹을 불끈 쥐고 한수의 얼굴을 치려고 갑자기 몸을 앞쪽으로 기울였지만, 지금까지 한수의 가슴 속에 쌓이고 쌓인 분노가 압도하여 한수는 재빨리 옆으로 몸을 피하였다. 인부의 주먹이 허공을 치자 한수는 그의 목덜미를 휘어잡고는 땅 위에 내동댕이쳐 버렸다. 발로 그의 등을 짓누르는 동안 옆에 있던 굵고 질긴 덩굴의 줄기를 끊어 마치 오븐 속에 들어가는 가금(家禽)처럼 그를 꽁꽁 묶어 버렸다. 그는 왜놈의 옷자락을 찢어 입을 틀어막고는 자기가 한 일을 만족한 듯이 쳐다보고는 다시 시내로 걸어가기 시작하였다. (24~25)

박한수가 일본인 인부의 목덜미를 잡고 땅바닥에 내동댕이치는 것까지는 이해할 수 있지만 그 뒤의 행동은 좀처럼 이해하기 어렵다. 발로 그의 등을 짓누르는 것으로도 모자라 덩굴 줄기로 그의 몸을 꽁꽁 묶어버린다. 또한 박한수는 일본 사람의 옷자락을 찢어 입을 틀어막기까지 한다. "자기가 한 일을 만족한 듯이 쳐다보고는"이라는 구절에서는 자학적인 성격마저 읽을 수 있다. 박한수가 숙소로 돌아와 무릎을 꿇고 "기독교인답지 않게 행동한 것에 대하여"(25) 하나님께 용서를 비는 것을 보면 자신의 행동이 지나쳤다고 생각하고 있음에 틀림없다. 그는 "오 하나님, 도저히 어쩔 수 없었습니다. 오 하나님, 도저히 어쩔 수가 없었습니다!"(25) 하고 기도를 드린다.

주인공 박한수의 난폭한 행위는 기미독립운동에 참가한 뒤 도피하는 과정에서 훨씬 더 뚜렷이 드러난다. 선천에서 교회당에 마을 사람들을 몰아넣고 사격을 가하도록 명령을 내리는 헌병대장을 살해할 뿐만 아니라 개울에 빠져 있는 일본 경찰을 살해하기도 한다. 이러한 끔찍한 만행 광경을 직접 목격한 한국 사람이라면 아마 누구라도 박한수처럼 행동하였을 것이다. 헌병대장을 살해한 것과 관련하여 이 소설의 화자는 "그리하여 선천 학살의 장본인은 자신이 저지를 죄 값을 자기 목숨으로 치렀다"(50)고 말한다. 즉 박한수는 헌병대장에게 비인도적인 행위에 대한 죗값을 치르게 만들었을 뿐이다.

그러나 압록강을 건널 때에도 박한수가 보여주는 행동에서는 그의 과격하고 잔인한 성격이 잘 드러난다. 강을 경비하는 조선인 일본 경찰은 자신이 일본 경찰이라는 사실을 잠시 잊고 그에게 여러모로 친절하게 대해준다. 그런데도 박한수는 길에 떨어져 있는 노끈을 집어 그에게 올가미를 씌워 살해한다. 그것으로도 모자라 땅바닥에 쓰러진 경찰의 옷을 찢어 입을 틀어막고 발버둥 칠 때마다 목을 졸라매어 죽인다. 그가 압록강을 무사히 건너기 위해서는 어쩔 수 없는 일이었다고 생각할 수도 있겠지만 그것은 정당방위의 수준을 훨씬 뛰어넘는 잔인하고 비인간적인 행동이다. 경찰이 그에게 "내 비록 이 빌어먹을 적의 복장을 하고 있지만 마음만은 아직 한국사람이오"(52) 하고 말하는 것을 보면 얼마든지 주인공은 그를 설득하여 강을 건널 수도 있었을 것이다.

이 장면에서 박한수가 잔인한 성격을 보일 뿐더러 가학증까지 보인다는 것은 경찰을 살해한 뒤 배를 타고 압록강을 건너면서 자신의 행동을 뉘우치는 데에서도 엿볼 수 있다. 이 소설의 화자는 "그는 아무런 의심도 하지 않는 사람을 아무 정당한 이유 없이 공격한 것을 후회했다. 또 신앙의 가르침에 어긋나게 남의 목숨들을 빼앗은 죄를 저질렀다고 생각했다. 그는 뱃머리에 앉아 용서를 비는 기도를 드렸다"(54~55)고 밝힌다. 여기에서 화자는 '목숨'이라고 하지 않고 '목숨들'이라고 말한다는 점을 눈여겨보아야 한다. 실제로 박한수는 선천에서 압록강을 건너 중국에 건너갈 때까지 한 사람이 아니고 여러 사람을 살해한다. "살인하지 말라"는 여섯 번째 십계명을 그는 한 번도 아니고 여러 번 어긴다.

길 목사는 박한수의 난폭하고 잔인한 성격을 알아차렸는지 그에게 폭력을 행사하지 말라고 충고한다. 평양에서 서울로 가는 기차 안에서 그는 박한수에게 독립선언서를 보여주면서 그 밑 부분에 적어놓은 "폭력을 행사하지 마라"라는 구절을 손가락으로 가리킨다. 그러면서 그는 단호한 목소리로 누구나 이 명령을 따라야 한다고 말한다. 이번에는 박한수가 길 목사에게 무기를 가지고 있느냐고 묻자 가지고 있지 않으며, 설령 가지고 있다고 하더라도 사용하지 않을 것이라고 말해준다. 그 이유를 묻는 질문에 길 목사는 또다시 "우리들, 즉 한국 기독교 측 인사들은 어떤 종류의 폭력도 그것을 허용하지 않았고, 다른 측 인사들도 이 주장에 찬성했지요. 그러므로 우리는 좋든 싫든 그 계획에 따를 수밖에 없소"(32) 하고 대답한다. 그런데도 박한수는 길 목사의 충고에 아랑곳하지 않고 여러 차례에 걸쳐 폭력을 행사하고 살인을 범하곤 한다.

서재필은 주인공 박한수뿐만 아니라 김상설 목사나 길 목사 같은 다른 작중인물을 창조하고 그들에게 성격을 부여하는 솜씨도 뛰어나다. 선주장로교회의 목사인 김상설은 박한수가 일본 경찰을 구타하여 감옥에 갇혀 있을 때 처음 만나는 인물이다. 감옥에 갇히게 된 연유에 대하여 김상설은 그에게 "나는 내 교회에서 예수님이 인간을 해방시키기 위하여 죽었다고 설교한 탓으로 두 주일 전에 체포되었소"(9) 하고 말한다. 그런데 그다지 새로울 것도 없는 이 말은 이 무렵의 시대적 배경에 비추어보면 독특한 효과를 자아낸다. 일본이 강제로 한국을 병합한 지 얼마 되지 않는 때여서 일본 제국주의자들은 '해방'이라는 말만 들어도 아마 가슴이 철렁 내려앉았을 것이다.

또한 김상설은 감옥에 갇혀 강제노역 등 육체적으로 큰 고통을 받으면서도 조금도 신앙을 굽히지 않는 꿋꿋한 종교 지도자로 드러난다. 그의 말대로 그는 행동과 마음에서 예수 그리스도를 닮으려는 인물이다. 감옥방에서 "저 무지한 죄인을 긍휼히 여기소서. 병들고 절망에 빠진 사람들은 위로해 주소서"(9) 하고 혼자서 기도를 드릴 만큼 독실한 크리스천이다. 유가 질서에 젖어온 박한수가 그토록 쉽게 크리스천이 되는 것도 따지고 보면 김상설한테서 받는 감명이 크기 때문이다. 성경을 읽어보기는 커녕 성경책을 한 번도 구경도 못한 그가 쉽게 기독교에 관심을 기울이는 것은 아마 일본 제국주의의 탄압에 굴복하지 않는 김상설의 애국심과 굽히지 않는 신앙심 때문일 것이다. 물론 허구적 인물이지만 평양신학교를 졸업한 그는 길선주(吉善宙) 목사처럼 한국 기독교를 이끈 초기 지도자 가운데 한 사람이다.

또한 서재필은 『한수의 여행』에서 김상설 목사처럼 길 목사도 과묵하고 강인한 성격의 소유자로 부각한다. 박한수를 데리고 평양에서 기차를 타고 서울에 가는 동안 내내 그는 좀처럼 입을 열지 않고 조용히 기도를 드린다. 이러한 길 목사의 표정을 바라보고 박한수는 "무슨 까닭인지는 몰라도 자신도 어딘지 모르게 기도를 드리고 싶다는 생각이 들었다"(30)고 밝힌다. 길 목사는 민족대표 33인 가운데 한 사람으로 독립선언서에 서명을 하기 위하여 지금 서울로 가고 있는 중이다. 기차가 연착하는 바람에 남대문역에 예정보다 늦게 도착한 뒤 길 목사는 민족대표 33인이 이미 독립선언서에 서명을 한 뒤 일본 경찰에 체포되었다는 사실을 알게 된다.[8] 박한수에게 고향에 내려가 이 소식을 전해달라는 말을 남기고 곧바

8 여기에서 말하는 '남대문역'(South Gate Station)이란 오늘날의 서울역을 말한다. 광무 4년인 1900년 7월 일본은 지금의 서울역과 염천교 사이에 남대문역을 건립하였다. 본디 남대문역 부지는 남서쪽으로는 남대문에서 숙명여자대학교 입구까지, 동서쪽으로는 남관제묘 뒤의 힐

로 경찰서를 찾아가 자수한다.

그런가 하면 작품 전반부에 미국인 선교사 마이라 노먼을 등장시키는 것도 소설가로서 서재필의 능력이다. 노먼은 미국 선교사가 운영하는 미션스쿨의 교사이면서 한 달에 네 번씩 시골을 방문하여 성경학교에서 성경을 가르친다. 박한수는 감옥에서 풀려난 뒤 김상설 목사의 소개장을 들고 평양에 있는 미션스쿨로 조지프 맨리 선교사를 찾아가는 도중에 이 벽안의 여성을 처음 만난다. 그 뒤로 그는 서울 종로에서 기미독립운동 때 그녀를 두 번째로 만나고, 작품의 맨 마지막 장면에서 미국행 증기선에서 다시 한 번 만난다. 작품 첫 부분과 중간 부분 그리고 맨 마지막 부분에 다시 등장함으로써 마이라 노먼은 자칫 산만할 수도 있는 작품에 통일성을 부여해주는 역할을 한다.

더구나 마이라 노먼은 작품 첫머리에서 마셀라 정을 언급함으로써 앞으로 등장하게 될 중요 인물을 소개하는 역할을 맡기도 한다. 노먼은 박한수가 묻지 않는데도 "나는 지금 그 마을로 가는 중이고, 그곳에서 선주의 강일한 목사의 사모 집에 손님으로 머물 겁니다. 저를 돕고 있는 마셀라 정이라는 한국 여성이 성경 반에 필요한 준비를 하기 위해 미리 가 있지요"(20) 하고 말한다. 여기에서 잠깐 '강일한'이라는 이름을 찬찬히 눈여겨볼 필요가 있다. 그의 이름을 짓는 데 서재필은 어쩌면 자신이 아끼던 류일한(柳一韓, Ilhan New)의 이름을 따서 그렇게 명명하였을 가능성이 높다. 실제로 영어로 표기한 개인 이름 'Ilhan'은 류일한이나 강일한이나

튼호텔 자리부터 만리재 마루턱까지 약 11만 평 규모였다. 오늘날의 서울역에 해당하는 경성역은 1922년 6월부터 1925년 9월까지 철근콘크리트 구조로 새로 지은 것이다. 또한 1919년 3·1운동 당시에는 이 역에서 출발한 열차들이 전국 방방곡곡으로 독립선언문을 실어 날랐고, 지방을 순행하기 위하여 길을 나서는 순종 황제나 조선총독부 관리들 역시 이곳에서 출발하는 특별 열차를 탔다.

똑같다. 아홉 살의 어린 나이로 미국에 건너가 미시건대학교에서 경영학을 전공한 뒤 류일한은 기미독립운동이 직후 서재필이 필라델피아에서 개최한 한인회의에 참석하였고, 그 뒤로도 기회 있을 때마다 그를 도와 독립운동을 전개하였다.

마이라 노먼이 이 장면에서 언급하는 강일한 목사나 그의 아내는 이 작품에 작중인물로 직접 등장하지 않지만 마셀라 정은 앞으로 아주 중요한 인물로 등장하게 된다. 8년 뒤에 일어날 기미독립운동에서 핵심적인 역할을 하는 인물도 마셀라이고, 마지막 장면에서 박한수가 사랑을 고백하며 청혼하는 장본인도 바로 그녀이다. 마셀라는 이 작품에서 여주인공 역할을 맡고 있다고 하여도 크게 틀리지 않다. 앞에서 지적하였듯이 이렇게 다른 작중인물의 입을 빌려 중요한 작중인물을 넌지시 소개하는 것은 윌리엄 셰익스피어를 비롯한 극작가들이 흔히 연극에서 자주 사용하는 기법이기도 하다.

『한수의 여행』에서 플롯과 비교하여 작중인물의 창조나 성격 형성이 훨씬 돋보이는 것은 사실이지만 여기에도 한계는 있다. 이 소설에서 작가의 관심은 지나치게 주인공 박한수 한 인물에게만 치중되어 있다. 그렇기 때문에 주인공을 제외한 나머지 인물들은 지극히 보조적인 역할밖에는 하지 못한다. 이것을 달리 말하면 주인공인 '프로타고니스트'가 갈등을 빚고 대립하는 상대 인물인 '안타고니스트'가 없다는 것이 된다. 연극처럼 대립과 갈등이 첨예하게 부각할 필요는 없지만 소설에서도 작중인물 사이의 갈등이나 대립 없이는 긴장감 있는 플롯을 이끌어갈 수 없다. 물론 안타고니스트는 반드시 인간일 필요는 없고 허먼 멜빌의 『모비딕』(1851)에 등장하는 고래처럼 짐승이 될 수도 있고, 악 같은 추상적 관념이 될 수도 있다. 이 소설에서는 일본 제국주의나 식민주의를 주인공에 맞서는 안타고니스트로 볼 수도 있지만 그렇게 간주하기에는 그 힘이 너무 크다.

이 소설에서 대부분의 작중인물은 한두 번 등장하였다가 곧 사라진 뒤 두 번 다시 작품에 나오지 않는다. 예를 들어 박한수가 감옥에서 만나는 김상설 목사가 그러하고, 평양 미션스쿨의 조지프 맨리 선교사가 그러하다. 물론 주인공의 부모도 마찬가지로 박한수가 공부하는 동안 평양에 몇 번 방문하였다는 언급이 고작이다. 여기에 예외가 있다면 마이라 노먼과 마셀라 정이다. 그런데 이 두 인물마저도 작품의 중간에 등장하여 주인공과 유기적인 관계를 맺지 못하고 헤어졌다가 마지막 장면에 다시 등장할 뿐이다. 작품의 첫 부분과 마지막 부분에 등장함으로써 작품 전체에 통일성을 주는 데에는 어느 정도 이바지하지만 작중인물의 창조라는 관점에서는 그렇게 바람직하지 못하다.

3. 『한수의 여행』에 나타난 이미지와 상징

서재필은 『한수의 여행』에서 여러 문학적 상징이나 이미지를 효과적으로 구사한다. 물론 시인과 비교해볼 때 소설가들은 시인처럼 그렇게 일관되게 사용하지는 않지만 어떤 특정한 효과를 얻기 위하여 소설에서도 가끔 상징이나 이미지를 사용한다. 서재필도 예외가 아니어서 주인공 박한수를 비롯하여 몇몇 작중인물의 성격을 묘사하거나 그들의 행동을 좀 더 생생하게 묘사할 때 상징이나 이미지에 의존한다. 앞에서 이미 지적하였듯이 작가는 일제강점기 일본 제국주의의 만행을 폭로하는 한편 한국의 사정을 전 세계에 널리 알리려는 홍보와 선전을 통한 문서 외교의 차원에서 이 작품을 썼다. 그러나 때로는 여러 문학적 장치를 구사함으로써 단순한 선전물이 아닌 문학작품으로 만들려고 애쓴 흔적을 곳곳에서 엿볼 수 있다.

서재필은 작품 첫머리부터 이러한 상징과 이미지를 사용한다. 가령 주인공의 모습과 그가 입고 있는 옷을 설명하는 장면은 좋은 예로 꼽을 만하다.

> 그는 진한 쪽빛 머리를 짧게 깎았으며 그의 복장은 서양식과 동양식으로 혼합되어 있었다. 그의 검정색 전통 저고리 속에 입고 있는 푸른색 면 셔츠는 벽지 한국 시골 마을까지도 서양식 의복 제도가 침투했음을 말해 주고 있었으며, 그의 하반신을 가리고 있는 헐렁헐렁한 바지와 흰 버선은 그가 아직도 구체제의 아들임을 상기시켜 주고 있었다. (3~4)

박한수의 외모와 그가 입고 있는 의복을 묘사하는 이 장면은 언뜻 별로 대수롭지 않은 것처럼 보일는지 모른다. 그러나 좀 더 찬찬히 따져보면 작가는 주인공의 외모와 복장에 상징성을 부여함으로써 그의 성격을 드러내고 있음이 밝혀진다. 무엇보다도 먼저 박한수가 머리를 짧게 깎고 있는 모습을 주목하여야 한다. 1895년 11월 김홍집(金弘集) 내각은 단발령을 공포하여 성년 남자는 상투를 자르고 서양식 머리를 하도록 하였다. 그러나 '신체발부수지부모'(身體髮膚受之父母), 즉 신체·머리털·살갗은 부모에게서 물려받은 것으로서 감히 훼상하지 않는 것이 효의 시작이라는 유교 윤리가 일반 백성의 생활에 깊이 뿌리를 내린 조선 사회에서 큰 저항에 부딪쳤다. "손발은 자를지언정 머리만은 자르지 못한다"는 유생들의 항의가 빗발쳤고 사회적으로도 큰 혼란을 불러일으켰다.

정부에서 단발령을 내리기 한 달 전에는 명성황후(明成皇后)가 일본 사람한테 무참히 살해당하고, 그날로부터 네 달 뒤 1896년 2월에는 고종(高宗)이 러시아 공사관으로 피신하는 비참한 일이 일어나기도 하였다. 이러한 상황에서 단발령을 내리자 일반 백성의 반감은 개화나 근대화 자체를 증오하는 감정으로까지 발전하였다. 또한 단발령이 일본의 제도를 본딴 것이라는 인식이 전국적으로 널리 확산되면서 반일감정으로 이어지기도 하였다. 이렇게 단발령으로 촉발된 반일 분위기는 을미사변(乙未事變)과 함께 의병운동을 일으키는 결정적인 기폭제 구실을 하였다. 이러한 상황에서 박한수가 단발을 하였다는 것은 그의 가족이나 그가 일찍이 서구식 근대화를 받아들였다는 증거이다. 외아들을 서울에 있는 관립학교에 입학시켜 근대식 교육을 받도록 하는 것을 보아도 그의 집안이 시골에 살면서도 일찍이 문명개화를 받아들였다는 것을 알 수 있다.

단발령과 관련하여 여기에서 잠깐 학부대신 신기선(申箕善)에 대한 서재필의 태도를 짚고 넘어가는 것이 좋을 것 같다. 공부대신과 군부대신과 법부대신을 거쳐 1899년 학부대신이 되자마자 신기선은 단발, 양복 착용, 국문 사용, 태양력 사용, 청국에 대한 조공 철폐 등은 야만인이 하는 일이요 사람의 도리가 아니라는 내용으로 상소를 올렸다. 그러자 서재필은 두 차례에 걸쳐 《독립신문》에 가히 시대착오적이라고 할 그의 상소를 날카롭게 비판하였다. "다른 대신은 다 완고라도 학부대신은 불가불 셰계 각국 일에 능통히야" 한다고 전제한 뒤 그가 문명진보하려는 대세에 역행하고 있다고 지적한다. "죠션이 몃 해 후에나 잘될까 ᄒᆞ엿던 여망도 업서질 터이니 어찌 통곡홀 일이 아니리요. [……] 각 관립학교에서 머리 깎고 양복ᄒᆞᆫ 것은 졍부에서 억지로 시킨 것이 아니라 학도들이 그렇게 ᄒᆞᄂᆞᆫ 것이 저희들에 편ᄒᆞᆫ 쥴로 ᄉᆡᆼ각ᄒᆞ야 ᄒᆞᆫ 일인즉 이것은 법률에 마땅ᄒᆞᆫ 일이라"[9] 하고 말하면서 서재필은 신기선의 복고주의적 태도를 맹렬히 공박한다. 신기선의 반근대적인 태도는 《독립신문》뿐만 아니라 독립협회(獨立協會)에서도 아니나 다를까 그는 양쪽에서 공격을 받았고 그는 얼마 뒤 사직하

9 《독립신문》 1896년 6월 11일자.

였다.

더구나 박한수가 입고 있는 의복도 상징적 의미를 띤다. 서재필은 주인공이 입고 있는 복장이 "서양식과 동양식으로 혼합되어 있었다"고 밝힌다. 즉 그는 한국의 전통 의상인 검은 저고리와 헐렁한 바지를 입고 있고 두 발에는 흰 버선을 신고 있다. 겉에 입고 있는 바지저고리와 버선을 보면 여전히 '구체제의 아들'이지만 저고리 속에 입고 있는 푸른색 면 셔츠만은 서양식 의복으로 그가 부분적으로나마 '신체제의 아들'임을 암시한다.[10] 그렇다면 주인공의 이러한 외모와 옷차림에서는 겉으로는 여전히 전통 사회에서 살고 있는 반면 내면세계에서만은 서구 근대화를 지향하고 있음을 알 수 있다. 말하자면 박한수의 몸은 구체제와 신체제, 중세와 근대가 공존하고 있는 공간이다.

그러나 박한수는 서재필과 마찬가지로 구체제에서 신체제로, 전통에서 개혁으로 점차 나아간다. 주인공이 평양에서 조지프 맨리 선교사가 설립한 미션스쿨에서 공부한다는 것은 그가 새로운 질서로 이행하기 시작하였다는 것을 뜻한다. 프랑스의 사회학자 귀스타브 르봉은 "전통을 존중하는 것은 한 국민이 생존하는 데 필요한 조건이지만 전통의 단절은 진보를 위한 조건이다"[11] 하고 말한 적이 있다. 박한수는 르봉이 말하는 두 조건 가운데에서 전자보다는 후자를 택하였던 것이다.

일본 메이지(明治) 시대 서양식 근대화를 이룩하는 데 선구적인 역할을

---

10 한글 번역에서는 '구체제'로 옮겼지만 영문 텍스트에서 서재필은 'ancient regime'이라는 용어를 사용한다. 이 용어에는 단순히 낡은 제도나 체제라는 의미보다는 '앙시앙 레짐'이라는 본래의 뜻에 걸맞게 정치적 함의가 강하게 내포되어 있다. 서재필은 조선의 유교 질서를 프랑스혁명 이전의 구체제, 즉 절대주의 사회 체제인 절대왕정과 귀족 그리고 성직자 계급이 특권을 독점하고 신흥 부르주아나 노동자를 착취한 체제에 빗대는 듯하다.

11 Claude E. Welch, Jr., "Comparative Study of Political Modernization," in Claude E. Welch, Jr., ed., *Political Modernization* (Belmont, CA: Wadsworth, 1967), p. 9.

하였고 서재필이 직접 또는 간접으로 큰 영향을 받은 후쿠자와 유키치(福澤諭吉)는 자신을 두고 '일신이생'(一身二生), 즉 한 몸으로 두 삶을 사는 듯하다고 토로한 적이 있다. 히메지(姬路城)처럼 굳건한 봉건 질서와 유럽의 근대 정치 체제 사이에서 그가 얼마나 갈등을 겪으며 고민하였는지 미루어볼 수 있는 대목이다. 이렇게 서로 상충하는 두 질서나 가치 속에서 고뇌한다는 점에서는 박한수도 후쿠자와와 크게 다르지 않다. 그리고 박한수의 고뇌는 좁게는 작가 서재필의 고민이요 넓게는 이 무렵 근대 지식인이라면 누구나 겪고 있던 고민이기도 하다.

또한 서재필은 『한수의 여행』 곳곳에서 온갖 비유법을 구사하기도 한다. 박한수가 남산에 올라가는 오솔길에서 일본 사람을 만나 폭력을 행사하는 장면은 좋은 예가 된다. 작가는 "한수는 한 발로 그의 등을 짓누르면서 옆에 있던 굵고 질긴 덩굴 줄기를 끊어 마치 오븐 속에 넣어 요리할 준비가 되어 있는 칠면조처럼 그놈의 손과 발을 뒤로 꽁꽁 묶었다"(24~25)고 말한다. 여기에서 칠면조로 번역한 어휘는 원문에는 'fowl'로 되어 있다. 영어에서는 닭을 비롯하여 거위나 칠면조 등 집에서 키우는 조류를 두루 언급할 때 이 어휘를 사용하지만 앞뒤 문맥에 따라 칠면조라고 옮겼다.

그런데 작가가 덩굴 줄기로 꽁꽁 묶어놓은 모습을 오븐 속에 넣어 요리할 준비가 되어 있는 '칠면조'에 빗대는 솜씨가 여간 놀랍지 않다. 시각적 이미지가 아주 구체적이어서 이 구절을 읽다 보면 덩굴 줄기로 꽁꽁 묶여 있는 일본인 노동자의 모습을 마치 눈앞에서 직접 보는 것 같다. 오븐 속에 넣어 요리할 준비가 되어 있는 칠면조처럼 일본인 노동자도 활기 왕성한 박한수의 힘 앞에서는 무력할 수밖에 없다. 어떤 의미에서 주인공은 그동안 일본 사람들한테 당한 온갖 모욕과 수모와 분노에 대하여 이 일본인 노동자에게 앙갚음을 하고 있다.

또한 서재필은 제2차 세계대전에 참전한 박한수가 전쟁터에서 온갖 시련을 겪는 것을 종교적 비유법에 빗대어 '불세례'를 받았다고 말한다. 이 비유나 이미지도 오븐에 집어넣을 칠면조에 빗대는 것처럼 무척 신선하고 구체적이다.

> [박한수는] 너무나 많은 시련을 겪었고, 밤이 되면 때로 어린 시절 평화롭게 지낸 고향을 생각하며 가슴 아프게 울었다. 그러나 정신력으로 울음을 억눌렀고, 다음 날이 되면 결심은 조금도 흔들리지 않았다. 그 기간 동안 그는 일생에 겪을 일을 한꺼번에 겪었다. 이제 세상 사람들이 모두 잘 알고 있는 사건들 말이다. 그 사건들이 완전히 한수에게 들이닥쳐서 그에 불세례를 주었던 것이다. (28)

'불세례'라는 표현은 두말할 나위 없이 신약성서에 두 차례 언급되어 있다. 예를 들어 「마태복음」에서 세례 요한은 자신을 찾아와 예수 그리스도에 대하여 묻는 사람들에게 "나는, 너희를 회개시키려고 너희에게 물로 세례를 준다. 내 뒤에 오시는 이는, 나보다 더 큰 능력을 가지신 분이다. 나는 그의 신을 들고 다닐 자격조차 없다. 그는 너희에게 성령과 불로 세례를 주실 것이다"(3장 11절) 하고 말한다. 또한 「누가복음」에도 "그래서 요한은 모든 사람에게 대답하여 말하였다. '나는 여러분에게 물로 세례를 줍니다. 그러나 나보다 더 능력이 있는 분이 오십니다. 나는 그의 신발 끈을 풀 자격조차 없습니다. 그는 여러분에게 성령과 불로 세례를 주실 것입니다'"(3장 16절)라는 구절이 나온다.

서재필이 주인공 박한수가 5년여 동안 유럽의 전쟁터에 겪은 시련과 고통을 이렇게 '불세례'라는 은유로 표현하는 데에는 그럴 만한 까닭이 있다. 박한수는 이러한 시련과 고통을 겪으며 새로운 인간으로 변모하기 때문이다. 작가는 위 인용문 바로 앞서 제6장의 첫머리에서 1916년에서

1917년 사이에 2년 동안 겪은 사건은 "조용한 한국의 산골 마을 출신 소년에게 하나의 엄청난 경험이요 계시"(28)였다고 밝힌다. 이렇게 '엄청난 경험과 계시'를 통하여 박한수는 불세례를 받는 것이다. 기독교인이 불이나 물로써 세례를 받고 영적으로 거듭 태어나듯이 그도 유럽 전선에서 겪은 혹독한 경험을 통하여 새롭게 거듭 태어난다.

그런데 여기에서 한 가지 주목하여야 할 것은 서재필이 이미 스물셋이나 스물네 살이나 된 주인공을 '소년'이라고 부른다는 점이다. 박한수가 태어난 해가 1893년이기 때문에 작품이 시작할 때 그는 이미 열여덟 살의 청년이다. 첫 장면의 사건이 일어나는 때로부터 4, 5년의 세월이 지나기 때문에 유럽 전선에서 전투에 참가할 때 그의 나이는 스물셋 또는 스물넷이라고 할 수 있다. 이십대 중반이라면 비록 신체적으로는 성숙한 청년일는지 몰라도 시골에서 태어나 자란 그는 신체적으로나 심리적으로 아직 소년에 지나지 않는다. 유럽 전선에서 온갖 시련과 좌절을 겪으며 불세례를 받은 뒤에야 비로소 그는 성년으로 변모한다. 앞 장에서 이 작품의 장르와 관련하여 『한수의 여행』을 '식민지 성장소설'로 규정하였다. 성장소설에서 문제되는 것은 생물학적 나이가 아니라 어디까지나 정신적 나이요 심리적 나이이다.

서재필은 선천에서 마을 사람들을 교회 안에 가두고 총을 발사하여 살해하는 장면에서도 기독교적 비유법을 구사한다. 서울을 떠나 중국 만주로 망명하던 중 잠시 선천에 들리는 박한수는 서울 종로거리에서 본 광경보다 훨씬 더 처참한 일본 제국주의의 만행을 목격한다.

> 헌병대장은 부하들에게 그곳에서 얼마 떨어져 있지 않은 교회당 안에 사람들을 몰아넣으라고 소리를 질러 명령했다. 40명가량의 사람이 강제로 예배당 안에 끌려들어가자 그는 예배당을 향해 일제히 사격을 가도록 명령을 내렸다. 그리하

여 그들은 마을 사람들이 하나님을 경배하는 예배당 안에서 마치 마흔 마리의 양을 죽이듯 그들을 학살하였다. (50)

위 인용문에서 특히 "마치 마흔 마리의 양을 죽이듯"이라는 직유법을 눈여겨보아야 한다. 양은 여러 문화권에 걸쳐 긍정적인 의미를 지니는 상징으로 사용해왔다. 가령 고대의 수메르 사람이나 이집트 사람을 비롯하여 그리스 사람, 로마 사람, 게르만 민족도 양을 신의 신성수(神聖獸)로 생각하였다. 유목 민족에게 양은 특히 뇌우(雷雨)의 신이 가장 좋아하는 제사용 동물로 간주하였다. 동양 문화권에서도 서양 문화권과 크게 다르지 않아서 양은 천성이 온순하고 어린 탓에 다른 짐승에게 해로움을 끼칠 줄도 모르면서 오직 쫓기고 희생당하는 유순하고 인내심이 강하고 상서로운 동물로 통한다.

그러나 양이 가장 큰 상징적 의미를 지니는 것은 뭐니 뭐니 하여도 역시 기독교 문화권에서이다. 기독교 경전 성경에는 양과 관련한 이야기가 무려 500번 이상이 나온다. 고대 이스라엘 사람들은 하나님에게 제사 지낼 때 신과 인간을 연결시켜주는 제물로 양을 사용하였다. '희생양'이라는 용어를 사용하는 것은 바로 그 때문이다. 신약성서에 이르면 양은 예수 그리스도를 상징한다. 신약 시대에 양을 제물로 삼는 번제(燔祭)가 없어진 것은 양을 예수와 동일시하는 종교적 유산 때문이다. 그러므로 위 인용문에서 서재필이 "예배당 안에서 마치 마흔 마리의 양을 죽이듯 그들을 학살하였다"고 말하는 것은 선천 주민들을 희생양이나 인류의 죄를 대속하여 십자가에서 사망한 예수 그리스도와 같은 차원으로 간주하기 때문이다. 즉 교회 안에서 잔인하게 죽임을 당하는 마흔 명의 교인은 일본 식민주의의 굴레에서 벗어나기 위하여 독립운동의 제단에 바친 희생양이요 제물인 셈이다.

『한수의 여행』에서 서재필이 기독교에서 비롯한 종교적 상징이나 이미지를 구사하는 것은 부상당한 마셀라 정을 묘사하는 장면에서 가장 잘 드러난다. 앞에서 이미 언급하였듯이 전차를 타고 가던 그녀는 일본 군인이 태극기를 손에서 버리라고 명령하고, 그녀는 그 명령에 불복하자 일본 군인은 칼을 뽑아 그녀의 손목을 자른다. 그런 뒤 일본 군인들은 짐승처럼 그녀를 질질 끌고 군인 막사로 간다.

> 일그러지고 창백한 얼굴에, 거룩한 불빛으로 빛나는 듯한 큼직한 갈색 눈, 온몸이 애국심에 불타 부드럽게 좌우로 흔들거리는 동안 키 크고 우아한 그녀는 그에게는 지옥의 작은 악마들을 물리치는 천사처럼 보였다. 그녀가 [전철] 좌석에서 털썩 넘어지는 것을 보는 순간 그는 마치 자신의 가슴에 칼을 맞은 듯한 느낌을 받았다. 그러나 그녀가 가냘프게 남은 손을 뻗쳐 태극기를 집으려는 것을 보자 그는 다시 전율을 느꼈다. (41)

서재필은 마지막 문장의 "지옥의 작은 악마들을 물리치는 천사"라는 구절에서 기독교적 상징과 이미지를 한껏 구사한다. 천사는 기독교에서는 하느님이 자신을 보좌하고 섬기도록 불에서, 이슬람교에서는 빛에서 창조한 영적인 존재를 가리킨다. 유대교와 기독교 그리고 이슬람교에서는 천사가 실제로 존재한다고 믿고 있다. 구약성서에서 천사들은 하느님을 에워싸고 있는 유일한 천상 군대로 '하느님의 아들들'(「욥기」 2장 1절), '거룩한 종들'(「욥기」 5장 1절), '중개자' 또는 '불사자' 등으로 부른다. 그런데 마셀라 정은 작게는 흰옷을 입고 있다는 점에서, 크게는 영적 분위기를 자아낸다는 점에서 천사와 비슷하다고 할 수 있다. 또한 천사라는 말은 본디 히브리어로 '심부름꾼'을 뜻한다. 이 어원에 걸맞게 그녀는 조국 독립과 해방의 심부름꾼으로서의 역할을 충실하고 있다.

서재필은 기미독립운동의 '민족대표 34인' 가운데 한 사람인 길 목사도 천사의 이미지로 묘사한다. 그가 박한수에게 조국을 위해서라면 자기 목숨을 기꺼이 바치겠다고 말할 때 "그의 얼굴은 거의 천상의 빛으로 가득 찼다"(31)고 묘사한다. 비록 '천사'라는 어휘는 직접 사용하지 않아도 '천상의 빛'이라는 표현 속에 그 의미가 함축되어 있다고 볼 수 있다. 조국을 위하여 바칠 목숨이 하나밖에 없는 것을 애석하게 생각하면서도 그것을 기꺼이 바친다는 말에 박한수는 적잖이 감동을 받는다.

서재필은 손목이 잘릴 때가지 태극기를 붙잡고 있는 마셀라를 거룩한 천사로 간주하는 반면, 죄 없는 애국 소녀의 손을 자르는 일본 군인을 악마로 간주한다. 작가는 한국의 국권을 빼앗고 인권을 유린하는 일본 제국주의와 그 빼앗긴 국권을 되찾기 위하여 독립을 부르짖는 나이 어린 소녀의 갈등을 단순히 식민지 지배자와 피식민지 주민의 갈등으로 보지 않는다. 즉 세속적 차원을 뛰어넘어 종교적 차원으로 끌어올린다. 서재필은 마셀라의 영웅적인 행동을 천사의 반열에까지 올려놓는 것이다.

서재필이 이렇게 일본 경찰을 "지옥의 작은 악마들"로 묘사하는 것은 이번이 처음이 아니다. 제2장에서 박한수가 기차역 역무원을 구타한 이유로 감옥에 갇히는 장면에서 이 소설의 화자는 "자연의 치유력은 악마의 손에 입은 상처보다 더 컸다"(8)고 밝힌다. 여기에서 '악마의 손'이란 다름 아닌 전날 그에게 형벌을 가한 일본 경찰을 가리키는 제유적 표현이다. 일본 역무원을 구타함으로써 "대일본 제국에 대한 범죄"를 범하였다는 이유로 박한수는 곤봉으로 서른 대를 맞았던 것이다. 앞의 인용문에서 마셀라 정이 지옥의 악마들을 물리치는 천사라면, 이 장면에서 박한수는 일본 제국주의라는 악마한테 형벌을 받는 무력한 피식민지 주민일 뿐이다.

이러한 종교적 의미를 좀 더 쉽게 깨닫기 위해서는 위 인용문에서 "지옥의 작은 악마들"이라는 구절도 찬찬히 눈여겨볼 필요가 있다. 존 밀턴의 『실낙원』(1667)에서도 볼 수 있듯이 천상의 드라마에서는 천사가 언제나 프로타고니스트인 반면 악마는 늘 안타고니스트이다. 엄밀히 말하자면 악마는 천상에서 천사와 싸움을 벌이다가 이미 지옥으로 떨어진 상태에 있다. 지옥에 떨어진 악마들이 다시 천상에 올라와 천사와 전쟁을 벌인다고 볼 수도 있고, 천상에서 천사와 벌인 싸움에서 패배하여 현재 지옥에 떨어져 있다고 볼 수도 있다. 어느 쪽으로 해석하든 위 인용문에서 천사와 악마는 서로 이항대립적 관계에 놓여 있다.

한편 마셀라 정은 박한수한테는 천사처럼 보이지만 일본 경찰이나 군인의 편에서 보면 악마나 마녀와 다름없다. 마셀라를 군인 병영으로 끌고 간 일본군은 온갖 방법으로 그녀를 고문하며 독립운동이 미국 선교사들이 선동하고 기독교 지도자들의 도움을 받아 벌인 것이라고 자백하도록 강요한다. 그러나 아무리 고문을 하여도 마셀라가 고백을 하지 않자 고위 군인 한 사람이 "서 여사는 진짜 마녀임에 틀림없어. 공포도 전혀 느끼지 않고, 고통도 느끼지 않는 것 같으니 말이야"(45) 하고 내뱉는다. 그러면서 그녀가 무슨 마술을 부릴는지 모르니 길가에 내버려 죽게 만들라고 명령한다. 한 사람에게는 약이 되는 것이 다른 사람한테는 독이 된다는 격언도 있듯이 이렇게 박한수와 일본 군인이 마셀라를 보는 관점도 마치 하늘과 땅처럼 크게 차이가 난다.

그런데 '마녀'라는 어휘에는 '악마'에서는 느낄 수 없는 또 다른 함축적 의미가 내포되어 있다. 마녀 재판이나 마녀 사냥으로 흔히 일컫는 사건은 중세 말기부터 근대에 이르기까지 유럽과 북아메리카 일대에서 이루어졌다. 현대에는 이러한 행위를 종교적 차원보다는 심리학적인 관점으로서 집단 히스테리의 산물로 간주하기도 한다. 실제로 일본 제국주의자들은 마셀라 정 같은 독립운동가들을 마녀로 간주하기 일쑤였다. 제국주의나 식민주의에 맞서는 독립운동가들을 추적하여 검거하는 것은 곧 마녀사냥이고, 이렇게 검거한 그들을 심판하는 것은 마녀재판과 크게 다르지 않았다. 그리하여 일본 제국주의자들은 그들에게 야만적인 형벌을 가하거나 심지어 그들을 잔인하게 살해하면서도 조금도 양심의 가책을 느끼지 않았다.

서재필은 '한국의 잔 다르크'라고 할 마셀라 정을 천사의 이미지로 묘사한다면, 어떤 때에는 예수 그리스도의 이미지로 묘사하기도 한다. 그녀는 손목이 잘린 뒤 일본군 막사로 끌려가 독립운동을 일으킨 배후인물을 자백하라고 온갖 고문을 받고 마침내 의식을 잃고 마룻바닥에 쓰러지고 만다.

> [마셀라는] 몇 분 동안 몸을 꼼짝도 하지도 않고 가만히 누워 있었고, 곧 눈썹을 바르르 떨더니 천천히 눈을 떴다. 자신을 내려다보고 있는 얼굴들을 응시하는 그녀의 두 눈에는 아무런 분노도 공포도 없었다. 오히려 그녀는 저들이 무슨 짓을 하고 있는지 알지 못하는 이 타락한 사람들을 불쌍히 여기고 동정하는 표정이었다. 짐승과 같은 사람들이었지만 그들은 어떤 이상한 영향을 느끼는 듯했고, 그녀의 평온하고 침착한 시선 앞에서 주눅이 들어 몇 분 동안 침묵을 지키고 있었다. (45)

위 인용문을 읽고 있노라면 신약성서에 기록된 예수 그리스도가 십자가에 매달려 사망하는 장면이 떠오른다. "저들이 무슨 짓을 하고 있는지 알지 못하는 이 타락한 사람들을 불쌍히 여기고 동정하는 표정이었다"는 네 번째 문장은 신약성서 구절을 거의 그대로 옮겨놓은 것과 같다. 예수는 십자가에 못 박히면서도 자신을 박해하는 사람들에게 자비를 베풀었다. "아버지, 저 사람들을 용서하여 주십시오. 저 사람들은 자기네가 무슨 일을 하는지 알지 못 합니다"(「누가복음」 23장 34절) 하고 말하였던 것이다. 마셀라의 표정처럼 용서와 자비, 그리고 화해와 관용이 어쩌면 참다운 기독교의 본질일는지 모른다.

이 장면에서 마셀라 정이 예수 그리스도와 비슷하다면 서재필이 "타락한 사람들"이나 "짐승과 같은 사람들"로 묘사하는 일본 군인들은 십자가에 달린 예수를 조롱한 로마 병정과 비슷하다고 할 수 있다. 로마 병정들은 십자가에 가까이 다가가 그에게 신 포도주를 들이대면서 "네가 유대인의 왕이거든, 너나 구원하여 보아라"(23장 37절) 하고 조롱하였다. 그러면서 제비를 뽑아 예수가 입고 있던 옷을 나누어 가졌다. 예수가 사망한 뒤 백부장이 그곳에서 일어난 일을 모두 지켜보고 하나님께 영광을 돌리며 "참으로, 이 사람은 의로운 사람이었다"(23장 47절)고 감탄하였던 것이다.

이러한 기독교와 관련한 비유는 『한수의 여행』 말고도 서재필이 여러 글에서 자주 사용하는 비유에 속한다. 가령 50여 년에 이르는 미국 생활을 회고하면서 쓴 「체미 50년」이라는 글이 좋은 예가 된다. 1898년 여러 압력에 시달리며 거의 추방당하다시피하여 미국으로 돌아간 경험을 회고하면서 그는 "그러나 얼마 동안을 더 계속하여 보다가 '내가 종자를 뿌렸은즉 내가 떠난 뒤에라도 거둘[秋收] 이가 있으리라'는 생각을 품고 나는 할 일 없이 미국으로 다시 건너가기로 결심하였다"[12]고 밝힌다. 두말할 나위 없이 서재필이 이 인용문에서 인용하고 있는 구절은 바로 신약성서에 나온다. 사도 바울은 갈라디아 사람들에게 "사람은 무엇을 심든지 심은 대로 거둘 것입니다"(「갈라디아서」 6장 7절) 하고 가르친다. 불교에서는 이와 같은 뜻으로 인과응보(因果應報)라고 한다. "콩 심은 데 콩 나고 팥 심은 데 팥 난다"는 한국 속담이나, "오이 심은 데 오이 나고 콩 심은 데

12 서재필, 「체미 50년」, 민태원, 『갑신정변과 김옥균』(서울: 국제문화협회, 1947), 91~92.

콩 난다"(種瓜得瓜 種豆得豆)는 중국 속담도 이와 마찬가지이다.

실제로 서재필이 《독립신문》과 독립협회(獨立協會) 등 같은 활동에서 뿌린 씨앗은 뒷날 싹이 트고 줄기를 뻗어 근대화를 이룩하는 데 적잖이 이바지하였다. 그는 자신의 비서로 전기를 쓴 임창영(林昌榮)에게 "나는 1896~1898년 간 내가 [서울에서] 신문과 강연을 통해 [한국 사람들의] 마음 속에 심어 주려고 했던 자유애(自由愛)의 씨앗이 일제 침략자의 야수적 탄압 하에서 싹튼 것이라고 느꼈다"[13]고 밝힌 적이 있다. 미국 망명에서 첫 번째로 귀국하여 그가 뿌린 자유애의 씨앗이 싹터 자란 것이란 다름 아닌 기미독립운동을 말한다. 해방 후 미 군정청 최고고문 겸 과도입법의회 특별의정관 자격으로 귀국한 그는 김도태(金道泰)에게 "1919년 3월 1일의 대한독립만세의 우렁찬 소리는 한라산을 넘고 태평양을 건너 전 미국에 들렸다. [……] 이 소식을 들은 나는 메스를 버리고 시험관을 던지고 뛰쳐 나왔다"[14]고 3 · 1운동의 감격을 털어놓았다.

서재필이 이렇게 온갖 비유법을 구사하여 문장에 빛과 향기를 주고 의미를 쉽게 전달하는 것은 그 역사가 꽤나 오래 되었다. 가령 《독립신문》에 쓴 논설에서도 그는 자주 직유법과 은유법 등을 구사하였다. 예를 들어 1896년 5월 23일 논설에서 그는 개혁을 목수가 헌 집을 고치는 것에 빗댄다. "목슈가 헌집을 고치려면 썩은 기둥과 서까래를 갈아내야 홀 터인듸 그 기둥과 서까래를 쎽내기 젼에 새 기둥과 서까래를 준비ᄒᆞ엿다가 묵은 재목을 쎽내면서 일변으로 새 재목을 대신 집어넣어야 그 집이 무너

---

13 Channing Liem, *Philip Jaisohn* (Seoul: Kyujang Publishing Co., 1984), pp. 220~221. 서재필은 북미유학생회의 기관지에 기고한 글에서도 "한국사람들은 내분이라는 씨앗을 서로에게 뿌림으로써 수치와 비참함이라는 열매를 거두게 되었다"고 밝힌다. Philip Jaisohn, "Do You Know What Korea Expects of You?," *The Korean Student Bulletin*, July, 1925.

14 김도태, 『서재필 박사 자서전』(서울: 수선사, 1948), 249~250.

지지 않고 네 기둥이 튼튼이 선 후에 [……]" 하고 말한다. 그러면서 그는 계속하여 "죠션셔 기화ᄒᆞᆫ다고 ᄒᆞᆫ 후에 ᄒᆞᆫ 일을 보거드면 셧투른 목슈가 헌 집을 고치ᄂᆞᆫ 것과 ᄀᆞᆺ흔지라" 하고 밝힌다.[15] 개혁이나 개화 같은 막연하고 추상적 개념이 이렇게 구체적인 비유법을 사용하여 설명하면 금방 이해가 간다.

1896년 5월 21일자 《독립신문》 논설에서도 서재필이 구사하는 비유법은 빛을 내뿜는다. 자주독립을 이룩하기 위해서는 정치적 독립 못지않게 경제적 독립을 이룩하여야 한다고 믿고 있던 그는 외국이 한국에 들어와 이권에 개입하여 경제적으로 침탈하는 것을 아주 못마땅하게 생각하였다. 이렇게 외국의 이권침탈 행위를 두고 서재필은 "돈을 모아가지고 고국으로 돌아가며 죠션 흥망을 상관치 안는 외국사람은 곧 죠션에 거머리와 ᄀᆞᆺ다"[16]고 날카롭게 비판한다. 남의 나라를 경제적으로 약탈하는 외국 자본가들을 거머리에 빗대는 것이 여간 신선하지 않다. 거머리가 다른 동물에 붙어서 피를 빨아먹고 살아가는 것처럼 외국 자본가들도 다른 국가의 천연자원이라는 피를 빨아먹고 살아간다. 농민을 착취하는 탐관오리를 흔히 거머리에 빗대기도 한다.

그런가 하면 서재필은 『한수의 여행』에서 때로는 조금 지나치다고 할 만큼 문학적 상징이나 이미지를 구사하기도 한다. 예를 들어 작품 곳곳에서 달빛을 언급하는 것이 바로 그러하다. 가령 일본 군인들이 마셀라 정을 고문한 뒤 길가에 내동댕이치다시피 하였을 때 그녀를 찾아온 마이라 노먼의 얼굴에 달빛이 은은히 비친다. 이 소설의 화자는 "희미한 달빛이 미스 노먼의 얼굴에 가득 비쳤고, 마셀라는 지금 꿈을 꾸는 것이 아니라

15 《독립신문》 1896년 5월 23일자.

16 《독립신문》 1896년 5월 21일자.

정말로 친구들의 손에 있음을 깨닫고 나지막하게 안도의 한숨을 지었다" (46~47)고 밝힌다. 희미한 달빛을 받고 신비스러운 분위기를 자아내는 노먼의 얼굴은 일본 헌병한테 고문당한 마셀라가 헤매고 있는 비몽사몽의 경지에 썩 잘 어울린다.

서재필은 기미독립운동 시위가 있은 뒤 박한수가 압록강을 건너 중국에 갈 때에도 여전히 달빛을 중요한 상징적 장치로 사용한다. 며칠 밤과 낮을 잠도 제대로 자지 못하고 도보로 여행해온 주인공은 지금 지칠 대로 지쳐 있다. 바로 그때 멀지 않은 곳에 밝은 점 하나가 그의 시야에 들어온다.

> 강물이 달빛에 비쳐 반짝거리는 것인가, 아니면 환상을 본 것인가? [……] 돛단배 한 척이 창백한 달빛 아래 유령처럼 떠가고 있었고, 또 다른 한 척이 그 뒤를 따르고 있었다. 그가 언덕 꼭대기에 오르자 강이 한눈에 들어왔다. 달빛이 물 위에 반사되어 넓은 은빛 물길이 한수의 눈에는 하늘에서 내려오는 희망의 빛처럼 보였다. 그 물 위에 유령같이 조용히 떠가는 흰 돛단배들이 어쩌면 자신을 미지의 세계로 인도할 것만 같았다. (51)

노먼의 얼굴에 비친 달빛처럼 여기에서도 달빛은 이 장면의 분위기를 한껏 돋우는 데 크게 이바지한다. 마셀라와 관련한 장면이 자못 몽상적이듯이 압록강과 그 위에 떠 있는 조각배를 묘사하는 장면도 마치 꿈처럼 아련하다. 작가가 "유령처럼"이나 "유령같이"라는 표현을 두 번에 걸쳐 사용하는 것은 바로 그 때문이다. 온갖 위협을 무릅쓰고 압록강에 도착한 박한수로서는 은빛 달빛을 받으며 소리 없이 떠가는 조각배는 "하늘에서 내려오는 희망의 빛"처럼 보일 것이다. 이 배야말로 그를 어두운 현실에서 미지의 밝은 세계로 인도할 것만 같은 생각이 드는 것은 바로 그 때문이다.

서재필은 『한수의 여행』의 마지막 장면에서도 달빛의 상징과 이미지를 사용한다. 하와이 섬 호놀룰루에 잠깐 들른 뒤 박한수가 탄 배는 다시 샌프란시스코 항구를 향하여 나아간다. 이제 하루만 더 있으면 배는 이 항구에 도착할 것이다. 한수는 갑판 위에 올라가 태평양에서의 마지막 밤을 만끽하고 있다.

> 달이 막 떠오르고 있어 하늘을 밝게 비추면서 잔잔한 물 위에 반짝이는 은빛 물길을 만들고 있었다. 바람은 부드러웠고, 삶의 평화와 기쁨이 온 누리에 넘치고 있는 것 같았다. [……] 한수가 뒤를 돌아다보니 마셀라가 자기 옆에 서 있었다. 부드러운 달빛을 받아 그녀의 창백한 얼굴이 꽃처럼 아름답고 섬세하였으며, 둥글게 살이 드러나 보이는 목 언저리에 나지막하게 빗은 짙은 남빛 머리카락이 부드러운 미풍에 거의 움직이지 않았다. [……]
>
> 한수는 그녀가 달빛 아래 서 있는 모습을 보고 짜릿한 전율을 느꼈으며, 그녀의 남녘 사투리는 그의 귓가에 음악처럼 달콤하게 들렸다. (68)

이제 하루만 있으면 박한수가 마침내 "그토록 자주 꿈에 그리던 땅"(67~68)에 도착하는 마지막 장면에서 서재필은 달과 달빛의 소도구를 동원하여 분위기를 한껏 돋운다. 위 인용문에서 무려 세 번에 걸쳐 달이나 달빛을 언급하는 것만 보아도 그가 얼마나 이 이미지와 상징에 관심을 두고 있는지 쉽게 미루어볼 수 있다. 박한수가 마셀라에게 사랑을 고백하고 결혼을 청하는 이 장면에서 은은한 달빛은 그야말로 빛을 내뿜는다. 박한수가 "짜릿한 전율"을 느끼는 것도 어찌 보면 그다지 무리가 아닌 듯하다.

그러나 문제는 서재필이 이 작품에서 달이나 달빛을 조금 지나치다 싶을 만큼 자주 언급한다는 데 있다. 거의 밤을 언급할 때마다 작가는 달이나 달빛을 소도구로 사용하기 일쑤이다. 박한수가 감옥에 갇혀 있는 첫 장면에서 왜 달빛을 언급하지 않는지 의아할 정도이다. 만약 그렇게 하였더라면 독자들은 아마 주인공의 정서를 훨씬 더 효과적으로 느꼈을 것이다. 실제로 일제강점기에 쓴 문학작품을 보면 독립운동을 하다가 감옥에 갇힌 아들에게 보내는 편지에서 고향에 있는 어머니는 "네가 바라볼 달이기에 너를 보듯 달을 보았다"느니, 감옥에 갇힌 아들이 고향 어머니에게 "어머님께서 바라보실 달이기에 어머님을 뵙듯 달을 쳐다보았습니다"니 하는 구절이 가끔 나온다. 물론 앞에서 언급한 세 장면 모두에서 달이 뜰 가능성을 완전히 배제할 수는 없다. 그러나 확률로 볼 때 그러한 가능성은 아무래도 희박하다고 보아야 할 것이다.

이렇게 달과 달빛의 이미지와 상징을 사용한다는 점에서 서재필은 『춘향전』(春香傳)의 저자와 비슷하다. 고전소설의 작가도 달의 상징성과 이미지의 의미를 익히 알고 있었다. 그리하여 달이 뜨지 않는 오월 단옷날 밤인데도 둥그런 달이 하늘에 걸려 있도록 하여 이몽룡이 성춘향을 만나는 분위기를 돋운다. "삼문(三門) 밖 썩 나서 협로지간(狹路之間)에 월색이 영롱하고 [……] 춘향 문전 당도하니 인적야심(人寂夜深)한데 월색은 삼경(三更)이라. [……] 월하(月下)의 두루미는 흥을 겨워 짝 부른다"고 적는 까닭이다.

4. 서재필의 영어 구사력

'최초'라는 관용어가 붙는 작품이 흔히 그러하듯이 『한수의 여행』도 소설작품으로 미흡한 점이 한두 가지가 아니다. 서재필은 모국어가 아닌 남의 나라말로 작품을 썼기 때문에 영어 구사력에서 미숙한 곳이 가끔 눈에 띈다. 갑신정변이 실패한 뒤 1885년 그는 미국에 망명한 뒤 부지런히 영어를 습득하였다. 그리하여 사립 명문학교 해리힐먼 아카데미를 졸업할 때에는 졸업생 대표로 고별 연설을 할 정도로 성적이 뛰어났다. 이렇게 좋은 성적을 받기 위해서는 무엇보다도 영어 구사력이 뛰어나지 않으면 안 될 것이다. 그러나 『한수의 여행』에서 그가 구사하는 문어체 영어는 일상 구어체 영어와는 또 달라서 모국어처럼 자유자재로 구사할 수 없었고 아무래도 여러모로 제약을 받을 수밖에 없었을 것이다. 물론 그렇다고 그가 한국어 구사력이 영어보다 낮다는 것은 아니다. 실제로 그의 한국어 구사력보다는 오히려 영어 구사력이 뛰어났다.

서동성(徐東成)은 서재필에게 영어는 제1외국어나 제2외국어도 아닌 제3외국어였다고 밝힌다. 그에게 제1외국어는 일본어였고, 제2외국어는 러시아어였으며, 영어는 제3외국어였다는 것이다.[17] 어떤 문헌에도 서재필이 러시아어를 배웠다는 기록이 없을 뿐만 아니라 러시아에 체류한 경험도 없다. 그러한 서재필이 어떻게 러시아어를 제2외국어로 구사할 수 있었는지는 의문으로 남는다. 모르기는 몰라도 서동성이 아마 잘못 전해 들었을 가능성을 배제하기 어렵다. 물론 허구적 인물 박한수는 러시아 군대에 5년 가까이 근무하였기 때문에 러시아어를 제법 구사할 줄 안다. 또한 마셀라 정도 일본 군인한테 고문을 당하면서도 죽일 테면 빨리 죽이라고 한국어와 일본어와 영어로 각각 말하기도 한다.

영어가 모국어가 아니고 습득한 언어인 까닭에 『한수의 여행』 곳곳에서는 한국어를 직역해놓은 듯한 서툰 문장이나 영어 문법에 잘 맞지 않는 어설픈 표현을 쉽게 찾아볼 수 있다.

---

17 서동성, 「역자의 말」, 『한수의 여행』, 2.

"Farming is my work and studying is yours. I will not let you do my work at the sacrifice of your own. I command you to carry out your plan and I will mine" (4)

제1장에서 주인공의 아버지 박길민이 아들에게 하는 말이다. 밭일을 하고 피곤한 몸으로 집에 돌아온 아버지에게 한수가 오후에는 자신이 할 터이니 오후에는 집에서 쉬라는 말에 대한 대꾸이다. 영어를 모국어로 사용하는 사람이라면 위 인용문을 읽고 왠지 낯선 느낌이 들 것이다. 첫 문장은 크게 문제가 될 것이 없지만 둘째 문장과 셋째 문장은 어법적으로나 문법적으로 옳다고 하기 어렵다. "at the sacrifice of your own"라는 표현은 한국어를 서툴게 직역해놓은 것처럼 어색하다. "I hope you will not sacrifice your time for my own work"라고 하여야 무난할 것이다. 마지막 문장에서는 문제가 더욱 심각하여 적절한 영어 문장으로 보기 어렵다. 이 문장의 후반부 'I will mine'은 의미로 보자면 나는 내 계획을 잘 수행할 터이니 너는 네 계획을 잘 수행하라는 뜻인 듯하다. 그러나 문법적으로 보면 'I will command mine'이 되어 뜻이 제대로 통하지 않는다.

이렇게 영어 구사력이 어설프기는 "He is hereby sentenced to ninety blows by flogging"(7)도 마찬가지이다. 이 문장은 박한수가 일본 경찰에게 폭력을 행사하였다고 하여 경찰서에 끌려가 매를 아흔 대 맞도록 처벌을 받는 장면을 묘사한 것이다. 그냥 'flogging'이라고 하면 될 것을 서재필은 안심이 되지 않는 듯 굳이 'blows'를 덧붙여놓는다. 마치 한국계 미국 작가 중에서 미국 독자들에게 가장 널리 읽힌 김은국(金恩國, Richard E. Kim)이 『순교자』(1964)에서 "peel an apple"이라고 하면 될 것을 굳이 "peel the skin off an apple"이라고 한국어식 영어를 구사하는 것과 궤

를 같이한다.[18]

또한 "The horrors of the night in that cell were an experience which Hansu will never forget"(8) 같은 문장에서처럼 시제를 잘못 사용한 곳도 적지 않다. 'Hansu will'은 마땅히 'Hansu would'라고 하여야 문법에 맞다. 또한 "To his surprise and joy the principal was none other than his old friend, Miss Mira Norman, whom he met first on the road to Penyan"(43)에서도 'he met'는 'he had met'로 하여야 문법에 맞다. 박한수가 평양에 가는 길에 마이라 노먼을 처음 만난 것은 1911년이고, 종로경찰서 근처에서 그녀를 다시 만나는 것은 1919년이다. 그러므로 그가 노먼을 만나는 것은 무려 8년 만의 일이다. 한마디로 서재필이 이 작품에서 구사하는 영어 문장에서는 버터 냄새보다는 김치 냄새가 난다.

그런가 하면 제12장에서 마이라 노먼이 미국행 여객선에서 박한수를 만나 그에게 미국에서 유학할 수 있도록 도와주겠다고 약속하는 장면에서도 영어 구사력은 어색하고 어설프다. 특히 이 장면은 한국인이나 일본인 작중인물이 아니라 미국인 작중인물이 직접 말하는 대목이라서 더욱 문제가 된다.

> "I will give you all the assistance I can to enter a good educational institution in America," promised Miss Norman, "and I hope that some day both you and Marcella will be able to return to your native land and help your own people." (64)

18 김욱동, 『김은국』, 222~223.

첫 문장의 "to enter a good educational institution in America"라는 구절은 문법적으로 잘 들어맞지 않는다. 무엇보다도 의미상 주어가 누구인지 분명하지 않다. 위 대화 내용으로 미루어보아서는 박한수가 분명하지만 문법적으로 보자면 화자인 노먼이 된다. "당신이 미국에서 좋은 교육을 받을 수 있도록 힘닿는 데까지 도와드리겠습니다"라는 뜻이기 때문에 "I will give you all necessary assistance so that you can enter ~" 또는 "I will give you any assistance within my power for you to enter ~" 등으로 하여야 좀 더 영어답다.

그러나 이러한 몇몇 미숙한 점을 빼놓고 나면 서재필의 영어 구사력은 그런 대로 훌륭하다. 실제로 그가 모국어가 아닌 언어로써 이렇게 『한수의 여행』을 집필하였다는 것이 여간 놀랍지 않다. 사실 이러한 어색한 영어 표현은 한국에서 태어난 자란 뒤 미국에 건너간 강용흘이나 김은국 같은 작가들한테서도 마찬가지로 엿볼 수 있다. 원어민 미국 작가들과 같은 완벽한 영어 구사력은 이창래(李昌來, Chang-rae Lee) 같은 1.5세대 한국계 미국 작가들이나 돈 리(Don Lee) 같은 2세대 한국계 미국 작가들에 이르러서야 비로소 가능하게 될 것이다.

제4장

『한수의 여행』의 주제와 문체

송재(松齋) 서재필(徐載弼)이 목숨처럼 소중하게 생각하고 신앙처럼 굳게 믿던 문명개화 사상은 그 뿌리를 더듬어가다 보면 곧 바로 실학사상과 만나게 된다. 언뜻 보면 개화사상과 실학사상은 서로 이렇다 할 관련이 없는 듯하다. 그러나 좀 더 찬찬히 살펴보면 개화사상이란 실학사상이 줄기를 뻗고 가지를 쳐서 잎과 꽃을 피운 것임이 곧 밝혀진다. 19세기 말엽에서 20세기 초엽에 걸친 개화사상에는 실학파들이 부르짖은 실사구시, 부국강병, 이용후생, 통상개국, 제도개혁 등을 엿볼 수 있다. 실학사상이 임진왜란(壬辰倭亂)과 병자호란(丙子胡亂) 이후에 피폐해질 대로 피폐해진 경제 상황을 타개하기 위하여 정통 주자학을 극복한 사상이라면, 개화사상은 이러한 실학의 전통을 이어받아 서구의 근대 문물을 수용하여 근대사회가 맞부딪친 어려운 국면을 돌파하려고 한 사상이라고 할 수 있다.

물론 실학사상에서 자양분을 섭취하며 성장한 초기 개화파에는 크게 급진적 개화파와 온건적 개화파의 두 갈래로 나뉜다. 김옥균(金玉均)을 비롯한 박영효(朴泳孝)와 홍영식(洪英植) 등은 서구식 근대화를 이룩한 일본의 메이지(明治) 유신을 본받아 체제 개혁의 방법을 모색하고 있었다. 한편 김홍집(金弘集)을 비롯한 김윤식(金允植)과 어윤중(魚允中) 등은 청나라의 변법자강(變法自疆)과 같은 부분적 개혁 방식을 선호하였다. 김옥균을 사상적 스승이요 정신적 지주로 삼았던 서재필이 급진적 개혁 노선을 따르고 있었음은 두말할 나위 없다. 개화파 중에서 가장 나이가 어린 서재필은 온건적 개혁에 불만을 품고 좀 더 급진적으로 개혁을 추진하려고 하였다. 급진적 개화파에 손을 들어준 정부는 일본에 두 차례에 걸쳐 수신사를 파견하고 또다시 뒤이어 신사유람단을 파견하여 서양의 근대 과학기술을 도입하려고 하였다. 또한 청나라에도 영선사를 파견하여 외국의 문물을 적극 수용하려고 하였다.

더구나 급진적 개화파의 인물들은 실학자들이나 그들의 인맥과 깊이 관련되어 있었다. 김옥균 · 박영효 · 서광범(徐光範) · 유길준(俞吉濬) · 이동인(李東仁) 등은 모두 한때 연암(燕巖) 박지원(朴趾源)의 손자 박규수(朴珪壽)의 문하생이었다는 공통점이 있었다. 이 무렵 급진적 개화파는 서울 서대문에 자리한 봉원사(奉元寺)를 중심으로 결속하였다. 봉원사에는 개화파 승려인 이동인이 주지로 있었다. 부산 출신인 그는 어려서부터 일본말을 배워 일본 지식인들과 교류를 하고 있었고, 서양 문물에 관한 서적들을 일본에서 들여와 이 무렵 개화파들에게 제공하였다. 갑신정변(甲申政變)의 주역들이 봉원사에 비밀리 모여 서양 문물에 대한 책을 읽고 시국을 논하면서 자연스럽게 개화당을 형성하여 결속을 다지게 되었던 것이다.

뒷날 서재필이 개화의 주역이 되었을 때 그는 이렇게 직접 또는 간접으로 호흡한 실학사상을 개화의 이론적 동력으로 삼았다. 실사구시와 이용후생을 계승하되 그는 단순한 부국강병이 아닌 보국안민으로서의 민족주체사상에 무게를 실었다. 후쿠자와 유키치(福澤兪吉) 같은 일본 계몽사상가의 영향을 받는 한편, 실학의 북학파의 사상적 세례를 받으면서 서재필은 단순히 물질적인 개화뿐만 아니라 더 나아가 의식적인 개화를 추진하려고 하였다. 20세기 초엽 역사적 위기 상황에서 국민들에게 근대 의식을 일깨우고 항일운동과 자주정신을 불어넣는 길은 이 방법밖에는 없다고 생각하였다.

서재필의 이러한 개화사상은 그가 출간한 영문 소설 『한수의 여행』에도 고스란히 드러나 있다. 어떤 의미에서 이 작품은 《독립신문》을 창간하여 민중 계몽운동을 펼친 것과 곧이어서 윤치호(尹致昊) · 이상재(李商在) 등과 함께 독립협회(獨立協會)를 결성하여 개화의식을 대중화시킨 것과 궤를 같이한다. 주제나 내용으로 볼 때 이 소설은 서재필의 계몽사상과 자주독립 사상과 깊이 맞닿아 있다. 그러므로 이 작품은 20세기 초엽은 말할 것도 없고 20세기 중엽 서재필의 사상을 이해하는 데 좋은 자료가 될 수 있다. 또한 그는 특수성이나 구체성에 얽매이지 않고 한 발 더 나아가서 문학에서 필수적이라고 할 일반적이고 보편적 주제를 다루기도 한다. 한마디로 서재필은 특수성과 일반성 · 구체성과 보편성 사이에 조화와 균형을 꾀하려고 무척 노력하였다.

1. 『한수의 여행』과 항일 독립운동

서재필이 『한수의 여행』에서 다루는 가장 중요한 주제 가운데 하나는 일제 식민주의에 맞서는 항일운동이요 약육강식의 정글 법칙이 지배하는 세계 질서에서 조국을 지키는 자주와 독립이다. 한국계 미국 학자 오세웅(吳世雄, Sewoong Oh)은 이 소설의 중심적인 주제를 "일본 식민주의 통치 아래에서 한국사람이 겪는 고통"으로 파악한다. 그러면서 작가는 3 · 1운동의 기독교적인 측면을 강조한다고 지적한다.[1] 그에 앞서 서재필의 종증손자 서동성(徐東成)도 "이 책자가 미국민에게 한국을 선전하고 한국의 독립을 호소하는 홍보 활동의 한 수단"[2]이었다고 밝힌 적이 있다.

이렇듯 서재필이 이 작품을 집필하게 된 가장 중요한 동기 가운데 하나는 범민족 항일 시위인 기미독립운동을 전 세계에 널리 알리는 한편 일본 제국주의의 만행을 고발하기 위해서였다. 서동성의 지적대로 기미독립운동이 일어난 직후 서재필은 한민족의 저력을 깨닫고 문서를 통한 홍보와 선전 활동을 좀 더 적극적이고 체계적으로 전개해나가기 시작하였다. 앞 장에서 이미 밝혔듯이 그가 온갖 어려움을 딛고 영문 월간지 《코리아 리뷰》를 창간하고 여러 책자를 만들어 미국에 배포한 것은 바로 그 때문이다. 그는 『한수의 여행』을 바로 이 잡지에 연재한 뒤 단행본으로 출간하였다. 그러므로 이 작품은 이 무렵 서재필이 벌인 문서 홍보 활동의 연장선에서 이해할 수 있을 것이다.

『한수의 여행』에서 서재필은 작게는 일본이나 일본 사람에 대한 증오심에서, 크게는 일본 식민주의나 제국주의 비판에 이르기까지 일본과 관련한 것이라면 무엇이든 날카롭게 비판한다. 예를 들어 그는 한국 사람이나 서양 사람과 비교하여 일본 사람이 언제나 키가 왜소할 뿐더러 눈이 작은 인종으로 묘사한다. 일본 사람을 글자 그대로 '왜인'(倭人)이나 '왜놈'으로 부각시키려고 애쓴다. 가령 제1장 후반부에서 주인공 박한수에게 부당할 만큼 형벌을 내리는 일본 사람 경찰서장은 박한수와는 신체적 특징에서 여러모로 차이가 난다. 작가는 일본 경찰서장을 "이마가 뒤로 벗겨지고 턱과 이빨이 앞으로 튀어나오고 총알처럼 머리가 둥근 사람"[3]

---

1 Seiwoong Oh, "*Hansu's Journey* by Philip Jaisohn: The First Fiction in English from Korean America," Amerasia Journal 29: 3 (2003~2004): 51.

2 서동성, 「역자의 말」, 『한수의 여행』(서울: 보진재, 1979), 4.

3 N. H. Osia/Philip Jaisohn, *Hansu's Journey: A Korean Story* (Philadelphia: Philip Jaisohn & Company, n. d), p. 11. 이 책에서 인용은 이 텍스트에 따르고 앞으로 쪽수는 본문

으로 묘사한다. 더구나 일본 경찰서장은 "말똥말똥 빛나는 조그마한 검은 눈으로"(11) 주인공을 조롱하고 경멸하듯이 빤히 쳐다본다. 이와는 달리 박한수는 "높은 이마며 단정하고 달걀 모양의 둥그스름한 얼굴은 총명하다"(3)는 인상을 풍긴다. 또한 그는 "보통 한국사람보다 크고도 깊숙이 박힌 투명하고도 맑은 눈"(3)을 지니고 있다.

조지프 맨리 선교사를 동행하여 처음 서울을 방문한 박한수는 "경멸스러운 왜놈들"이 한국의 수도 전체를 장악한 것을 보고 적잖이 분노를 느낀다. 신성한 고궁들이며 유구한 역사를 지닌 정부 관청들이 모두 일본사람의 손에 넘어가버린 것은 그에게는 큰 충격이었다. 또한 일본 경찰은 사사건건 귀찮게 굴었고, 뭔가 물어보기라도 하면 대답 대신에 그의 뺨을 때리거나 발길질을 하기 일쑤이다.

> 한미디로 [박한수는] 자신과 일본사람들 사이에는 아무런 공통점이 없다는 사실을 본능적으로 느꼈다. 또한 일본사람들이 과연 인간인가 하는 의심이 들었다. 서울에 도착한 뒤 이틀이 채 되지 않아 일본사람들에 대한 그의 증오심은 어느 누구한테 품을 수 있는 것보다 더욱 강했다. 더구나 혐오스럽고 왜소하게 생긴 이방인들이 거만하게 우쭐대고 잘난 척하는 꼴에 그는 자제심을 잃을 정도로 비위가 거슬렸다. (24)

이 인용문에는 서재필이 일본 사람들을 얼마나 끔찍하게 싫어하는지 잘 드러나 있다. 이 장면에서 그가 화자(話者)의 입을 빌려 일본 사람들을 "혐오스럽고 왜소하게 생긴 이방인들"이라고 부른다는 점을 주목해볼 필요가 있다. 그런데 키가 작고 몸집이 왜소하다는 것은 비단 신체적 특징

안에 직접 적기로 한다.

에 그치지 않는다. 어떤 도덕적이나 정신적인 의미와 맞닿아 있다. 위 인용문에서 엿볼 수 있듯이 키가 작고 왜소한 몸집은 보는 사람에게 혐오스러운 감정을 불러일으킨다. 또한 일본 사람을 굳이 '이방인'이라고 부르는 것도 이와 같은 맥락에서 이해할 수 있다. 작가는 작품 전체를 통틀어 조지프 맨리 선교사나 미국인 선교사 마이라 노먼을 한 번도 '이방인'이라고 부르는 적이 없다. 다 같은 외국인인데도 작가는 이렇게 차별을 두는 것이다.

더구나 위 인용문에서 "일본사람들이 과연 인간인가 하는 의심이 들었다"는 문장에 이르러 일본 사람에 대한 증오심은 극에 달한다. 일본 사람들이 인간이 아니라면 짐승일 것이다. 실제로 서재필은 작품 곳곳에서 일본 사람들을 '짐승'으로 일컫는다. 예를 들어 마셀라 정을 고문하는 장면에서 작가는 "그들이 비록 짐승이었지만 [……]"(45)이라고 말한다. 이 작품에서 그가 심심치 않게 사용하는 짐승의 이미지는 주로 일본 사람과 관련이 있다. 마이라 같은 미국 사람을 '천사'로 묘사하는 것과는 엄청난 차이가 난다.

그러나 아무리 일본 사람에 대한 혐오감이 강하다고 하여도 박한수가 일본 사람을 인류의 종(種)에서 제외시키는 것은 문제가 없지 않다. 예수 그리스도를 구주로 영접하였다는 기독교인으로서 그가 '하나님의 형상'으로 빚어진 동료 인간을 인간의 범주에서 제외시키는 것은 지나치다고 아니할 수 없다. 한편 달리 생각해보면 그가 이렇게 기독교의 교리를 위반하면서까지 일본 사람을 미워한다는 사실을 말해주는 단서가 되기도 하다. 실제로 박한수가 기독교인답지 않게 행동하는 것은 비단 이번이 처음은 아니다.

예를 들어 박한수는 서울 남산에서 일본인 인부를 비인간적으로 구타하고 끈으로 꽁꽁 묶어놓는다. 이 일본인 노동자는 그에게 아무런 해를 끼치지 않는 선량한 사람이다. 돌부리에 발이 다쳐 남산 꼭대기에 있는 찻집에 짐을 나를 수 없기 때문에 그에게 짐을 날라달라고 부탁할 뿐이다. 그것도 짐을 날라주면 자신이 받기로 한 임금의 절반을 주겠다고 제의하는 것이다. 이러한 제의가 싫으면 정중하게 거절하면 될 터인데도 박한수는 일부러 "왜놈하고는 아무런 상종도 하기 싫소"(24) 하며 경멸적으로 말하면서 거절한다. 이렇게 모욕적인 말을 듣고 가만히 있을 일본 사람은 아마 거의 없을 것이다. 박한수가 숙소로 돌아와 "오 하나님, 도저히 어쩔 수 없었습니다. 오 하나님, 도저히 어쩔 수가 없었습니다!"(25)라고 기도를 드리며 용서를 비는 것을 보면 자신의 행동이 '비기독교적'이라고 생각하고 있음에 틀림없다.

언뜻 보면 엉뚱하고 사리에 맞지 않는 듯한 박한수의 행동도 일본과 일본 사람에 대한 적개심이 무척 크다는 사실을 염두에 두면 조금 이해가 간다. 예를 들어 맨리 선교사를 동행하여 서울을 방문하는 장면에서 박한수는 평소 그답지 않게 행동을 한다. 즉 맨리로부터 독일이 세계를 지배하려는 군국주의적 야심 때문에 마침내 유럽에서 전쟁을 일으켰다는 소식을 듣자 그는 몹시 흥분한다. 그러면서 그는 맨리에게 "저는 군국주의가 어디에 있든 그것과 싸우고 싶습니다. 국군주의가 우세한다는 것은 곧 모든 약소민족들이 영원히 속박 받는다는 것을 뜻하기 때문입니다"(25) 하고 열띤 어조로 말한다. 박한수의 논리에 따르면 유럽의 군국주의를 분쇄하여야 아시아의 군국주의, 즉 일본 제국주의도 막을 수 있다. 박한수의 이상한 태도를 보고 맨리는 "오늘 저녁 자네는 정상이 아닌 것 같네. 지금껏 이렇게 행동하는 것을 본 적이 없거든"(26) 하고 말하면서 숙소로 돌아가 휴식을 취하라고 권한다. 박한수는 일본과 조금이라도 관련한 것이라면 이처럼 과민한 반응을 보이는 것이다.

서재필은 식민지 종주국 일본 제국주의를 대조적으로 더욱 나쁘게 보이게 하려고 미국이나 미국 사람들을 실제 이상으로 미화하여 묘사하려는 경향이 있다. 예를 들어 작품 첫 부분에 등장하는 마이라 노먼을 비롯하여 조지프 맨리 선교사와 미국 '노던' 대학 총장 휴스턴 박사가 바로 그러하다. 이 중에서도 특히 노먼은 길거리에서 우연히 처음 박한수에게 먹을 것을 주는가 하면, 생면부지의 사람인데도 돈을 꾸어주기도 한다. 그녀는 박한수에게 "한수, 하늘에 계신 하나님 아버지 앞에는 우리 모두가 한 형제자매입니다. 그러므로 비록 인종이 다르고 국적이 달라도 우리는 서로 돕고 살아야만 합니다"(21) 하고 말한다.

노먼의 이러한 태도는 일본 사람의 태도와는 마치 물과 얼음처럼 차이가 난다. 가령 조선총독 미나미 지로(南次郎)가 내세운 내선일체(內鮮一體)는 빛 좋은 개살구 같은 이데올로기였지만 그것마저도 뒤늦게 1937년에야 나왔다. 일본이 중국 침공을 개시하자 대륙 침공에 조선을 전적으로 동원하고 이용하기 위한 정책에 지나지 않았다. 그 전까지 일본 민족은 언제나 자신들이 한국 민족보다 우월하다고 주장하였다. 또한 일본은 한국의 천연자원은 말할 것도 없고 인적 자원 등 온갖 자원을 착취하고 약탈하기 일쑤였다. 이러한 일본과 비교하여 인류는 모두 형제자매요 인종이나 국적과 관계없이 서로 돕고 살아야 한다는 노먼의 메시지는 식민지 청년 지식인 박한수에게는 그야말로 달콤한 복음처럼 들렸을 것이다.

노먼이 빌려준 돈으로 기차표를 구입하여 박한수가 기차를 타고 평양으로 갈 때 이 소설의 화자는 "그는 이 세상이 살기에 아름다운 곳이라는 결론을 내렸다"(22)고 말한다. 한 달 동안 부당하게 감옥살이를 하며 삶에 회의하고 절망한 그가 이렇게 갑자기 삶을 긍정하고 낙관적으로 생각하는 데에는 노먼의 몫이 무척 크다. 물론 태어나서 처음 타보는 기차며 차창 밖에 펼쳐지는 시골 풍경도 그에게 희망을 불어넣어주는 데 이바지하였을 것이다. 그러나 박한수가 삶을 긍정하고 낙관적으로 바라보는 데에는 무엇보다도 노먼한테서 받은 영향 때문이다. 그녀의 친절한 행동은 그동안 자신을 부당하게 구타하고 투옥시킨 일본 사람들의 행동과는 뚜렷한 대조가 된다.

일본 제국주의를 끔찍이 싫어하는 박한수는 조국의 광복과 독립을 위해서라면 무슨 일이든지 서슴지 않으려고 한다. 그의 이러한 태도는 작품 곳곳에서 엿볼 수 있지만 특히 길 목사와 함께 서울에 가는 장면에서 가장 잘 드러난다. 길 목사가 그에게 만약 자신이 사망하거든 나라를 위하여 한 목숨 바쳤다고 마을 사람들에게 전해달라고 말하자 그는 깊은 감명을 받는다. 박한수는 그에게 "만약 대의명분을 위하여 제 목숨이 도움이 된다면 저도 목사님과 함께 죽고 싶습니다"(31) 하고 말한다. 이렇듯 박한수는 조국이 일제 식민주의의 굴레에서 벗어날 수만 있다면 목숨을 초개와 같이 버릴 각오가 되어 있다.

적어도 이 점에서는 박한수와 결혼을 약속하는 마셀라 정도 크게 다르지 않다. 이제 하루만 지나면 샌프란시스코 항구에 도착하는 날 밤 그는 용기를 내어 마셀라의 손목을 잡고 그녀에게 청혼을 한다. 그러자 그녀는 그에게 한 가지 조건을 내걸고 유보적으로 그의 사랑을 받아들인다.

> "한수 씨, 저는 당신의 사랑을 받아들이되 한 가지 조건이 있습니다. 만약 당신의 사랑이 조국을 해방시키려는 당신의 성스러운 의무에 방해가 된다거나, 또는 우리 민족을 교육시키겠다는 제 계획에 지장을 준다면, 우리는 좀 더 거룩한 대의명분을 위하여 우리 행복을 희생시켜야 합니다. 그 점만 이해해 주신다면 당신에게 제 사랑을 맹세합니다." (69)

마셀라가 박한수의 청혼을 받아들이는 태도는 연인들의 일반 상식을 뛰어넘는다. 조건이나 단서를 달고 청혼을 받아들이는 것은 그다지 놀랍지 않다. 다만 그녀는 박한수에 대한 사랑보다는 조국의 해방과 독립을 먼저 생각하는 인물이다. 다시 말해서 마셀라한테 사랑은 우선순위에서 조국의 독립에 밀려난다. 물론 세계 문학사를 보면 사랑보다 조국을 선택한 작중인물이 없지 않다. 그런가 하면 사랑을 위하여 조국을 배반하는 연인도 적지 않다. 어찌 되었던 마셀라가 박한수의 청혼을 받아들이는 태도는 자못 이색적이라고 할 만하다.

마셀라의 심경을 좀 더 쉽게 이해하기 위해서는 위 인용문에서 "성스러운"과 "좀 더 거룩한"이라는 어휘를 찬찬히 눈여겨보아야 한다. '성스러운'이라는 형용사는 영어 'sacred'를, '좀 더 거룩한'이라는 비교급 형용사는 영어 'holier'를 옮긴 것이다. 세례를 받거나 안수나 서품을 받는 것 같은 종교 행사라면 몰라도 젊은 연인이 상대에게 사랑을 고백하고 청혼하는 장면에는 이러한 표현은 좀처럼 어울리지 않는다. 그런데도 작가가 이 짧은 인용문에서 종교와 관련한 형용사를 두 번이나 사용한다는 것은 그만큼 그들의 사명을 중요하게 생각하고 있다는 증거이다. 한마디로 마셀라가 일제 식민주의의 굴레에서 조국을 해방시키고 또한 교육을 통하여 민중을 계몽시키는 일을 종교적 차원에서 생각한다는 사실을 단적으로 보여주는 대목이다.

이러한 상황에서 어디까지나 개인적 차원의 감정에 속하는 사랑은 부차적일 수밖에 없다. 사랑도 '거룩한' 것일는지 모르지만 마셀라에게는 일제 식민주의에서 신음하며 고통 받고 있는 조국을 구하고 아직도 어두운 암흑에 갇혀 있는 민족에게 계몽의 빛을 주는 대의명분이 '좀 더 거룩한' 의무요 사업이다. 마셀라의 청혼 승낙을 듣고 난 뒤 박한수가 그녀에게 키스하는 모습도 사뭇 종교적이다. 이 소설의 화자는 "그는 두 손으로 그녀의 얼굴을 부드럽게, 그러나 꼭 감싸고는 떨리는 그녀의 입술에 경건하게 키스하였다"(69)고 말한다.

이렇게 사랑보다는 조국의 독립, 개인의 감정보다는 민족의 장래를 먼저 생각하는 것은 마셀라에게 청혼하는 박한수도 크게 다르지 않다. 그가 그녀에게 사랑을 고백하고 청혼하는 것은 애정 때문이라기보다는 다른 감정이 작용하기 때문이다. 박한수가 그녀를 직접 만나는 것은 이번이 겨우 두 번째일 뿐 몇 년 전 기미독립운동 시위 때 처음 보고 그 뒤로는 한 번도 만난 적이 없다. 그런데도 그는 마셀라의 용기 · 애국심 · 순결 · 기독교적 헌신 등에서 깊은 감명을 받는다. 그렇다면 마셀라뿐만 아니라 박한수도 개인의 감정보다는 국가와 민족에 대한 사랑이 앞선다고 할 수 있다.

박한수가 마셀라에게 사랑을 고백하는 태도도 일반 연인과는 사뭇 다르다. 마셀라가 조건을 달아 그의 청혼을 받아들이듯이 박한수도 청혼하면서 유보를 둔다. 그는 "우리 두 사람 모두 앞에 중대한 임무가 놓여 있지만, 만약 이 임무를 모두 수행한 뒤 다른 일을 할 시간이 남아 있다면, 보잘 것 없지만 헌신적인 제 사랑을 받아 주시겠습니까?"(69) 하고 마셀라에게 조심스럽게 묻는다. 조국과 민족을 위한 '중대한 임무'를 성취한 뒤에 비로소 남아 있는 '다른 일'이란 두말할 나위 없이 사랑과 결혼일 것이다. 물론 지금부터 백 년 가까운 과거라고는 하지만 사랑을 고백하고 청혼하는 방식 치고는 자못 완곡하고 장황하다. 어찌 되었던 적어도 사랑보다 더 소중한 임무가 있다는 사실을 깨닫고 있다는 점에서 그들은 가히 천생연분이라고 할 수 있다.

2. 자아인식 과정으로서의 여정

서재필이 『한수의 여행』에서 항일 독립운동이나 배일 감정을 다루는 것은 부정할 수 없는 사실이지만 그렇다고 지나치게 이 주제에만 국한시키는 것은 바람직하지 않다. 기미년 3·1운동을 둘러싼 일련의 사건과 이와 관련한 자주독립의 문제는 이 작품에서 아주 중요한 주제 중의 하나일 뿐이다. 엄밀히 따지고 보면 항일 독립운동과 관련한 문제는 어떤 의미에서는 좀 더 보편적이고 추상적인 주제를 다루기 위한 일종의 은유에 지나지 않는지도 모른다. 그것은 마치 해리어트 비처 스토가 『톰 아저씨의 오두막집』(1852)에서, 그 뒤 마크 트웨인이 『허클베리 핀의 모험』(1884)에서 흑인노예 해방 못지않게 인간 영혼의 해방을 부르짖는 것과 같다. 실제로 이 소설에서 주인공 박한수가 추구하는 것은 영혼의 독립이요 심리적 해방이다.

『한수의 여행』에서 가장 핵심적이라고 할 주제는 역시 'Hansu's Journey'라는 제목에서 찾아야 한다. 제목 그대로 박한수는 잠시도 쉬지 않고 한 장소에서 다른 장소로 끊임없이 움직인다. 그의 모습을 상상하고 있노라면 마치 그의 발꿈치에서 먼지가 뽀얗게 일어나는 듯하다. 서재필은 주인공이 앉아서 생각하거나 책을 읽고 있는 모습보다는 거의 언제나 분주하게 움직이고 있는 모습을 묘사한다. 작가는 작품 첫머리에서 "한수는 새로 창호지를 바른 남쪽 창가에 앉아 도덕 철학에 관한 큼직한 유가 고전 한 권을 탐독하고 있다"(3)고 밝힌다. 주인공이 차분히 앉아 책을 읽는 것은 작품 전체를 통틀어 이 장면이 유일하다. 나머지 장면에서는 언제나 한 장소에서 다른 장소로 바쁘게 움직인다.

이 작품에서 서재필이 구체적인 실제 지명에 깊은 관심을 기울인다는 점을 주목할 필요가 있다. 다른 작가 같으면 아마 생략하거나 막연히 언급할 지명까지도 그는 하나도 빼놓지 않고 일일이 열거한다. 예를 들어 박한수는 평안도 죽포에서 시작하여 평양을 거쳐 서울로, 다시 서울에서 시베리아의 항구 도시 블라디보스토크로 거처를 옮긴다. 블라디보스토크에서 시베리아 횡단철도를 타고 모스크바로, 모스크바에서 폴란드의 바르사와와 오늘날의 벨로루시에 해당하는 브레스트-리토브스크로, 이곳에서 다시 블라디보스토크로 돌아온다. 이번에는 블라디보스토크에서 다시 만주의 하르빈과 묵덴을 거쳐 평양으로, 평양에서 서울로, 서울에서 다시 죽포와 선천을 거쳐 압록강을 건너 만주(滿洲)로, 다시 목단(牧丹)을 거쳐 대한민국 임시정부가 있는 상하이(上海)로 간다. 박한수는 상하이에서 증기선을 타고 일본 나가사키(長崎)와 고베(神戶) 그리고 요코하마(橫濱)를 거쳐 마침내 태평양을 건넌다. 작품이 끝날 무렵에는 하와이에서 잠시 머문 뒤 다시 배를 타고 그가 그토록 기다리던 미국 본토의 관문 샌프란시스코 도착을 바로 눈앞에 두고 있다. 이렇듯 이 작품에서 주인공은 한반도가 위치해 있는 동북아시아에서 동유럽에 이르는 광활한 지역을 두루 여행하는 셈이다.

『한수의 여행』에서 서재필은 제목에 걸맞게 주인공 박한수가 걸어온 삶의 '여행'이나 '여정'에 초점을 맞춘다. 같은 여행이라고 하여도 영어에는 여행을 뜻하는 어휘가 여러 개 있다. 언어학자들은 엄밀히 말해서 동의어란 존재하지 않는다고 지적한다. 동일한 언어에 서로 다른 어휘가 있다는 것은 아무리 차이가 작더라도 의미에서 차이가 있기 때문이라는 것이다. 예를 들어 'journey'는 'travel'이나 'trip' 또는 'voyage'와는 함축적 의미에서 크게 차이가 난다. 다시 말해서 나머지 세 어휘와는 달리 'journey'에는 비유적 의미가 강하게 함축되어 있어 '삶의 여정'이니 '인생행로'니 하고 말할 때 자주 사용한다.

박한수가 조지프 맨리 선교사와 함께 평양에서 서울로 가는 것은 'trip'이다. 또한 그가 러시아 극동군 군인으로 시베리아 철도를 타고 유럽 전선을 향하여 가는 것은 'travel'이다. 그런가 하면 원산에서 배를 타고 블라디보스토크에 가거나 마지막 장면에서 상하이에서 여객선을 타고 일본을 거쳐 미국에 가는 것은 'voyage'라고 할 수 있다. 한편 박한수가 고향 죽포를 떠나 미국행에 이르기까지 10년 남짓 걸어온 삶의 여정은 바로 'journey'이다. 그동안 서재필 연구에 크게 이바지해온 이정식(李庭植)은 이 소설 제목을 '한수가 걸은 길'이라고 옮긴다. 그런데 그가 이렇게 제목을 의역하는 것은 이 '여행'이라는 일반적 의미보다는 이 어휘가 함축하는 상징적 의미를 부각시키기 위해서일 것이다.[4] '여행'에서는 일상성에서 벗어나 유람을 목적으로 다른 고장이나 외국에 가는 것을 뜻하지만 '길'에서는 좀 더 비유적이거나 상징적인 의미가 드러난다. "이제까지 살아온 고단한 길"이니 "인류 문명이 발전해 온 길을 돌아본다"니 하는 문장에서처럼 '길'이란 시간의 흐름에 따라 개인의 삶이나 사회적 또는 역사적 발전 따위가 전개되는 과정을 일컫는다. 또는 "배움의 길"이니 "근대화의 길"이니 "멀고 험난한 민주화의 길"처럼 한 인간이 삶을 살아가거나 사회가 발전해가는 데 지향하는 방향 · 지침 · 목적 등을 뜻하기도 한다.

17세기 영국의 작가요 침례교 설교가 존 번연은 18세기 중엽 우화적인 종교소설을 집필하면서 그 제목을 '순례자의 여정'(Pilgrim's Progress)라고 붙였다. 이 'progress'에는 앞으로 나간다는 의미가 강하지만 옛날에는 'journey'와 같은 의미로 사용하였다. 즉 이 'progress'에서도 'journey' 처럼 상징적 의미가 강하게 드러난다. 주인공 크리스천이 현세를 상징하는 '파멸의 도시'를 떠나 천국을 상징하는 '천상의 도시'를 향하여 여행하는 내용으로 되어 있다. 박한수는 무려 200여 언어로 번역되고 서양에서 성서 다음으로 많이 읽혔다는 종교소설 『천로역정』(天路歷程, 1678)의 주인공 크리스천과 닮은 점이 적지 않다. 두 인물은 삶의 여정에서 온갖

4 이정식, 『구한말의 개혁 · 독립투사 서재필』(서울: 서울대학교출판부, 2003), 304.

경험을 겪으면서 삶의 의미를 조금씩 터득해나간다. 물론 주인공 크리스천이 도달하려는 궁극적 목표는 그의 영혼이 구원받는 천국이다.

그러나 『한수의 여행』에서 주인공 박한수가 터득해가는 삶의 의미가 무엇인지는 명시적으로 겉에 드러나 있지 않다. 그에게 지리적 여정이나 공간적 이동은 곧 심리적 여정이요 정신적 여행과 크게 다르지 않다. 다시 말해서 박한수는 이러한 지리적 · 공간적 여정을 통하여 점차 삶의 의미에 대하여 귀중한 교훈을 깨닫는다. 제3장에서 감옥 생활을 하며 노역에 시달리고 있는 박한수에 대하여 화자가 언급하는 말은 시사하는 바가 자못 크다.

> 한수의 감옥 생활은 그날이 그날 같아서 아무런 변화가 없었다. 그에게 주는 음식은 똑같이 조잡하였고, 날마다 도로에서 똑같이 고된 노역에 시달렸으며, 똑같이 돌처럼 딱딱한 시멘트 바닥을 침대 삼아 잠을 자야 하였다. 그러나 그는 날마다 함께 쇠사슬에 묶여 있는 동지로부터 새로운 뭔가를 배우고 있었다. 긴 시간 노역에 시달리는 동안 김 목사는 그에게 많은 이야기를 들려주었다. (16)

위 인용문에서 무엇보다도 먼저 주목하여야 할 낱말은 "새로운 뭔가를 배우고 있었다"에서 '배우고'라는 동사이다. 서재필은 이 작품 전체에 걸쳐 주인공과 관련하여 '배우다'는 낱말은 유독 많이 사용한다. 김상설 목사의 소개로 그가 다니는 평양의 미션스쿨에 다니는 장면에서도 "그는 교육은 점점 넓어졌고, 좀 더 유용한 인물이 되었고, 학습 능력도 상당히 향상되었다"(23)고 말한다. 여기에서 '학습 능력'이라고 번역하였지만 원문 텍스트에는 'earning capacity'로 되어 있다. 모르긴 몰라도 인쇄 과정에서 'learning'에서 'l' 자가 탈락하여 'earning'이 된 것 같다. 만약 이러한 가정이 맞는다면 주인공이 학교뿐만 아니라 삶에서 학습하는 것이 무척 많다는 사실을 뒷받침하는 것이다.

이 '배우다'는 동사는 박한수가 추구하는 삶의 의미나 가치라는 자물쇠를 열 수 있는 열쇠와 같다. 더구나 위 인용문에서 그가 무엇인가 새로운 것을 배우고 있다는 사실은 그의 감옥 생활이 아무런 변화가 없이 무척 단조로운 것과는 큰 대조가 된다. 다시 말해서 주인공은 육체적으로는 큰 변화가 없지만 정신적으로는 큰 변화를 겪고 있다. 작가가 의도적으로 세 번에 걸쳐 반복하는 '똑같이'라는 말을 염두에 두면 더더욱 그러하다. 먹고 잠을 자고 노역에 동원되는 것은 날마다 단조롭게 되풀이되는 일상이지만 김 목사로부터 배우는 것은 언제나 '새롭기' 때문이다. 영어 'learn'의 어원을 보면 훨씬 분명해진다. 중세영어 'lernen'과 고대영어 'leornian'에서 갈라져 나온 이 말은 본디 책을 읽거나 생각에 잠긴다는 뜻을 지니고 있었다. 한편 독일어 'lesan'은 좀 더 구체적이어서 이삭을 줍는다는 뜻에서 갈라져 나왔다. 이러한 사정은 동양에서도 크게 다르지 않아서 한자 '學' 자는 아이들이 양손에 책을 들고 가르침을 본받아 깨우치는 모습을 그린 회의문자이다. 또한 '習' 자도 회의문자로 어린 새가 날개[羽]를 퍼드덕거려 스스로 날기를 연습하여 익히는 모습을 담고 있다.

물론 박한수가 김상설 목사한테서 배우는 것은 기독교의 복음이지만 그 범위를 좀 더 넓혀보면 삶에 관한 보편적 진리라고 하여도 크게 틀리지 않다. 주인공이 깨닫게 되는 삶의 보편적 진리가 한두 가지가 아니지만 그 중에서도 남에 대한 배려와 희생은 아마 첫 손가락에 꼽힐 것이다. 독자가 처음 그를 만날 때만 하여도 부자가 되거나 명성을 얻는 것이 그가 삶에서 추구하고 싶은 가장 중요한 목표였다. 제1장에서 박한수는 아버지에 그날 공부를 다 하였으니 오후에 아버지를 대신하여 밭에 나가 일을 하겠다고 말하자 아버지는 "농사를 짓는 일은 내 일이요, 공부를 하는 것은 네 일이야. [……] 내 일은 내가 할 터이니 너는 네 할 일이나 하도록 해라"(4) 하고 준엄하게 꾸짖는다. 그러자 박한수는 아버지의 고집과 희생정신에 한편으로는 고마운 마음을 느끼고 다른 한편으로는 송구스런 마음을 느끼면서 "내가 부자가 되고 유명해지면 그때 부모님을 행복하게 해 드려야지"(5) 하고 혼잣말로 중얼거린다.

몇 달 뒤 박한수가 서울에 있는 관립학교에 입학하기 위하여 고향을 떠날 때에도 이 소설의 화자는 주인공이 눈시울을 적시며 "하늘을 향하여 두 눈을 들어 올리고 부모님을 위하여 부디 명성과 부(富)를 얻을 수 있게 해 달라고 이름 모를 신에게 중얼거리며 기도를 올렸다"(5)고 말한다. 비록 '부모님을 위하여'라고 단서를 달고 있기는 하지만 그는 신에게 기도를 올리면서까지 부디 명성과 부를 얻게 해달라고 간절히 바란다. 작품 첫머리에서 그가 유가 경전을 탐독하는 것도 수기(修己)를 통하여 도덕적 · 윤리적 차원에서 군자로서 인격을 함양하는 것 못지않게 이 세상에 나가 명성과 권력과 부를 얻기 위해서이다.

이렇듯 박한수는 작품에 처음 등장할 때에는 개인의 영달이나 가족의 안위를 생각할 뿐 좀처럼 '나'와 '나'라는 가족의 울타리에서 크게 벗어나지 않는다. 그러나 박한수는 온갖 고통과 시련을 겪으면서 점차 가족의 울타리에서 벗어나 남에 대하여 좀 더 적극적으로 관심을 기울이기 시작한다. 그가 관심을 기울이기 시작하는 대상 중의 하나가 바로 조국이요 민족이다. 작품 첫머리에서 그는 조국이나 민족에 대해서는 이렇다 할 관심이 없다. 박한수가 조국과 민족을 처음 생각하고 그 중요성을 깨닫게 되는 것은 감옥에서 김상설 목사를 만나면서부터이다. 김 목사는 "개인의 구원은 물론이려니와 우리 민족의 운명이 이 영광스러운 신앙에 달려 있소. [……] 우리는 우리 조국을 더 사랑하게 되고, 조국을 위하여 좀 더 기꺼이 희생할 수 있을 것이오"(14) 하고 말한다. 그러나 조국을 해방시키기 위해서라면 기꺼이 목숨을 바칠 각오가 되어 있다고 말하면서도 막상 몸소 실행에 옮기지는 않는다. 다시 말해서 이 무렵 그의 애국심은 아직 이론이나 관념의 수준에 머물러 있을 뿐이다.

박한수가 민족과 조국에 본격적으로 눈을 뜨는 것은 1919년 독립만세운동을 몸소 겪으면서부터이다. 조국을 위하여 기꺼이 목숨을 바칠 각오가 되어 있는 길 목사를 만나면서 그는 이론이나 관념 수준에 머물러 있던 민족의식을 조금씩 행동으로 옮기기 시작한다. 더구나 서울 길거리 한복판에서 시위를 벌이는 마셀라 정을 만나면서 박한수의 민족의식은 완전히 깨어난다. 박한수가 민족주의자나 독립운동가로 태어나는 데 그녀는 말하자면 산파 역할을 맡는다. 마셀라는 조국과 민족에 대하여 비록 한마디 언급도 하지 않지만 기미독립운동 시위 도중 목숨을 무릅쓰고 조국 광복을 외치는 그녀의 행동은 그에게 큰 충격일 뿐만 아니라 살아 있는 값진 교훈이 된다. 압록강을 건너 만주에 도착한 그는 14개월에 걸쳐 독립운동을 좀 더 조직적으로 할 수 있도록 교회 지도자를 중심으로 단체를 만드는 한편 곳곳에 학교와 교회를 설립하여 후세 교육에 앞장선다.

타자에 대한 배려와 관심은 이 소설의 마지막 제13장에서 박한수가 마셀라 정에게 애정을 고백하면서 구혼하는 장면에서 가장 잘 드러난다. 보통 사람 같으면 아마 한쪽 손목을 잃은 마셀라를 선뜻 아내로 삼으려고 하지 않을 것이다. 그러나 박한수는 평생 동안 마셀라를 자신의 반려자로 삼아 보살피고 돌보아주기로 결심한다. 이러한 결심이 없이는 그녀에게 선뜻 사랑을 고백하고 청혼을 하지 않을 것이다. 더구나 그가 마셀라한테서 소중하게 여기는 것은 육체적 가치가 아니라 어디까지나 정신적 가치이다. 방금 앞에서 언급하였듯이 박한수가 그녀한테서 발견하는 것은 온전한 신체나 아름다운 미모가 아니라 용기와 애국심과 순결 그리고 기독교적 헌신인 것이다.

박한수의 이러한 정신적 변모를 좀 더 철학적으로 설명한다면 그는

'동일자'(同一者)로 일컫는 범주에서 점차 벗어나 '타자'(他者)에 관심과 배려에 관심을 기울이기 시작한다. 이 작품의 첫 부분에서 그는 어디까지나 '주체'의 영역 안에 군림하며 그 영역 밖에 놓여 있는 것을 흔히 '객체'로 간주하여 차별화한다. 그러나 시간이 흐르면서 박한수는 동일자와 타자, 주체와 객체 사이에 놓여 있는 높다란 장벽을 조금씩 허물기 시작한다. 이렇게 벽을 허물어버리면 버릴수록 그는 정신적으로 그만큼 성장해가는 것이다.

3. 불가지론과 회의론을 넘어서

『한수의 여행』에서 박한수가 온갖 고통을 겪고 시련을 견뎌내며 동일자와 주체의 울타리에서 벗어나 점차 타자와 객체에 대한 관심을 기울인다면, 그는 또한 점차 불가지론이나 회의론의 입장에서 벗어나기도 한다. 이것을 달리 바꾸면 그는 인식론에서 변화를 겪는다는 말이 된다. 작품 첫머리에서 그가 세계를 바라보고 인식하는 태도는 작품 뒷부분에서 그가 세계를 인식하는 태도와 조금 다르다. 살점이 여기저기 떨어져나갈 정도로 곤장을 맞고 그날 밤 감옥에 갇힌 주인공은 화자의 말대로 "평생 결코 잊지 못할 경험"(8)을 겪는다. 이렇게 그의 절망이 절정에 이른 새벽녘 통증을 느끼며 마룻바닥에 엎드려 있는 그의 귓가에 건너편 감방에서 누군가가 굵직한 바리톤 목소리로 찬송가를 부르는 소리가 들려온다. "죄짐 맡은 우리 구주 어찌 좋은 친군지 / 걱정 근심 무거운 짐 우리 주께 맡기세 [……]"로 시작하는 개신교 찬송가 487장이 바로 그것이다. 이 구슬픈 가락의 찬송가를 듣자 박한수는 이상야릇하게 마음이 차분히 가라앉으며 자신도 예수를 친구로 삼을 수 있을까 하고 생각해보기도 한다.

그런데 박한수를 그토록 감동시키는 이 찬송가를 부르는 장본인은 선주 장로교회의 목사 김상설이다. 신도들에게 예수 그리스도가 인류를 해방시키려고 이 세상에 왔다고 설교하였다고 하여 김 목사는 6개월의 언도를 선고받고 지금 감옥에 갇혀 있다.[5] 박한수의 불가지론적이고 회의론적 태도는 바로 김 목사와 이야기를 나누는 이 장면에 잘 드러나 있다. 주인공은 그가 기도하는 소리를 듣고 자신도 모르게 "예수여, 나도 구원하소서!" 하고 큰 소리로 외쳤다.

> "기도란 그 효능을 믿지 않으면 응답되지 않습니다. 더구나 당신은 예수 그리스도를 하나님의 아들로, 인류의 구세주로 믿어야만 합니다."
>
> "어떠한 증거도 없이 어떻게 그 모든 걸 믿을 수 있습니까?" 그가 물었다.
>
> "증거라고요? 성경이 바로 그 산 증거지요. 한 번 성경을 읽어 본 적이 있나요?" 하고 반문한다.
>
> "읽기는커녕 아직 구경 한 번 해 본 적이 없습니다." (10)

위 인용문 첫 문장에서 김상설이 "기도란 그 효능을 믿지 않으면 응답되지 않습니다" 하고 말하는 것은 박한수가 기독교를 믿지 않으면서도 이렇게 무의식적으로 기도한 것을 두고 일컫는 것이다. 그러면서 예수 그리스도를 하나님의 아들로뿐만 아니라 인류의 죄를 대신 걸머지고 사망한 대속자(代贖者)로 받아들이지 않으면 기도는 아무런 효력이 없다고 지적한다. 그러고 보니 서재필이 이 장면 바로 앞에서 "죄 짐 맡은 우리 구주 어찌 좋은 친군지 [……]"로 시작하는 찬송가를 언급하는 것은 우연이 아

5 이 작품의 제2장 뒷부분에서 김상설은 자신이 감옥에 갇힌 이유에 대하여 박한수에게 "하나님께 한국을 일본의 압제에서 구해 달라고 기도를 한 범죄로 여섯 달 동안 구금형 언도를 받고 지금 복역 중에 있지요"(12) 하고 밝힌다.

니다. 생각해보면 볼수록 제2장의 사건은 유기적으로 서로 연관되어 있음이 밝혀진다.

그러나 위 인용문에서 가장 핵심적인 부분은 두 번째 문장 "어떠한 증거도 없이 어떻게 그 모든 걸 믿을 수 있습니까?"라는 박한수의 반문이다. 불가지론자나 회의론자답게 그는 구체적인 증거가 없이는 아무런 사실도 믿으려고 하지 않는다. 더구나 신(神)의 존재처럼 추상적이고 관념적인 문제에 이르러서는 더더욱 그러하다. 1953년 영국의 철학자 버트런드 러셀은 한 대담에서 "불가지론자는 그리스도교를 비롯한 종교들이 관심을 두고 있는 문제, 이를테면 하느님이나 미래의 삶 같은 문제에 대한 진리를 아는 것은 불가능하다고 생각한다. 적어도 영원히 불가능하지는 않다고 하더라도 아무튼 현재로서는 불가능하다고 생각한다"[6]고 말한 적이 있다. 러셀은 이보다 훨씬 앞서 『나는 왜 기독교인이 아닌가?』(1927)라는 책을 써서 기독교 문화권인 유럽은 말할 것도 없고 동양 문화권에서도 큰 관심을 모은 적도 있다.

그런데 이 '불가지론'이나 '불가지론자'라는 용어를 처음 만들어낸 사람은 러셀이 아니라 영국의 생물학자 토머스 헉슬리이다. 찰스 다윈의 진화론을 옹호한 대변자라고 하여 흔히 '다윈의 불도그'로 일컫는 헉슬리는 1863년 "기독교의 주장대로 인간을 사랑하고 보살펴주는 하느님이 존재한다"는 증거를 전혀 찾아볼 수 없다고 말하였다. 그러나 엄밀히 말하여 러셀이나 헉슬리는 무신론자라기보다는 불가지론자에 가깝다. 신의 존재를 믿지 않는다기보다는 신의 실재란 증명할 수 없다는 입장을 취하기 때문이다.

---

6 Bertrand Russell, *The Basic Writings of Bertrand Russell*, 1903~1959, eds., Robert E. Egner and Lester E. Denonn (London: George Allen & Unwin, 1962), pp. 577~584.

신의 존재 자체를 부정하기보다는 신의 실재를 증명하기 어렵다고 생각한다는 점에서 박한수의 태도도 러셀과 비슷하다. 그는 김상설 목사에게 어떠한 증거도 없이는 신의 존재를 믿을 수 없다고 말한다. 러셀처럼 그도 신의 존재 여부에 관한 질문은 인간의 개연적 지식의 한계 너머에 있기 때문에 증명할 수 없을뿐더러 증명하려 하는 것 자체가 무의미하다는 경험주의적 태도를 취한다. 바꾸어 말해서 판단의 근거가 충분하지 않고 신을 가정하지 않고도 현실을 설명할 수 있기 때문에 신에 대한 믿음을 거부하거나 최소한 유보하는 것이 과학적으로 올바른 태도라고 생각하는 것이다.

이렇게 불가지론적이고 회의적인 태도를 취하는 박한수에게 김상설 목사가 "증거라고요? 성경이 바로 그 산 증거지요. 한 번 성경을 읽어 본 적이 있나요?"(110) 하고 반문한다. 그러자 주인공은 성경을 "읽기는커녕 아직 구경 한 번 해 본 적이 없습니다"(110) 하고 대꾸한다. 심지어 그는 신의 존재를 증명하는 데 결정적 단서요 '산 증거'라고 할 성경조차 지금껏 한 번도 눈으로 확인한 적도 없다. 성경을 읽어 그 내용을 진리로 받아들이기는커녕 성경책의 물리적인 실체조차 본 적이 없다면 신의 존재를 믿기란 거의 불가능할 것이다.

또한 김상설 목사는 좀처럼 하나님의 존재를 믿지 않으려는 박한수에게 이번에는 피조물을 증거로 들면서 그의 존재를 주장하기도 한다.

> "이 우주의 한 부분인 저 해와 달 그리고 별을 보시오" 하고 김 목사가 말하였다. "이 지구는 하나님의 창조 계획에서 보면 다만 조그마한 한 부분에 불과합니다. 그분의 전능하신 권세와 그분의 지혜로 온 세계는 질서정연한 궤도에서 돌아갑니다. 또한 그분은 전능하신 눈으로 밝은 데에서는 물론이고 어두운 데에서도 만물을 꿰뚫어 보십니다." (13)

위 인용문에서 김 목사는 광대무변한 우주가 존재해 있다면 그 우주를 만들어낸 창조주가 있을 수밖에 없다는 논리를 편다. 가령 그들이 지금 갇혀 있는 감옥이 현실적인 물체로 존재한다면, 이 감옥을 만든 사람이 반드시 있을 것이라는 논리이다. 김상설은 주인공에게 이 광활한 우주마저도 창조주의 계획에서 보면 아주 작은 부분에 지나지 않는다고 지적한다. 그런데 그가 주장하는 이론은 영국에서 감리교를 창설한 존 웨슬리와 독일의 현대 신학자 위르겐 몰트만의 창조 신학과 비슷하다. 특히 몰트만은 '창조 안에 계신 하느님'을 강조한다.

하나님의 존재는 우주의 공리(公理)이기 때문에 성경은 하나님의 존재에 대하여 말하지 않는다. 이 세상에는 하나님의 존재를 완전하게 증명할 만한 완전한 것이 없다. 그렇기 때문에 성경은 하나님의 존재에 대한 증명 없이 곧바로 "태초에 하나님이 천지를 창조하셨다"(「창세기」 1장 1절) 하고 창조를 선언한다. 신약성서에서 사도 바울은 하나님이 창조한 만물을 통하여 그의 존재를 알 수 있다고 말한다. 즉 "이 세상 창조 때로부터 하나님의 보이지 않는 속성, 곧 그분의 영원하신 능력과 신성은 사람이 그 지으신 만물을 보고서 깨닫게 되어 있습니다. 그러므로 사람들은 핑계를 댈 수가 없습니다"(「로마서」 1장 20절) 하고 밝힌다. 예술작품을 통하여 예술가를 알 수 있듯이 피조 세계를 통하여 창조주를 알 수 있다는 논리이다. 김상설 목사가 박한수를 설득하는 데 사용하는 논리는 바로 이 사도 바울의 논리이다.

이렇게 증거 없이는 하나님의 존재를 믿지 않는다는 점에서 박한수는 신약성서에 나오는 예수 그리스도의 열두 제자 중의 한 사람인 토마와 비슷하다. 「요한복음」에 따르면 토마는 예수가 부활하여 제자들에게 처음 나타났을 때 그 자리에 없었다. 다른 제자들이 그에게 "우리는 주님을 뵈었소"(20장 25절) 하고 말하자 토마는 그들에게 "나는 내 눈으로 그의 손에서 못 자국을 보고 내 손가락을 그 못 자국에 넣어 보고 또 내 손을 그의 옆구리에 넣어 보지 않고서는 믿지 못하겠소"(20장 25절) 하고 대꾸한다. 이 일이 있은 지 여드레 뒤 제자들이 모두 다시 집 안에 모여 있을 때 토마도 함께 있었다. 유대인들이 무서워 그들은 문을 굳게 잠가놓고 있었다. 그런데 예수가 갑자기 나타나 그들에게 평화의 인사를 한다. 그런 뒤 예수는 토마에게 "네 손가락을 이리 내밀어서 내 손을 만져 보고, 네 손을 내 옆구리에 넣어 보아라. 그래서 의심을 떨치고 믿음을 가져라"(20장 27절) 하고 말하였다. 토마가 예수에게 "나의 주님, 나의 하나님!" 하고 대답하자 예수가 그에게 "너는 나를 보았으므로 믿느냐? 나를 보지 않고도 믿는 사람은 복이 있다"(20장 28~29절)고 밝힌다. 다른 제자들과는 달리 토마는 이렇게 눈으로 볼 수 있고 손으로 직접 만져볼 수 있는 것만 진실이라고 믿는다.[7] 토마에게나 박한수에게나 보지 않고 만져보지 않고 증거 없이 믿는 것은 아마 글자 그대로 '맹신'(盲信)이라고 할 수밖에 없을 것이다.

김상설을 만나기 전만 하여도 박한수는 기독교나 하나님의 존재에 대해서는 까맣게 모르고 있었다. 기독교에 대하여 들은 적이 있고, 또 친구 중에는 이 종교를 믿고 미국 선교사들이 세운 학교에 다니는 사람이 있을 뿐이다. 그도 그럴 것이 이 무렵 미국을 비롯한 서양 외국 선교사들은 한반도 남쪽보다는 주로 북쪽 지방을 대상으로 삼아 선교 활동을 활발히 전개해왔기 때문이다. 한국에서 기독교는 남쪽보다는 북쪽에서 먼저 널리 전파되었다는 것은 잘 알려진 사실이다. 남쪽 지방에서는 양반 집안이 많

7 예수의 열두 제자에는 들어가지 않지만 사도 바울은 아테네의 지식인들에게 연설하면서 하나님이 "세상과 그 안에 있는 모든 것을 만드신" 분이라고 역설한다. 또한 그는 회의적인 청중에게 하나님은 인류에게 관심이 있으며 실제로 "그분은 우리 각자에게서 멀리 떨어져 계시지 않다"고 말하였다 (「사도행전」 17장 24~27절).

은 데다가 보수적이어서 서양 선교사들이 좀처럼 복음을 전할 수 없었지만, 오래전부터 중앙 정부로부터 천대를 받아오면서 정치적으로 소외된 북쪽 지방에서는 기독교가 쉽게 뿌리를 내릴 수 있었기 때문이다. 그리하여 평양을 '제2의 예루살렘'이라고 일컬을 정도로 평안도와 함경도 지방을 중심으로 기독교가 널리 전파되면서 크게 힘을 떨쳤다.[8]

그러나 박한수는 기독교에 대하여 아무것도 아는 것이 없다고 말한다. 이 소설의 화자는 이 점과 관련하여 주인공이 "[기독교]에 대하여 알아볼 기회가 전혀 없었다"(9)고 밝힌다. 여기에서 화자가 '알아볼 기회'라는 표현을 사용한다는 점에 주목할 필요가 있다. 박한수가 기독교를 신앙의 대상보다는 오히려 학문 연구의 대상으로 생각하고 있다는 증거이다. 방금 앞의 인용문에서는 '알아보다'로 쉽게 번역하였지만 원문 텍스트에서 작가가 사용하는 어휘는 'inquire'로 연구나 탐구 또는 조사 등 좀 더 학구적인 뜻이 담겨 있다.

지금까지 박한수가 기독교에 대하여 이렇다 할 연구나 탐구를 하지 않았다면 김상설 목사를 만난 뒤부터는 조금씩 그렇게 하기 시작한다. 서재필은 김 목사로 하여금 찬송가 487장을 부르게 하는 것처럼 이번에는 그에게 개신교 찬송가 318장을 부르게 한다. "예수가 우리를 부르는 소리 / 그 음성 부드러워 / 문 앞에 나와서 사면을 보며 / 우리를 기다리네 / 오라오라 방황치 말고 오라 / 죄 있는 자들아 이리로 오라 / 주 예수 앞에 오라"(15). 이 찬송가는 마치 박한수에게 기독교 신앙을 받아들이라고 간곡히 권하는 소리처럼 들린다. 실제로 이때부터 그는 조금씩 불가지론과 회의론에서 벗어나 기독교를 받아들이기 시작한다. 박한수는 김상설 목사가 몰래 건네준 성경을 간수가 없는 틈을 타 탐독한 뒤 어느 날 그에게

8 김욱동, 『김은국: 그의 삶과 문학』(서울: 서울대학교출판부, 2007), 30.

"예수의 교리가 진리라는 사실을 확신하게 되었으며 교회에 등록하여 하나님에 대한 신앙을 보이고 싶다"(16)고 고백한다. 또한 평양에서 조지프 맨리 선교사가 세운 미션스쿨에 다니면서 그는 완전히 기독교인으로 개종한다. 이 점과 관련하여 이 소설의 화자는 "그는 하나님께 자신의 마음을 바쳤고, 예수 그리스도를 구주로 고백하였다"(23)고 밝힌다.

이렇게 박한수가 기독교를 받아들인다는 것은 곧 불가지론자나 회의론자에서 신앙인으로 바뀐다는 것을 뜻한다. 예수 그리스도가 하나님의 아들이며 인류의 구세주라는 사실에 대하여 그가 김상설 목사에게 "어떠한 증거도 없이 어떻게 그 모든 걸 믿을 수 있습니까?" 하고 묻던 것과는 사뭇 대조가 된다. 이제 박한수는 눈으로 보지도 않고 손으로 만져보지도 않고서도 하나님의 존재를 믿을 뿐만 아니라 더 나아가 예수가 인류를 죄악과 파멸의 상태에서 구원하기 위하여 십자가에 처형되었다는 사실을 받아들인다. 살인하지 말라는 여섯 번째 십계명을 범하는 등 때로는 기독교인답지 않은 행동을 하기도 하지만 그는 본질적으로 기독교를 구세주로 받아들이는 크리스천임에 틀림없다. 기독교에서 말하는 용어를 빌려 말한다면 그는 이 세상에 '거듭 태어났다'고 할 수 있다.

더구나 박한수는 시간이 흐르면서 눈에 보이지 않고 손으로 만져볼 수도 없는 추상적 관념도 조금씩 믿기 시작한다. 그가 이렇게 추상적이고 관념적인 것을 받아들이는 데에는 무엇보다도 기미독립운동이 촉매 역할을 한다. 길 목사한테서는 목숨보다 소중한 민족애와 애국심을, 마셀라 정한테서는 고귀한 용기와 희생정신을, 마이라 노먼과 조지프 맨리한테서는 사해동포주의와 봉사정신을 배운다. 작품 첫머리에서 주인공은 하나님의 존재를 좀처럼 받아들일 수 없듯이 이러한 추상적이고 관념적인 것들도 쉽게 받아들일 수 없었다. 그러나 온갖 고통과 시련을 겪으면서 그는 비록 증명할 수는 없지만 이러한 소중한 가치가 존재한다는 사실을 조금씩 깨닫기 시작한다.

바로 이 점에서 박한수는 미국 작가 어니스트 헤밍웨이의 주인공 프레더릭 헨리와는 큰 차이가 난다. 『무기여 잘 있거라』(1929)에서 주인공은 추상적인 관념을 전혀 믿지 않으며 오히려 마을 이름이나 길거리 이름이 훨씬 더 구체적이라고 말한다.

> 나는 '신성하다'느니 '영광스럽다'느니 '희생'이니 하는 공허한 표현을 들으면 늘 당혹스러웠다. 우리는 때로 비를 맞으며 그러한 말들을 들었고, 크게 소리치는 말만 겨우 들릴 뿐 거의 귀에 들리지 않았다. 오랫동안 다른 포고문 위에 다시 붙여 놓은 포고문에서도 그 말들을 읽었다. 그러나 나는 신성한 것이라고는 하나도 발견하지 못하였고, 영광스럽다는 것에서는 눈을 씻고 보아도 영광이 없었으며, 희생이란 오직 고기를 땅 속에 파묻는 시카고의 도살장과 같았다. [……] '영광'이니 '명예'니 '용기'니 또는 '성스러움'이니 하는 추상적인 말들은 마을 이름이나 길거리 번지수, 강 이름, 연대(聯隊)와 날짜의 숫자와 비교해 보면 오히려 외설스럽게 느껴졌다.[9]

프레더릭은 박한수처럼 제1차 세계대전에 참전하여 전쟁의 비인간성과 참상을 목격하였지만 삶의 태도에서는 『한수의 여행』의 주인공과는 크게 다르다. 인류 역사에서 그 유례를 찾아볼 수 없는 전쟁을 겪으면서 프레더릭은 오히려 추상적이고 관념적인 것에 깊은 회의를 품는다. 그에게 서구 문명이나 문화는 한낱 '공허한 표현'으로 우아하게 장식해놓은 것에 지나지 않기 때문이다. 추상적이고 관념적인 표현의 바벨탑이 곧 서구 문명이요 문화라고 하여도 크게 틀리지 않다. 그렇기 때문에 그는 오

---

9 Ernest Hemingway, *A Farewell to Arms* (New York: Scribner Classics, 1997), p. 169.

직 손으로 만져볼 수 있고 눈으로 볼 수 있으며 귀로 들을 수 있는 것만을 진리로 받아들인다. 사물의 '구체적인 이름'에 관심을 기울이고 구체적인 감각을 지식의 근거로 삼으려고 한다. 그가 지나치다고 할 만큼 먹고 마시고 섹스에 탐닉하는 것도 따지고 보면 바로 그 때문이다. 적어도 이 점에서 프레더릭은 불가지론자요 회의론자이며 경험론자요 유물론자라고 할 수 있다.[10]

다 같이 제1차 세계대전의 '불세례'를 받았어도 박한수와 프레더릭 사이에는 인생관과 세계관에서 이렇게 큰 차이가 있다. 『무기여 잘 있거라』의 주인공과는 달리 박한수는 추상적이고 관념적인 것에 점차 무게를 싣는다. 비록 증명할 수는 없어도 그 실체를 받아들인다. 바꾸어 말해서 박한수는 경험주의자에서 점차 이상주의자로 이행한다. 작품 첫머리에서 그는 인식의 바탕이 경험에 있다고 보고, 그 경험의 내용이 곧 인식의 내용이 된다는 경험주의적 태도를 받아들인다. 처음에는 지식이란 어디까지나 경험과 증거, 특히 감각적 지각에서 비롯한다는 생각이 그의 마음을 사로잡고 있다. 다시 말해서 초경험적이며 이성적인 계기에 따른 인식을 좀처럼 인정하려고 하지 않는다. 그러나 시간이 지나고 정신적으로 성숙하면서 박한수는 이 세계에는 초경험적이고 이성에 따른 인식이 존재한다는 사실을 조금씩 깨닫기 시작하는 것이다.

4. 『한수의 여행』과 자연

요즈음 지구 온난화 문제가 첨예한 관심사로 떠오르면서 환경 위기나

10 김욱동, 『미국 소설의 이해』(서울: 소나무, 2001), 244~245.

생태계 위기가 중요한 의제가 되었다. 이 분야를 직접 다루는 자연과학에 그치지 않고 사회과학이나 심지어 문학과 철학 같은 인문과학에서도 이제 이 문제에 깊은 관심을 기울이기 시작한다. 문학가들과 철학가들은 그동안 인간을 우주의 중심으로 간주해온 인간중심주의가 오늘날의 위기를 불러온 원인 가운데 하나라고 지적한다. 다시 말해서 인간은 자신을 동일자나 주체로 생각하고 그 밖의 피조물을 타자나 객체로 간주해왔다는 것이다. 이렇게 동일자와 타자, 주체와 객체를 이항대립적으로 나누어 생각하다 보니 자연을 파괴할 수밖에 없었다고 입을 모은다. 실제로 인간이 얼마나 체계적이고 조직적으로 자연을 정복하고 지배하였느냐에 따라 문명의 순도는 그만큼 높아진다. 동양과 비교하여 서양에서 기술문명이 발달하였다는 것은 자연을 좀 더 체계적으로 지배하고 정복하였다는 것을 뜻한다.

『한수의 여행』에서 서재필이 자연에 대하여 취하는 태도는 이중적이다. 한편으로는 자연친화적인 입장을 취하고, 다른 한편으로는 여전히 인간중심주의적인 입장을 취한다. 전자의 입장은 주로 주인공 박한수한테서 엿볼 수 있고, 후자의 입장은 주로 김상설 목사한테서 엿볼 수 있다. 이 두 입장 중에서 과연 어느 쪽이 작가 서재필의 입장인지 따지는 것은 부질없는 일이다. 작가는 이 두 입장을 모두 견지한다고 보아야 할 것이다. 이 점에서 그는 완벽한 생태주의자라고 할 수는 없어도 생태주의자에 비교적 가까운 인물이다.

서재필이 자연친화적인 태도를 취하는 것은 아마 작가가 시골에서 태어나 그곳에서 어린 시절을 보냈기 때문일 것이다. 주인공 박한수도 죽포라는 이름도 없는 마을에서 태어나 청년이 될 때까지 그곳에서 성장한다. 한편 서재필이 인간중심주의적인 태도를 취하는 데에는 아마 여러 이유가 있을 것이다. 첫째, 그는 어린 시절 인간중심주의적인 유교나 유가의 전통에서 훈련을 받았다. 더러 예외가 없는 것은 아니지만 공자(孔子)는 본질적으로 인간을 우주의 중심에 올려놓았다. 둘째, 이 무렵 한국에서는 서구와는 달리 아직 산업화가 본격적으로 이루어지지 않은 상태에 있었기 때문에 지금처럼 지구 온난화 문제가 그렇게 피부에 와 닿지 않았다. 셋째, 일제강점기인 만큼 인간과 자연을 둘러싼 자연생태학보다는 식민지 종주국 주민과 피식민 주민 사이의 인간생태학이 훨씬 더 중요한 문제였다. 이 무렵 서재필에게는 하루빨리 일제 식민주의에서 벗어나는 것보다 더 시급하고 중요한 일은 없었다.

박한수는 힘들고 지칠 때마다 고향 죽포 시골마을을 머리에 떠올리며 적잖이 위안을 받는다. 그도 낭만주의자처럼 자연에게서 정신적 상처를 치유할 수 있는 힘을 찾으려고 한다. 가령 감옥에 갇힌 상태에서 한 달 동안 노역에 시달리다가 저녁이 되면 몸과 마음이 지친 채 감방에 돌아온다. 감방의 돌바닥에 엎드린 그는 "죽포 계곡 소나무 사이에 자리 잡고 있는 낡은 초가집"을 마음속에 그려보며 울분을 달래고 위안을 받는다. 그런데 여기에서 찬찬히 눈여겨볼 것은 박한수는 부모만을 생각하는 것에 그치지 않고 그가 자상하게 보살피던 짐승들까지 떠올린다는 점이다. 가령 부엌 한구석에서 졸고 있는 애완견 '노랑이'며, 헛간 문 옆에 한쪽 다리에 기대어 선 채 날갯죽지 밑에 머리를 파묻고 있는 오리며 짐승까지도 그의 관심에서 좀처럼 벗어나지 않는다. 개를 애완용으로 키우는 것은 별로 이상할 것이 없지만 그는 거위까지도 애완용으로 키우고 있다. 짐승에 대한 그의 사랑이 무척 남다르다는 사실을 알 수 있다.

박한수의 자연친화적 태도는 제3장 끝 부분에서 좀 더 분명히 드러난다. 감옥에서 풀려난 뒤 그는 평양으로 가는 도중 날이 어두워지자 농가에 들러 밥을 얻어먹고 길가 나무 밑에서 하룻밤을 지새운다.

> 그는 들종달이와 잠자리 바로 위 나무에 앉아 있는 산비둘기가 이중창으로 부르는 즐거운 노랫소리를 듣고 잠을 깼다. 아침 햇살을 흠뻑 받은 아름다운 풍경이 그의 눈에 들어왔다. 저 멀리 언덕의 등성이는 장밋빛 아지랑이 속에 푹 싸여 있었고, 발아래 골짜기 논들은 장밋빛과 금실로 테를 두른 거대한 초록색 벨벳 카펫처럼 보였다. (18)

위 인용문을 읽고 있노라면 마치 한 폭의 수채화를 보는 듯한 느낌이 든다. 온갖 색깔의 시각적 이미지와 청각적 이미지가 한데 어울려 독특한 정취를 자아낸다. 이러한 자연에 감명을 받은 듯 박한수도 자리에서 일어나 눈을 부비며 자신도 모르게 김상설 목사한테서 배운 찬송가를 부르기 시작한다. "날마다 주의 사랑이 새롭게 빛나오나니 / 자나 깨나 이 몸에 새 생명 부어주신다"(18)로 시작하는 이 찬송가 역시 서재필이 주제와 연관시켜 고심하여 선택하였음에 틀림없다. 이 소설의 화자는 주인공의 기분에 대하여 "한수는 그날 아침 지닌 며칠 동안보다 희망에 차 있었고 기분이 상쾌하였다"(19)고 밝힌다.

이 점에서 서재필은 그에 이어 한국계 미국 문학을 한 단계 올려놓은 소설가 강용흘(姜鏞訖, Younghill Kang)과 아주 비슷하다. 강용흘도 『초당』(1931)에서 자연의 소중함을 일깨우고 자연의 치유력을 높이 평가한다. 강용흘의 아호요 첫 장편소설의 제목으로 삼고 있는 '초당'(草堂)은 바로 박한수가 감옥에서 떠올리는 죽포의 고향집과 같은 초가집을 말한다. 이 작품의 주인공 한청파는 어렸을 적부터 자연에 깊은 관심을 기울인다. 주인공에게 그가 태어나 자라는 송둔지 계곡은 포근한 어머니의 품안과 같다. 때로 대자연은 인간에게 위협이 되기도 하지만 그는 거의 언제나 대자연 속에서 자양분을 얻고 위안을 받는다. 또한 개를 비롯한 동물에 대한 애정과 관심이 이만저만이 아니다. 심지어 그는 집에서 기르는 개 두 마리를 가장 가깝게 지내는 두 친구보다도 오히려 더 사랑한다고 밝히기도 한다. 사람보다 짐승을 더 좋아하는 것이 과연 윤리적으로 옳은가 하는 문제는 여기에서 그렇게 중요하지 않다. 여기에서 중요한 것은 그가 인간 못지않게 짐승을 사랑한다는 점이다.[11]

물론 그렇다고 서재필이 언제나 자연친화적인 입장을 취하는 것은 아니다. 때로는 인간과 자연 사이에 높다란 장벽을 쌓기도 한다. 바꾸어 말해서 그는 모든 피조물 가운데에서 인간을 가장 높은 반열에 올려놓는다. 김상설 목사는 박한수에게 인간은 동물과 비슷한 점이 적지 않다고 말하면서도 정신을 소유하고 있다는 점에서 동물과는 근본적으로 다르다고 못 박아 말한다.

> "인간은 [하나님의] 피조물 중의 하나로 인간의 제한된 지식으로는 이해할 수 없는 그분의 어떤 목적을 위하여 창조되었소. 인간은 그 기질과 해부학적 구조와 생리적 기능에서 우리가 동물이라고 부르는 피조물과 여러모로 비슷한 점이 많습니다. 그렇지만 하나님께서는 인간에게 동물한테는 없는 정신적 능력을 부여해 주셨소. 인간이 그분을 이해하고 지상에 그분의 왕국을 위하여 일하도록 하는 것이 그분의 의도라고 나는 믿고 있습니다." (13)

위 인용문에서 하나님이 오로지 만물의 영장인 인간에게만 정신적 능력을 부여해주었다는 김 목사의 말은 좀 더 꼼꼼히 따져보면 문제가 없지 않다는 사실이 밝혀진다. '하나님의 형상대로' 창조되었다고 하여 오직 인간만이 영혼을 지니고 있다고 판단하는 것은 옳지 않다. 그런데도 그가 이렇게 주장하는 것은 목사로서 기독교 교리에 젖어 있기 때문이다. 잘

11 김욱동, 『강용흘: 그의 삶과 문학』(서울: 서울대학교출판부, 2004), 161~177.

알려진 바와 같이 그동안 전통적인 서구 기독교에서는 영혼이 없다는 이유로 동물을 여간 홀대하지 않았다.

예를 들어 초기 기독교 교부(敎父) 가운데 한 사람인 성(聖) 아우구스티누스는 짐승을 죽이는 것에 대하여 이렇다 할 양심의 가책을 느끼지 않았다. 신약성서에는 갈릴리 호수 건너편 거라사라는 지역에서 예수 그리스도가 귀신 들린 사람을 만나 귀신을 쫓으려고 무려 2천 마리나 되는 돼지를 물속에 빠뜨려 죽이는 장면이 나온다. 이 기적과 관련하여 아우구스티누스는 "예수는 동물을 죽이고 식물을 파괴하지 않는 것이 미신의 극치라는 사실을 몸소 보여 준다. 우리 인간과 짐승과 나무 사이에는 공통적인 권리가 없다고 판단하여 그는 마귀를 돼지 떼 속에 보냈고 열매를 맺지 않는 무화과나무를 저주하여 시들게 하였기 때문이다"[12] 하고 밝힌다. 그러면서 아우구스티누스는 그리스도가 짐승을 다룰 때에는 인간을 다룰 때와는 다른 도덕 규칙을 적용하여야 한다는 점을 가르친다고 결론짓는다.

짐승이나 식물 같은 피조물을 이렇게 하찮게 여겼다는 점에서는 서구가 낳은 가장 위대한 신학자의 한 사람으로 꼽히는 성(聖) 토마스 아퀴나스도 성 아우구스티누스와 크게 다르지 않다. 아퀴나스는 크게 세 가지 이유를 들어 짐승을 사랑할 필요가 없다고 잘라 말한다. 짐승은 인간과는 달라서 선을 소유할 능력이 없고, 인간과 동료 의식을 느끼지 않으며, 그에게는 내세의 구원이 없다는 것이다. 그러므로 아퀴나스는 만약 짐승에게 베풀 동정이나 자비가 있으면 그것을 동료 인간에게 쏟을 것을 권하였다. 다만 그에게도 짐승을 잔인하게 다루면 안 되는 한 가지 이유가 한 가지 있기는 하다. 짐승을 잔인하게 다루다 보면 자칫 인간도 잔인하게 다루게 될는지 모르기 때문이다.

하느님은 모든 것을 인간의 힘에 종속시켰기 때문에 인간이 동물을 어떻게 다루든 상관이 없다. 바로 이 점에서 사도 바울이 하느님이 소에 대하여 아무런 관심이 없다고 말하였던 것이다. 하느님은 인간에게 소나 다른 짐승을 어떻게 다루는지에 대해서는 묻지 않으신다.[13]

두말할 나위 없이 여기에서 아퀴나스는 신약성서의 「고린도전서」 9장 9절에서 사도 바울이 타작 일을 하는 소에게 망을 씌우지 말라고 한 모세의 율법에 대하여 말한 내용을 언급한다. 바울은 모세가 일하는 소에게 망을 씌우지 말라고 한 것은 소를 걱정해서가 아니라 어디까지나 인간을 위해서라고 밝혔던 것이다. 한마디로 아퀴나스는 사도 바울과 마찬가지로 인간중심주의적이라는 비난을 면하기 어렵다. 이 두 사람에게는 인간이야말로 만물의 영장으로 우주의 소유주에 해당한다.

성 아우구스티누스와 토마스 아퀴나스의 이러한 기독교 세계관은 뒷날 근대 철학에서 이성주의의 정초를 닦은 르네 데카르트에게 짐승을 하찮게 여기는 빌미를 주었다. 잘 알려진 바와 같이 독실한 기독교 신자였던 데카르트는 모든 현상을 이항대립의 날카로운 작둣날 위에 세워놓고 두 동강이로 갈라놓는다. 예를 들어 물질과 영혼, 육체와 정신, 주체와 객체 따위가 바로 그것이다. 물질로 되어 있는 것은 어느 것이나 시계처럼 기계적 원칙의 지배를 받는다고 생각한다. 그러나 그는 인간에 이르러서는 큰 어려움에 부딪치고 만다. 그의 이론대로라면 궁극적으로 인간도 한낱 기계에 지나지 않기 때문이다. 이러한 이단적인 견해를 그는 인간에게 영혼을 부여함으로써 교묘히 비켜간다. 인간과는 달라서 짐승은 영혼이 없

---

12 Saint Augustine, *The Catholic and Manichaean Ways of Life*, trans. D. A. Gallagher and I. J. Gallagher (Boston: Catholic University Press, 1966), p. 102.

13 Thomas Aquinas, *Summa Theologia* II, I, Q102, art 6.

기 때문에 '자동 기계'와 다름없다고 주장한다. 가령 암소는 그에게 살아 숨 쉬는 생명체가 아니라 오직 '젖 짜는 기계'일 따름이다.

데카르트에게 한낱 '젖 짜는 기계'에 지나지 않는 암소를 죽이는 것은 전혀 죄가 되지 않는다. 성 아우구스티누스나 성 토마스 아퀴나스처럼 그도 동물에 죽이는 것에 대하여 별로 죄책감을 느끼지 않는다. 이 점과 관련하여 데카르트는 한 친구에게 보낸 편지에서 "내 견해는 동물에게 잔인하다기보다는 인간에게—적어도 피타고라스의 미신에 빠져 있지 않은 사람들에게는— 관대하다. 동물을 먹거나 죽일 때 범죄의 혐의로부터 벗어나게 해주기 때문이다"[14] 하고 밝힌다. 여기에서 데카르트가 피타고라스를 언급하는 것은 이 옛 그리스 철학자는 인간이 죽으면 그 영혼이 동물에게로 옮겨가기 때문에 동물을 잔인하게 다루어서는 안 된다고 말하였기 때문이다.

방금 앞에서 언급한 강용흘은 데카르트의 주장은 말할 것도 없고 기독교 교리에 대해서도 반기를 든다. 『초당』에서 그는 짐승한테는 영혼이 없다는 주장에 쐐기를 박는다.

> 그 개들은 얼마나 정직한 친구인가! 기독교 교리가 짐승한테는 영혼이 없다는 가르침을 듣는 것은 너무나 불행하다. 가장 똑똑한 개들은 미련하고 무감각하며 자극을 받지 못하는, 내가 알고 있는 몇몇 인간보다 더 훌륭한 영혼을 지니고 있다고 나는 믿고 있다. [……] 닭살리와 부엉이한테는 영혼이 있었다. 그들의 표정이나 동작, 장난스런 춤, 으르렁거림과 짖음 그리고 눈물을 통하여 내가 이해할 수 있는 그 영혼 말이다. 바로 그들의 눈과 코밑에 있는 입의 주름, 흔들대는 귀와 꼬리로 나에게 웅변을 하듯 말하였다. 만약 영혼에 도달함으로써 그 언어를

14 Letter to Henry More, 5 February, 1649.

좀 더 심오하게 이해하지 않고 오직 기계적으로만 이해한다면, 언어란 무슨 소용이 있단 말인가? 인간은 이해하기 어렵지만 개는 그러하지 않다.[15]

강용흘이 『초당』의 화자요 주인공인 한청파의 입을 빌려 말하는 이 주장은 김상설 목사의 주장과는 정면으로 어긋난다. 김 목사의 "하나님께서는 인간에게 동물한테는 없는 정신적 능력을 부여해 주셨소"라는 말에 아마 한청파는 "닭살리와 부엉이한테는 영혼이 있었다"는 말로 응수할 것이다. 강용흘은 이렇듯 인간과 짐승을 동일자와 타자, 주체와 객체로 구분 짓지 않는다. 그 둘은 모두 하나님의 사랑스러운 피조물일 뿐이다. 이 모두가 똑같은 하나님의 피조물이라면 그들 사이에 어떤 높고 낮음을 따질 수 없는 노릇이다. 그러므로 생태의식으로 보자면 강용흘이 서재필보다 한 수 높다고 할 수 있다.

서재필의 인간중심주의적인 세계관은 『한수의 여행』뿐만 아니라 《독립신문》에서도 찾아볼 수 있다. 1898년 1월 4일자 논설에서 그는 "천지간 만물의 가운데에 오즉 삶이 귀ᄒᆞ다 함은 총명이 있는 연고인데 총명이 한갓 남자에게만 잇ᄂᆞᆫ 거시 아니라 여자도 ᄯᅩ한 총명ᄒᆞᆫ 재질인즉 학문과 동등권을 가져 남자를 더옥 이롭게 도울지라"[16] 하고 밝힌 적이 있다. 여기에서 '삶'이란 인생 즉, 사람의 삶을 뜻한다. 다시 말해서 천지만물 중에서 인간이 가장 귀하는 것이다. 그런데 서재필의 이러한 세계관은 다름 아닌 유교에서 영향을 받은 것이다. 조선시대 사림한테서 몽학(蒙學)의 필수적인 교재로 인정받은 『동몽선습』(童蒙先習) 첫머리에는 "천지지간 만물지중 유인최귀"(天地之間 萬物之中 惟人最貴)라는 구절이 나온다. 하늘과

15 Younghill Kang, *The Grass Roof* (New York: Charles Scribner's Sons, 1931), p. 101.

16 《독립신문》 1898년 1월 4일자. 이 논설을 비롯하여 뒤에 인용하는 논설은 서재필이 썼다고 단정 지을 수는 없지만 여러 정황으로 미루어 그가 쓴 것으로 보아 크게 틀리지 않을 듯하다.

땅 사이 만물 중에서 오로지 인간만이 가장 귀하다는 말이다. 증산교에서도 "형어천지 생인 만물지중유인 최귀야"(形於天地 生人 萬物之中唯人 最貴也)라고 하여 하늘과 땅을 형상하여 사람이 생겨났나니 만물 가운데 오직 사람이 가장 존귀하다고 가르친다. 적어도 이 점에서 서재필은 가히 인간중심주의적이라는 비난을 면하기 어렵다.

5. 『한수의 여행』과 페미니즘

오랫동안 유교 질서를 숭상해온 한국에서 여성은 19세기 말엽까지도 남존여비의 굴레에 굳게 갇혀 있었다. 갑오개혁(甲午改革) 때 과부개가 등을 공인하는 등 여성의 사회적 지위가 조금 향상되었다고는 하지만 여전히 열악한 위치에 놓여 있었다. 여성 문제가 좀 더 조명을 받기 시작한 것은 동학(東學)이 시천주(侍天主)를 중심으로 한 평등사상을 주창하면서부터이다. 시기적으로는 동학보다 조금 뒤늦지만 서재필은 《독립신문》 논설에서 여성의 지위 향상 문제를 본격적으로 제기하기 시작하였다. 천하고 가난하고 무식한 사람들의 친구임을 자임하는 이 신문에서 그는 "조션 여인네들이 이렇게 사나이들에게 천대받는 것을 분히 여겨 언제까지라도 여인네들을 위하야 사나이들과 싸홈을 훌터이니 [……]" 하고 밝히면서 여성의 편에 서서 여권 신장 운동의 깃발을 높이 쳐들었다.

> 세상에 불쌍한 인생은 죠션 여편네니 [……] 여편네가 사나이보다 조금도 낮은 인생이 아닌데 사나이들이 천대하는 것슨 다름이 아니라 사나이들이 문명개화가 못되어 이치와 인졍은 싱각지 않고 자기의 팔힘만 밋고 압제ᄒᆞ랴는 것이니 어찌 야만에서 다름이 잇스리요. [……] 죠션 여편네들이 약ᄒᆞᆫ 고로 자유ᄒᆞᆫ 권이

없어졌고 대접받기를 옥에 갇힌 죄인ᄀᆞ치 ᄒᆞ니 [……][17]

위 논설에서 찬찬히 눈여겨보아야 것은 "셰상에 불쌍한 인생은 죠션 여편네니 [……]" 하는 구절이다. 서양에서도 여권 운동은 흔히 생각하는 것보다 훨씬 뒤늦게 이루어졌다. 계몽주의 사상가들이 역설한 자유와 평등의 원칙은 어디까지나 이론이었을 뿐 실제로 여성들에게는 좀처럼 적용되지 않았다. 여성 참정권 운동은 1830년대 미국에서 본격적으로 처음 일어났으며, 일백여 년의 시간이 지난 1920년대에 이르러 가까스로 참정권 청원이 통과되었다. 어찌 되었던 서재필은 이 세계의 모든 사람 중에서 조선 여성이 가장 '불쌍한' 삶을 살아간다고 말한다.

그런데 서재필은 조선 여성이 이렇게 열악한 조건 속에 살고 있는 것을 문명개화를 이루지 못하고 아직도 '야만'의 상태에 살고 있는 탓으로 돌린다. 한국 남성은 아직도 중세의 봉건적인 가치관에서 벗어나지 못하고 있기 때문이라는 것이다. 한국이 서양처럼 문명개화를 이룩하였다면 여성을 그렇게 천시하지는 않았을 것이라고 지적한다. 서재필이 문명개화를 부르짖는 데에는 여러 까닭이 있지만 여성 해방도 그 중의 하나로 꼽힌다. 여성 해방의 근거로 그는 남성과 마찬가지로 여성도 천부적인 인권을 부여받고 이 세상에 태어났을 뿐만 아니라 그 능력에서도 남성에 조금도 뒤지지 않다는 사실을 든다. "여편네가 사나이보다 조금도 낮은 인생이 아닌데 [……]"라는 구절은 이를 뒷받침한다. 여성이 남성보다 능력에서 열등하다는 것은 가부장 질서가 만들어낸 신화일 뿐 실제 사실과는 적잖이 다르다.

또한 위 인용문의 마지막 구절 "대접받기를 옥에 갇힌 죄인같이 하니

17 《독립신문》 1896년 4월 21일자.

[……]”도 주목해볼 필요가 있다. 여성이 ‘옥에 갇힌 죄인’ 같다는 것은 무엇보다도 유교의 가치 규범 때문이다. 여성은 그동안 내외법(內外法)에 따라 집안의 울타리 안에 갇혀 있었다. 유교가 국교로 자리 잡은 조선 초기부터 개화기에 이르기까지 여성은 그야말로 감옥에 갇힌 상태로 살지 않으면 안 되었다. 서재필은《독립신문》에 실린 「셰 가지 우미한 일」이라는 논설에서도 “죄인을 옥안에 ㄱ둔 것ㄱ치 부녀를 제집 안에 ㄱ두어 두고 대문 밖에를 못나가게 홀 뿐 아니라 말소리도 크게 못ᄒ게 ᄒ며 [……] 암탉이 새벽에 울면 나라가 불편혼 법이요 여인의 말소리가 대문 밖에 나가면 집안이 망ᄒᄂ 법이라 ᄒ야 입이 잇어도 능히 마음딕로 말ᄒ지 못ᄒ게 ᄒ고 발이 잇어도 능히 마음딕로 다니지 못ᄒ게 ᄒ고 눈이 잇어도 능히 마음딕로 보지도 못ᄒ게 ᄒ니 [……]”[18] 하고 밝힌다.

이렇게 가부장 질서와 남성중심주의를 비판하는 서재필의 태도는 『한수의 여행』에서도 쉽게 엿볼 수 있다. 다만 이 작품에서 그는 드러내놓고 여성의 평등이나 권익을 부르짖지 않고 우회석으로 여성의 힘이 남성 못지않다고 말할 뿐이다. 다시 말해서 여성 문제를 사실적이고 객관적으로 기술하는 신문과는 달리 이 소설에서 그는 구체적인 이미지나 상징 등을 빌려 극적으로 형상화하려고 애쓴다. 이 무렵 서재필이 저널리즘과 순수 문학 작품, 사실과 허구를 엄격히 구분지어 생각하려고 하였다는 증거이다.

『한수의 여행』에 등장하는 여성 작중인물은 모두 네 명으로 다른 소설 작품과 비교하여 그렇게 많은 편은 아니다. 이 중에서 두 여성은 직접 작품에 등장하고, 나머지 두 사람은 화자가 간접적으로 언급만 할 뿐이다. 서재필이 화자의 입을 빌려 간접적으로 언급하는 인물로는 주인공 박한수의 어머니, 그리고 마이라 노먼이 언급하는 강일한 목사의 아내가 있

18 《독립신문》 1899년 5월 31일자.

다. 물론 화자는 부상당한 마셀라 정을 정성껏 간호해주는 미국 선교사들의 아내들, 그리고 그녀가 미국에 갈 수 있도록 여권을 발급받는 데 힘써주는 한 일본 고관의 아내도 언급한다. 작가가 직접 이 소설에 등장시키는 여성 인물은 바로 미국인 여성 노먼과 노먼을 돕는 여학생 마셀라 정이다. 그런데 서재필은 전자의 여성과 후자의 여성을 뚜렷이 대조시키려고 하는 것 같다. 전자는 나이 많은 기성세대에 속하는 반면, 후자는 비교적 나이가 적은 젊은 세대에 속한다. 또한 전자가 결혼한 기혼 여성이라면 후자는 아직 결혼을 하지 않은 미혼 여성이다.

서재필이 간접적으로 언급하는 두 여성 인물은 전통적인 어머니의 모습에서 크게 벗어나지 않는다. 제1장에서 박한수가 고향을 떠나는 장면에서 그의 어머니는 아버지와 함께 초가집 문가에 서서 손을 흔들고 있다. 그 뒤 박한수는 노역에 시달려 피곤한 몸을 이끌고 감방에 돌아와 죽포에 두고 온 부모를 생각한다. 화자는 "그는 촛불 옆에 앉아 식구들의 옷을 꿰매고 있는 어머니의 모습을 보았다"(15)고 말한다. 지금 주인공이 머리에 떠올리는 어머니의 모습은 저녁식사를 마치고 난 뒤 시골 가정에서 흔히 볼 수 있는 전형적인 모습이다. 남성중심주의가 지배하는 가부장 질서에서 여성의 역할은 가족의 식생활과 의복을 책임지는 것에 국한되어 있었던 것이다.

강일한 목사의 아내는 박한수의 어머니보다는 좀 더 개화한 인물이다. 무엇보다도 남보다 먼저 기독교를 받아들여 목사의 아내가 되었다는 사실은 이 점을 뒷받침한다. 더구나 한 달에 사흘 노먼이 찾아와 마을의 여성들에게 성경을 가르칠 수 있도록 주선해준다. 노먼이 박한수에게 강 목사 아내한테서 '손님' 대접을 받는다고 말하는 것을 보면 그녀의 집에 묵으면서 성경 공부를 인도하는 것 같다. 비록 이 점을 염두에 둔다고 하더라도 강일한 목사의 아내는 박한수의 어머니와 마찬가지로 넓은 의미에서는 전통적인 한국 여성에 속한다고 볼 수 있다. 비록 다른 여성보다 문명개화되었다고는 하지만 가부장 질서 안에서 여성으로서 주어진 역할을 맡고 있을 것이기 때문이다.

한편 미국 선교사들이 운영하는 학교에서 교사 생활을 하는 노먼은 서구의 현대 여성을 상징하는 인물이다. 여성의 몸으로 고국을 떠나 교육 선교 활동을 한다는 것이 그렇게 쉽지 않았을 것이다. 특히 20세기 초엽 한국은 외국인 선교사들이 활동하기에 한국은 여러모로 열악한 조건이었다. 그런데도 노먼은 교육 선교사로서의 역할을 충실히 수행한다. 처음에는 평양이나 그 근교에 있는 미션스쿨에서 가르치다가 나중에는 서울 동대문 근처 미션스쿨에서 교장의 직책을 맡으면서 한국 근대 여성 교육에 이바지한다. 교육과 관련한 것이라면 그녀는 누구에게든지 기꺼이 도와주려고 한다. 작품 결말 부분에서 노먼은 미국 유학을 떠나는 박한수에게 "당신이 미국의 좋은 교육 기관에 입학할 수 있도록 힘닿는 데까지 도와드리겠습니다. 또한 언젠가 당신과 마셀라가 당신의 조국에 돌아가 당신 자신의 민족을 도울 수 있게 되기를 바랍니다"(64) 하고 밝힌다.

마이라 노먼이 서구의 현대 여성을 상징한다면 마셀라 정은 한국의 현대 여성을 상징하는 인물이다. 노먼의 조수나 학생으로 있으면서 그녀한테서 직접 또는 간접으로 영향을 받은 마셀라는 전통적인 한국 여성상과는 거리가 멀다. 일찍부터 기독교를 받아들일뿐더러 기독교 복음을 전하는 적극적이고 서구식 근대 교육을 받는다는 점에서도 문명개화되었다고 할 수 있다. 마셀라는 여성도 남성 못지않게 조국과 민족을 위하여 얼마든지 이바지할 수 있는 사실을 여실히 보여준다. 가령 기미독립운동 시위 장면에서 그녀는 친구들을 구타하는 일본 군인들을 일본어로 크게 나무란다.

여기에서 잠깐 '마셀라'의 이름에 대하여 살펴볼 필요가 있다. 그 많은 여성 이름 중에서 서재필이 굳이 이탈리아 이름 '마셀라'를 택한 데에는 그럴 만한 까닭이 있을 것이다. 라틴어에 뿌리를 두고 있는 이 이름은 군신(軍神) '마르셀루스'(Marcellus)의 여성형에 해당한다. '3월'을 뜻하는 영어 'March'도 이 이름에서 유래하였다. 3월이 되면 한겨울 동안 중지한 전쟁이 다시 시작하며, 새봄이 되면서 생명이 되살아나 풍요와 다산을 상징한다. 가톨릭교회에서 성인으로 숭배하는 성(聖) 마르셀라(마르첼라)는 410년 고트족이 로마를 침략하여 약탈하였을 때 숨겨놓은 재산을 털어놓도록 고문을 받고 풀려나지만 곧이어 사망하였다. 손목이 잘린 뒤 일본군 병영으로 끌려간 마셀라 정은 독립운동이 미국 선교사들과 한국 기독교 지도자들의 선동에 따른 것이라고 자백하도록 심한 고문을 받는다. 생각해보면 볼수록 마셀라 정은 성 마르셀라와 여러모로 비슷한 점이 적지 않다.

한편 'marcella'는 셔츠나 조끼를 만드는 데 주로 사용하는 흰 면직물을 가리키기도 한다. 이 어휘는 마셀라가 언제나 입고 있는 흰 저고리와 연관이 있다. 물론 이 무렵 여학생들이라면 흔히 흰 저고리를 입고 있었지만 작가는 유독 그녀가 입고 있는 흰 저고리를 여러 번 강조하여 언급한다. 마지막 장면에서도 서재필은 화자의 입을 빌려 "그녀는 부드러운 흰색 천으로 평범한 예쁜 드레스를 입고 있었고, 장식품이라고는 가느다란 푸른 리본에 달린 조그마한 금색 십자가 하나뿐이었다"(68)고 밝힌다. 그렇다면 '마셀라'라는 이름은 한편으로는 용기를 상징하고 다른 한편으로는 순결을 상징한다.

서재필은 이렇듯 마셀라 정을 한국 근대 여성 지도자의 모습으로 묘사하려고 애쓴다. 그가 상정하는 근대 여성 지도자의 모습은 그녀처럼 용기 있게 가부장 질서의 굴레에 얽매이지 않고 몸소 자아를 실천하는 여성이다. 박한수가 그녀에게 사랑을 고백하고 청혼하면서 "나는 당신의 용기를 존경하고, 당신의 애국심을 흠모하며, 당신의 순결을 명예스럽게 생각하고, 당신의 기독교적 헌신을 존경합니다"(69) 하고 밝힌다. 이 말에서 그녀의 특징을 단적으로 읽을 수 있다. 더구나 마셀라가 미국으로 유학을 떠나는 것도 자못 상징적이다. 이 무렵 신여성들은 흔히 일본이나 미국에 유학을 가서 선진 문물을 배웠다. 예를 들어 일본에 유학한 나혜석(羅蕙錫)이 그러하였고, 미국에 유학한 박인덕(朴仁德)이 그러하였으며, 스웨덴에 유학한 최영숙(崔英淑)이 그러하였다. 이밖에도 김일엽(金一葉)·김명순(金明淳)·김마리아(金瑪利亞)·최승희(崔承喜)·김활란(金活蘭) 같은 여성들도 외국에 유학하여 서구의 근대 문명을 호흡하였다. 뒷날 그들은 하나같이 조국에 돌아와 여성 지도자로서 여성 운동에 크게 이바지하였던 것이다.

제5장
『한수의 여행』과 한국 현대사

19세기 프랑스의 이론가로 근대 문학이론의 기틀을 세운 샤를 오귀스트 생트-뵈브는 일찍이 모든 문학작품이란 그 작품을 창작한 작가와 서로 깊이 연관되어 있다고 지적하였다. 작가와 작품의 상호 관계를 그는 "그 나무에 그 열매"라는 격언을 빌려 표현하였다. 서양에서 이 격언은 부모와 자식의 관계를 설명할 때 흔히 사용하지만 작가와 문학작품을 말할 때에도 마찬가지로 해당한다. 작품을 쓰는 작가가 어버이라면 그가 창작한 작품은 자식이라고 할 수 있다. 따지고 보면 문학작품이란 어디까지나 작가가 산고를 겪으며 낳은 자식이라고 하여도 크게 틀리지 않을 것이다. 세계 문학사를 들여다보면 자신의 작품을 자식에 빗대는 작가들이 적지 않다.

비교적 최근에는 영국 작가 D. H. 로런스도 작가란 자기 책 속에 "자신이 앓고 있는 병을 모두 쏟아 놓는다"고 말한 적이 있다. 물론 작가가 작품을 쓴다는 것이 그만큼 힘든 작업이라는 사실을 말한 것으로 해석할 수도 있지만 자신의 작품에 고뇌와 절망을 비롯한 삶의 흔적을 표현할 수밖에 없다는 말로 받아들일 수 있다. "그 나무에 그 열매"라는 격언이나 "자신의 작품 속에 질병을 쏟아 놓는다"는 말이나 하나같이 작가와 작품은 떼래야 뗄 수 없이 서로 깊이 관련되어 있다는 사실을 표현한 것에 지나지 않는다. 비록 정도의 차이는 있을망정 작가가 아무리 자신의 삶을 숨기려고 하여도 사정은 크게 달라지지 않는다. 작품이란 의식의 표현 못지않게 무의식이나 잠재의식의 표현이기 때문이다.

송재(松齋) 서재필(徐載弼)처럼 어떤 명시적인 목적을 염두에 두고 작품을 쓴 경우에는 더더욱 그러하다. 1919년 봄 기미독립운동이 일어난 직후 그는 일본 제국주의의 만행을 폭로하는 한편 일제 식민주의 아래 한민족이 부당하게 취급받고 있다는 사실을 전 세계에 널리 알리기 위하여 영문 소설 『한수의 여행』을 집필하였다. 다시 말해서 서재필이 이 소설을 쓴 것은 어디까지나 문서를 통한 홍보와 선전 활동의 일환이었다. 이 작품은 극단적으로 말하자면 이 무렵 그가 한국홍보국을 통하여 발행한 홍보와 선전 책자의 몸에 문학의 옷을 입힌 것과 크게 다름없었다. 물론 그렇다고 이 작품이 전혀 문학성이 없는 역사적 기록물이라는 것은 아니다. 앞 장에서 밝혔듯이 이 소설은 좁게는 한국계 미국 소설, 넓게는 한국계 미국 문학의 첫 장을 화려하게 장식하는 작품이다.

『한수의 여행』에서 서재필은 크고 작은 한국의 현대사를 다룬다. 어떤 사건들은 작품 표면에 명시적으로 드러나 있지만 다른 어떤 사건들은 작품에서 잠깐 언급만 하고 그냥 지나쳐버리거나, 아니면 빙산처럼 작품 표면에 떠올라 있는 부분보다도 수면에 잠겨 있는 부분이 더 많은 때도 있다. 어느 경우이든 서재필이 이 소설에서 다루는 역사적 사건은 19세기 말엽에서 1920년대 초엽에 이르는 한국 현대사에서 자못 중요하다. 어떤 의미에서 그는 이 작품에서 한국 현대사에서 굵직한 획을 그은 역사적 사건을 거의 모두 다룬다고 하여도 틀리지 않다.

한편 이 작품은 포스트모더니즘의 거센 기류를 타고 최근 부쩍 관심을 받고 있는 미시사(微視史)의 관점에서 읽어도 손색이 없다. 전통 역사학이 무게를 싣던 '거대담론'에 맞서 역사의 거대한 흐름에서 그동안 소외되어온 한 개인의 관점에서 현대사의 여러 문제를 다룬다는 점에서 이 작품은 가히 미시사적 성격을 지닌다. 비록 서재필은 해방을 비롯한 진보와 자유의 확대, 근대성의 발전, 평등 사회의 실현 등 추상적인 담론을 다루되 어디까지나 박한수라는 한 시골 청년의 삶을 통하여 그것을 다룬다. 이 작품은 개인의 일상사를 둘러싼 의미의 그물망을 이야기로 형상화한다는 점에서도 미시사로 읽을 수 있다. 본격적인 미시사가 문학작품에 크게 의존한다면, 문학작품인 『한수의 여행』은 역사학의 미시사에 의존하고 있는 셈이다.

1. 근대 계몽기 미국 선교사들의 활동

서재필이 『한수의 여행』에서 다루는 현대사의 여러 사건 가운데에서도 서양 선교사들의 활동은 무엇보다도 눈길을 끈다. 한국에서 기독교 선교의 뿌리는 중국 천주교회에서 조선 신자들의 청원을 받아들여 중국인 신부 주문모(周文謨)를 조선에 파견한 18세기 말엽으로 거슬러 올라간다. 그러나 이 무렵 조선에서는 이미 천주교에 대한 탄압이 시작되고 있었기 때문에 주문모 신부의 선교 활동은 처음부터 비밀리에 이루어질 수밖에 없었다. 그런데도 주문모 신부와 초기 천주교 신자들의 선교 활동으로 19세기 초엽 신자 수는 무려 1만여 명을 헤아리게 되었다. 그러는 동안 주문모 신부의 선교 활동이 조선 당국에까지 알려지자 1801년 신유박해(辛酉迫害) 때 그는 스스로 체포되어 새남터[沙南基]에서 참수 당하였다. 그러다가 1836년부터는 프랑스 파리외방전교회 소속 신부인 피에르 모방(한국

이름: 羅伯多祿)과 자크 샤스탕(한국 이름: 鄭牙各伯)과 주교 로랑 앵베르(한국 이름: 范世亨) 등이 포교 활동을 하였다.

19세기 중엽 조선에 들어온 천주교 선교사들에 이어 19세기 말엽에는 개항과 더불어 미국의 개신교 선교사들이 본격적으로 들어와 선교 활동을 벌이기 시작하였다. 개신교 선교의 계보는 1832년 네덜란드의 선교사 카를 구츨라프(중국 이름: 郭士立 또는 郭實臘) 목사가 주로 황해도와 충청도 등지의 해안에서 한문 성서를 전파하고 선교 활동을 시작한 사실에서 찾을 수 있다. 그러나 중국을 비롯한 동남아에 역점을 두고 있던 그의 선교는 오래 이어지지 못하고 끝났다. 1865년과 1866년 두 차례에 걸쳐서 영국 사람인 로버트 저메인 토머스 목사가 황해도에 발을 들여놓았지만 두 번째 조선에 진출할 때 타고 온 미국 상선 제너럴셔먼호가 화공을 당하여 전소됨으로써 순교하고 말았다. 그러나 토머스는 한국에 들어온 최초의 개신교 선교사로 꼽힌다. 한편 1865년 중국 산둥(山東)에서 그리스도 복음을 전하다가 1874년부터 조선 국경 근처에서 조선인들에게 복음을 전한 스코틀랜드 성서공회의 앨릭샌더 윌리엄슨(중국 이름: 韋廉臣) 목사, 만주 땅에서 선교 활동을 벌이고 있던 스코틀랜드 출신의 존 매킨타이어(중국 이름: 馬勤泰) 목사, 그리고 존 로스(중국 이름: 羅約翰) 목사 등도 이 무렵 성서를 통한 문서 선교 활동을 벌인 선교사들이다.

그러나 조선에 교회를 설립하는 등 좀 더 본격적인 선교 활동을 펼친 선교사들이라면 역시 1880년대 초엽부터 활약한 미국의 장로교와 감리교 선교사들이다. 먼저 감리교회에서는 1884년 6월에 존 가우처 목사의 부탁을 받은 일본 선교부의 로버트 새뮤얼 맥클레이 목사가 조선에 입국하여 선교를 개시하였다. 그 뒤를 이어 헨리 아펜젤러(한국 이름: 亞扁薛羅)를 비롯한 윌리엄 스크랜턴, 클래런스 리드(한국 이름: 李德) 등이 조선에 진출하였다. 한편 장로교회에서는 1884년 9월 중국에 있던 호러스 알렌

(한국 이름: 安連) 목사를 조선에 진출시켜 조선 선교의 문을 활짝 열었다. 그 뒤 개신교의 여러 교파에서 선교사들의 조선 진출을 적극 장려하여 선교 활동은 그야말로 눈부시게 발전하였다. 가령 미국 북장로회에서는 알렌의 뒤를 이어 호러스 G. 언더우드(한국 이름: 元杜尤)와 새뮤얼 모펫(한국 이름: 馬布三悅) 등이, 남장로회에서는 1892년 이후에 루이스 B. 테이트(한국 이름: 崔義德)와 윌리엄 레널즈 등이 조선에 진출하였다. 이밖에도 캐나다와 오스트레일리아 영국 등에서 선교사들이 속속 들어왔다. 이처럼 여러 교파의 선교사들이 우후죽순으로 한국에 진출하자 선교사들은 교파별로 선교 구역을 분할하여 선교 활동을 펼치게 되었던 것이다.

서재필이 『한수의 여행』에서 다루는 서양 선교사들은 주로 미국의 개신교 선교사들이다. 이 작품이 시간적 배경으로 삼고 있는 20세기 초엽에는 미국 선교사들이 이미 자리를 잡고 꽤 활발하게 선교 사업을 펼치고 있었다. 가령 김상설 목사가 주인공 박한수에게 감옥에서 성경책을 전해주는 것을 보면 이 무렵 한글 성경이 그런 대로 널리 보급되어 있었음을 알 수 있다. 방금 앞에서 언급한 맥킨타이어와 로스 목사 등이 19세기 말엽에 이미 성경을 한글로 번역하기 시작하였다. 그리하여 1900년 언더우드는 『신약젼셔』를 번역하여 출판하기에 이르렀다.[1] 이렇듯 선교사들은 성서 안에 담겨져 있는 말과 글로써 복음을 전파한다는 문서 선교를 처음 펼쳤다. 또한 서재필이 찬송가를 세 곡이나 삽입하는 것을 보면 이 무렵 성경 못지않게 찬송가 편찬 작업에도 상당한 진척을 이루었다.

『한수의 여행』에서 미국 선교사들의 활동은 크게 세 가지 형태로 나타난다. 첫째는 교육 사업이고, 둘째는 의료 사업이며, 셋째는 독립정신의 고취와 독립운동과 관련한 사회사업이다. 이러한 활동이 기독교의 복음

---

1 김욱동, 『번역과 한국의 근대』(서울: 소명출판사, 2009).

전파와 교세 확대에 큰 도움을 주었음은 두말할 나위가 없다. 박한수는 서울에 있는 관립학교 입학시험을 보러 가기에 앞서 잠깐 평양을 방문하려고 한다. 그 까닭은 그곳에서 공부하고 있는 친구들을 만나기 위해서이다. 이 점과 관련하여 이 소설의 화자는 "그는 미국 선교사들이 운영하는 기독교 학교 중 하나에서 공부하는 남자친구 몇 명을 만날 생각이었다"[2] 고 밝힌다. '기독교 학교 중 하나'라고 말하는 것을 보면 이 무렵 평양에는 미국 선교사들이 운영하는 미션스쿨이 여러 개 있었다는 사실을 알 수 있다. 가령 1886년에 미국 선교사들이 한국 최초로 서울에 세운 미션스쿨 배재(培栽)학당에 이어 평양에도 기독교 계통의 학교를 설립하기 시작하였다. 예를 들어 1897년에는 미국 북장로회 선교사 윌리엄 M. 베어드(한국 이름: 裵緯良)가 평양에 있는 자신의 집 사랑방에 학교를 세웠다. 학생 열세 명으로 출발한 이 조그만 사랑방 교실이 1900년에는 중등교육기관인 숭실(崇實)학당으로 발전하였고, 그로부터 5년 뒤에는 근대적 교육기관인 숭실중학교와 숭실대학으로 성장하였다. 숭실학교와 숭덕(崇德)학교가 미국 장로회 선교사들이 설립하여 운영하는 학교라면, 광성(光成)학교와 정의(正義)여자학교는 감리교 평양 선교부에서 설립하여 운영하는 학교였다.

박한수의 친구들이 다닌다는 평양의 미션스쿨은 아마 이러한 학교 중의 하나임에 틀림없다. 또한 미국인 여성 마이라 노먼이 가르친다는 학교도 평양이나 그 근교에 미국 선교사들이 설립하여 운영하는 미션스쿨 중의 하나일 것이다. 미혼 여성인 그녀도 다른 남성과 마찬가지로 한국에서 교육 선교 사업을 하고 있다. 더구나 박한수는 김상설 목사의 소개로 직

---

2 N. H. Osia/Philip Jaisohn, *Hansu's Journey: A Korean Story* (Philadelphia: Philip Jaisohn & Company, n. d), p. 5. 이 책에서 인용은 이 텍스트에 따르고 앞으로 쪽수는 본문 안에 직접 적기로 한다.

접 평양에 있는 미션스쿨에 입학하여 서양식 근대 교육을 받는다. 이 학교를 설립하고 교장으로 있는 조지프 맨리는 바로 한국에서 교육 사업에 종사하는 선교사 중의 한 사람이다. 그런데 김상설 목사가 장로교 목사인 점을 고려하면 맨리가 운영하는 학교는 미국 장로교 선교부에서 세운 학교일 가능성이 아주 높다.

여기에서 한 가지 주목할 것은 마셀라 정이 어느 학교에 다녔는가 하는 점이다. 미스 노먼의 조수로 일하고 있는 것으로 보아 역시 그녀가 가르치는 미션스쿨에 다니고 있는 것을 볼 수 있다. 노먼은 방금 앞에 언급한 요한신학교나 평양여자고등성경학교에서 가르치고 있을는지도 모른다. 한편 이 무렵 여성 선교에 관심을 기울인 선교사들이 남자 학교 못지않게 여자 학교를 많이 세웠다는 점을 생각하면 평양의 다른 학교에 다니고 있을 가능성도 배제할 수 없다. 가령 1897년 늦가을 그레이엄 리(한국 이름: 李吉咸) 목사는 여성 교육의 깃발을 높이 들고 평양성 한 모퉁이 자신의 집에 예수교소학교를 열었다. 이 학교는 뒷날 새뮤얼 모펫 목사의 도움으로 숭의(崇義)여학교로 발전하여 숭실학교와 숭실대학교와 함께 이른바 '삼숭'(三崇)의 하나로 자리 잡았다.

그런데 이 무렵 미국 선교사들이 설립하고 운영한 미션스쿨은 1907년 또는 1908년에 안창호(安昌浩)가 설립한 대성(大成)학교 같은 민족주의 교육기관과 더불어 한국 근대 교육에 크게 이바지하였다. 방금 앞에서 예로 든 숭실학교와 숭의여학교만 같아도 진리와 봉사를 건학 이념으로 삼고, 기독교 정신과 새로운 학문을 습득하게 하여 한민족과 인류 사회의 평화와 번영에 봉사하는 인재를 양성하는 데 교육 목표를 두고 있었다. 1938년 일제의 종교 탄압에 항거하면서 폐교하기까지 숭실은 민족 대학으로서 양심과 자긍심을 지키면서 많은 민족 지도자들을 배출하기도 하였다. 독립선언서에 서명한 33인 가운데 세 명이 숭실 출신이며, 조만식(曺晩植)

을 비롯하여 '105인 사건'을 주도한 많은 민족지도자들이 이 학교 출신이었다.

『한수의 여행』의 주인공 박한수도 미국 개신교 선교사들이 세운 미션스쿨의 영향을 적잖이 받았다고 할 수 있다. 특히 그는 미국에 유학하여 좀 더 본격적으로 서구식 교육을 받고 싶어 한다. 평양에 있는 미션스쿨을 다닐 때 마이라 노먼이 그에게 장래 계획을 묻자 그는 "어떤 필생의 일에 전념하기 전에 미국에 건너가 고등교육을 받고 싶다"(23)고 밝힌다. 기미독립운동이 일어나고 만주에서 교포를 위하여 헌신적으로 봉사한 뒤에도 그는 몇몇 동포한테도 똑같은 계획을 피력한다. 만약 그가 처음 계획대로 서울에 있는 관립학교에 다녔더라면 아마 그는 이 작품에서 볼 수 있는 그와는 다른 인물로 성장하였을 것이다.

이 무렵 미국 개신교 선교사들은 일반 학교뿐만 아니라 성경학교와 신학교 같은 복음 전파를 위한 특수학교를 설립하여 운영하기도 하였다. 선교사들의 궁극적인 목표는 어디까지나 기독교 복음을 전파하는 것이라는 사실을 생각할 때 그들이 이러한 학교에 관심을 기울였던 것은 어쩌면 당연한 일이다. 미국 감리교 선교사들은 남녀 교역자 양성기관인 요한신학교와 평양여자고등성경학교와 함께 특수 교육기관으로 맹아학교를 운영하였다. 마이라 노먼이 일주일에 세 번씩 방문하여 가르치는 성경반은 아직 정식 학교는 아니지만 앞으로 그러한 학교로 발전할 것이다.

김상설 목사가 졸업하였다는 평양신학교는 1901년 선교사 마포삼열이 초대 교장을 맡아 평양의 사택에서 개교한 장로교 신학교이다. 그 뒤 장로회 공의회로부터 '평양연합신학교'라는 명칭으로 정식 승인을 받아 1907년 길선주(吉善宙) · 방기창 (邦基昌) · 서경조(徐景祚) · 송인서(宋麟瑞) · 이기풍(李基豊) · 양전백(梁甸伯) · 한석진(韓錫晋) 등 제1기 졸업생 일곱 명을 배출하였다. 한국 최초의 장로교 목사가 된 그들은 한국 기독교사에서 초기 교회 지도자로서 외국 선교사들이 뿌린 선교의 씨앗을 싹트고 자라게 하는 데 크게 이바지하였다.

또한 김상설에 대하여 마이라 노먼이 박한수에게 선천에 있는 남자 학교 학생이었다고 밝힌다는 점도 눈여겨보아야 한다. 평안북도 선천도 일찍이 1898년 미국 선교사 노먼 휘트모어(한국 이름: 魏大模)가 선교 거주지로 정하고 정착하여 포교를 한 곳이다. 1906년 4월 휘트모어는 미국 북장로회 선교부의 지원으로 양전백을 비롯한 한국 교회 지도자들과 함께 선천중앙교회를 모태로 이곳에 중등교육 과정의 신성(神聖)학교를 설립하였다. 김상설이 평양신학교를 졸업하는 것을 보면 어쩌면 그도 이 신성학교를 졸업하였는지도 모른다. 독립운동가들 중에는 공산 정권에서 희생당한 목사 원성덕(元聖德)이나 한국계 미국 이민 자서전 작가 고태원(高泰媛, Taiwon Koh)의 아버지 김선량(金善亮)처럼 이 학교 출신이 적지 않았다.[3]

한편 미국 선교사들은 교육 사업뿐만 아니라 의료 사업에도 깊은 관심을 기울이고 있었다. 1885년 4월 호러스 알렌이 서울 재동에 광혜원(廣惠院)을 설립하였다. 이 무렵 이 병원은 조선 정부와 미국 선교부가 공동으로 운영하는 협동 의료기관의 성격을 띠고 있었다. 조선 정부는 병원 건물과 제반 설비 그리고 관리 운영의 경상비를 책임지는 한편, 자선 기관인 미국 북장로회 해외 선교본부가 의료 인력을 파견하여 실질적인 병원 운영을 맡았다. 선교사들은 광혜원을 설립하면서 기독교에 반대하던 요인을 한꺼번에 해소할 수 있었고, 더구나 뒷날 서양 선교사들이 조선에 진출하는 데 교두보 역할을 맡았다. 미국 개신교 선교사들이 펼친 의료 사업은 이렇듯 기독교 복음을 널리 전하는 데 적잖이 이바지하였다.

3 김욱동, 「고태원의 『곰바위의 쓴 과일』: 자서전과 문학과 역사」, 《탈경계 인문학》, 제2권 2호(2009년 6월), 72~73.

서재필은 『한수의 여행』에서 이러한 미국 의료 선교사의 활동도 언급한다. 물론 이 작품에서 의료 사업은 교육 사업처럼 그렇게 분명하게 드러나 있지는 않는다. 그러나 의료 사업 또한 20세기 초엽 선교사들의 활동을 연구하는 데 자못 중요하다. 제9장에서 작가는 마이라 노먼이 부상당한 마셀라 정을 찾아올 때 '웰스'라는 미국인 남성을 데리고 오는 것으로 묘사한다. 이 작품을 한글로 번역한 서재필의 종증손자 서동성(徐東成)은 영어 원문의 'Dr. Wells'를 '웰스 박사'로 번역하였다. 그러나 여러 정황을 미루어보면 여기에서 그는 '웰스 박사'보다는 '웰스 의사'로 옮겨야 한다.[4] 미스 노먼이 이 미국 사람을 데리고 오는 것은 바로 마셀라를 치료하기 위해서이다.

> 웰스 의사는 [마셀라]의 맥박을 짚어 보았지만 맥박이 거의 뛰지 않았다. 그는 한수더러 물을 떠 오라고 하고는 약 상자에서 조그마한 알약을 하나 꺼내 물에 탔다. 그 액체를 그녀의 팔에 피하주사를 놓고는 찬물로 그녀의 얼굴을 닦았다. 몇 분이 지나자 마셀라는 눈을 뜨고 그녀가 가장 아끼는 미국 친구들의 근심에 찬 얼굴을 알아보았다. (46)

웰스가 약 상자를 가지고 다닌다든지 주사를 놓는다든지 하면서 마셀

---

4 서동성, 「역자의 말」, 서재필 지음, 서동성 옮김, 『한수의 여행』(서울: 보진재, 1997), 54, 55, 56. 이러한 문제는 비단 작중인물 웰스에게만 해당하지 않고 이 소설의 작가 서재필한테도 마찬가지로 해당한다. 서재필을 비판적으로 보려는 수정주의 역사학자들은 서재필이 박사가 아닌데도 박사로 행세하고 다녔다고 지적한다. 그러나 서재필은 자신을 박사로 부른 적이 한 번도 없었다. 'Dr. Philip Jaisohn'을 번역하는 과정에서 '서재필 의사'가 아닌 '서재필 박사'로 옮기면서 생긴 실수일 뿐이다. 다만 서재필은 이러한 실수를 애써 수정하려고 하지는 않은 것 같다. 실제로 미국에서는 교육 연한이 거의 비슷하기 때문에 '의사'(medical doctor)와 '박사'(Ph. D.)를 거의 같거나 비슷한 수준으로 취급하기도 한다. 김욱동, 『근대의 세 번역가』(서울: 소명출판사, 2009).

라를 치료하는 것을 보면 그는 의사임에 틀림없다. 다만 그가 어떻게 하여 마셀라가 "가장 아끼는 미국 친구"가 되었는지 하는 점이 남는다. 그러나 평양에 있을 때부터 그녀는 미국 선교사들과 깊이 관계를 맺고 있었다. 또한 이 무렵 선교사 중에는 의사가 많았고, 그들은 의료 활동을 하면서 미션학교에 가르치기도 하였다. 가령 평양에 광성학교의 전신인 광성학당을 처음 설립한 윌리엄 제임스 홀(한국 이름: 忽 또는 賀樂)과 그가 말라리아로 사망한 뒤 그의 뒤를 이어 이 학교를 운영한 한 윌리엄 아서 노블(한국 이름: 魯普乙)은 모두 의료 선교사였다. 호러스 G. 언더우드도 연희전문학교를 설립하기에 앞서 광혜원에서 시작한 의학교에서 물리와 화학을 가르친 의료 선교사였다. 서재필은 『한수의 여행』에서 웰스 의사와 관련하여 의사로서의 능력과 함께 그의 쾌활한 성격을 언급하기도 한다.

그런데 여기에서 한 가지 흥미로운 것은 이 무렵 실제로 '웰스'라는 미국인 의료 선교사가 한국에서 활동하고 있었다는 점이다. 제임스 헌터 웰스가 바로 그 사람이다. 이 의료 선교사의 소속과 활동에 대하여 기창덕(奇昌德)은 근대 계몽기 한국 의학을 다루는 논문에서 "북장로교회 미국인. 남자. 웰즈(James Hunter Wells, MD, 禹越時). 1895년 6월 3일 내한. 1895~1899년까지 세브란스 의학교에서 해부학을 교수. 1896년 평양에 선교 병원 제중원 설립"[5]이라고 비교적 상세하게 그의 이력을 적는다. 기창덕의 지적대로 개신교 선교사로서 한국 선교의 첫발을 디딘 알렌과 언더우드처럼 웰스도 북장로회 소속이었다. 세브란스 의학교에서 교수를 하는 동안 그는 평양에 파견되어 장로교회 병원 제중원을 설립하였다. 이 병원을 곧 다시 '캐롤라인 래드 기념병원'으로 확장하면서 3년제 야소교 제중원 부속 의학교를 설립하였다. 이 학교는 1910년부터 졸업생을 배출

5 기창덕, 「조선시대말 개명기의 의료 2」, 《의사학》(醫史學) 제6권 제1호(1997), 8.

하기 시작하여 그 이듬해까지 여덟 명이 총독부 의사면허를 받았다. 또한 기창덕에 따르면 웰스는 1895년 한성(서울)에 콜레라가 만연하자 올리버 R. 애비슨(한국 이름: 魚丕信)이 앞장서 각파 선교 의사를 비롯한 선교사들과 신자들을 모아 방역 사업을 펼칠 때 큰 공을 세우기도 하였다.[6]

한국계 미국 작가 차의석(車義錫, Easurk Emsen Charr)은 이민 자서전 『금산』(1960)에서 제임스 헌터 웰스 의사가 운영하는 평양 제중원에서 눈 치료를 받은 뒤 그가 '금산'이라고 부르는 미국에 건너가 선교사가 되어 돌아올 꿈을 키운다. 이 무렵 평양 양관(洋館) 근처에서 살던 차의석이 우연히 제중원을 기웃거리다가 눈병이 난 것을 알아차린 한국인 조수가 치료를 해준다. 기적처럼 눈병이 나아 "날빛처럼 밝은 눈"을 되찾은 차의석은 서양의 의료 기술에 무척 놀란다. 그리하여 이번에는 선교사뿐만 아니라 의사가 되고 싶다고 생각한다.

> 정말로 나는 그 날 이후로 웰스 의사처럼 의사가 되고 싶은 마음이 들었다. 사실 나는 [마포삼열] 목사처럼 목사가 되고 싶은 것 못지않게 그 사람처럼 의사가 되고 싶었다. 나는 이 두 선교사가 지금 하고 있는 것처럼 국내 선교사가 되어 한 손에는 성경책을 들고 다른 손에는 의료 가방을 들고 다니며 내 백성이 앓고 있는 육체의 질병과 함께 죄에 병든 영혼을 치료해 주고 싶었다.[7]

위 인용문에서 "내 백성이 앓고 있는 육체의 질병과 함께 죄에 병든 영혼을 치료해 주고 싶었다"는 마지막 문장을 찬찬히 눈여겨보아야 한다.

---

6 앞 글, 34.

7 Easurk Emsen Charr, *The Golden Mountain: The Autobiography of a Korean Immigrant, 1895~1960*, 2nd ed., ed., Wayne Patterson (Urbana: University of Illinois Press, 1996), p. 88.

이 무렵 서양 선교사들은 육체의 질병을 치료해주면서 동시에 기독교 복음을 전하였다. 나이 어린 소년 차의석에게 웰스 의사는 역할 모델과 다름없었다. 개화기 한국에는 온갖 질병이 만연하였지만 막상 백성을 치료해줄 만한 의사가 턱없이 부족하였다. 기껏해야 웰스 같은 서양 의료 선교사 몇 명이 치료를 맡고 있었을 뿐이다. 토착 신앙이 강한 한민족에게 기독교가 그토록 빨리 뿌리를 내릴 수 있었던 이유 중의 하나도 따지고 보면 서양 의료 선교사의 역할이 무척 컸기 때문이다.[8]

웰스 의료 선교사는 의사로서 큰 역할을 하였을 뿐만 아니라 선교 사업에도 적지 않은 역할을 하였다. 그는 1907~1908년의 '평양대부흥운동'을 보고 놀라운 감동을 그의 고국인 미국에 널리 전한 선교사이기도 하다.[9] 과학적이고 합리적인 의사라는 점에서 그가 전하는 소식은 그레이엄 리나 조지 맥큔(한국 이름: 尹山溫) 같은 다른 선교사들의 증언과는 또 다른 의미가 있었다. 웰스는 이 부흥회에서 일어난 신앙의 대각성에 대하여 한 편지에서 "우리 가운데 임한 놀라운 성령의 현시는 가장 특기할 만하고 흥미롭고, 그러면서도 가장 영구적이고 불가항력적인 사건이었다"고 적었다.

『한수의 여행』에서 조지프 맨리 선교사가 주인공 박한수를 의사로 만들려고 한다는 사실을 놓쳐서는 안 된다. 유럽에서 군국주의 독일이 제1

8 제중원을 중심으로 한 의료 선교사 사이에는 의료 활동을 통하여 간접적으로 선교를 하여야 한다는 주장과 의료 활동에 시간을 '낭비' 하는 것보다는 직접 선교에 나서야 한다는 주장이 팽팽히 맞섰다. 알렌은 전자를 대표하는 선교사인 반면, 존 헤론과 찰스 빈튼은 후자를 대표하는 선교사였다.

9 평양대부흥운동이란 1907년 1월 14일 평양 장대현교회에서 부흥 사경회를 개최하던 중 선교사들과 교회 지도자들이 자신들의 잘못을 공개적으로 고백하고 눈물을 흘리며 뉘우치는 사건을 말한다. 그 뒤 고백과 뉘우침, 새로운 삶을 선언하는 운동이 전국 교회로 확산되면서 기독교인의 수가 폭발적으로 늘어났다. 이를 '평양대부흥운동' 또는 '성령대부흥운동'이라고 부른다.

차 세계대전을 일으켰다는 소식을 듣고 박한수는 자못 흥분하여 그에게 약소민족을 위하여 기꺼이 투쟁하겠다고 밝힌다. 그러자 맨리 선교사는 독일은 한국에게 해가 될 아무런 일도 하지 않았을 뿐만 아니라 일본이 그를 전쟁에 참전하도록 허락하지 않을 것이라고 충고를 해준다. 그러면서 그는 "나는 자네가 서울에 있는 의과대학에 입학하여 의학을 공부하기를 권하네"(25) 하고 말한다. 얼핏 무심코 던진 말 같지만 곰곰이 생각해 보면 맨리는 의중에 품고 있던 생각을 피력한 것으로 볼 수 있다. 지금껏 맨리가 그토록 그에게 호의를 베풀고 미션스쿨에서 공부할 수 있도록 온갖 배려를 해주었다는 사실을 염두에 두면 맨리는 어쩌면 오래전부터 그를 의사로 키울 생각을 품고 있었던 것 같다.

맨리 선교사가 "서울에 있는 의과대학"이라고 말하는 것은 이 무렵 한국에는 의과대학이 서울에 하나밖에는 없었기 때문이다. 방금 앞에서 언급하였듯이 미국인 의료 선교사 호러스 알렌이 한국 최초의 서양 의학 병원이라고 할 광혜원을 세운 것이 1885년이다. 은혜를 널리 펼친다는 뜻의 광혜원은 보름 뒤 민중을 널리 구한다는 제중원(濟衆院)으로 이름을 바꾸었다. 그러나 재정 문제로 곧 미국 선교부가 위탁받아 관리하였다. 알렌은 1886년 제중원 안에 의학교를 설립하여 한국 최초의 서양 의학 교육을 시작하였다. 이 무렵 정부는 전국 각 도에 의학에 소질이 있는 똑똑한 사람들을 이 학교로 올려 보내라고 공문을 보내 16명을 선발하였다. 세 달 뒤 네 명이 탈락하고 열두 명이 최종으로 선발된 그들은 1900년부터 정식으로 입학하여 본격적으로 의학 수업을 받았다.

제중원에는 인천항을 통하여 막 입국한 미국 북장로회 소속 호러스 G. 언더우드가 머물며 우리말을 익히기 시작하였고, 미국 감리회 소속의 윌리엄 스크랜튼이 의사로 활약하였다. 1885년 여름에 입국한 미국 북장로회 소속 의료 선교사인 존 헤론이나 1886년 여의사로 처음 들어온 애니

엘러스도 이 병원을 본거지로 삼아 활동하였다. 이처럼 제중원은 초기 한국 선교사들의 합법적인 활동 무대가 되면서 정부 관계자를 비롯하여 수많은 사람을 치료하고 한국 풍토병에 대한 체계적인 역학 조사도 실시하여 관심을 끌었다.

그 뒤 제중원은 캐나다 토론토대학교 의과대학 교수였던 올리버 애비슨이 인계받아 미국 클리블랜드 출신의 자선사업가 루이스 헨리 세브란스에게서 기증받은 기금으로 1904년 병원을 신축하고 의학 교육기관을 설립하였다. 이 학교가 바로 세브란스병원이며 세브란스의학전문학교이다. 1908년 배출된 김필순(金弼順)을 비롯한 제1회 졸업생 일곱 명에게는 한국 정부로부터 의료 활동을 할 수 있는 최초의 의사면허증을 발급받았다. 1909년 학교 이름을 '사립 세브란스의학교'로 불렀고, 1913년에는 '사립 세브란스연합의학교'로 불렀으며, 1917년에는 다시 '세브란스연합의학전문학교'로 불렀다. 한편 1906년 9월에 에스터 L. 쉴즈가 세브란스병원 구내에 간호사를 양성하기 위한 전문기관으로 간호학교를 설치하여 1910년 한국 최초의 간호사를 배출하기 시작하였다.

물론 세브란스 의전이 제중원을 이어받았다는 주장에 이의를 제기하는 학자들이 없지 않다. 가령 신용하(愼鏞廈)는 광혜원이 제중원으로 이름을 바꾼 뒤 재정 문제 때문에 선교부로 넘어간 것은 사실이지만 1905년 다시 환수되어 한 번도 민영화된 적이 없다고 밝힌다. 광혜원이나 제중원은 국립이므로 국립병원인 서울대학교병원이 그 정신을 계승한다고 지적한다.[10] 신용하의 이러한 논리에 따르면 광혜원－제중원－광제원－대한의원－경성의전－경성제국대학－서울의과대학－서울대학교병원으로 이

10 신용하, 「광혜원과 근대의료의 출발」, 『종두의양성소 규정 공포 100주년 기념 심포지엄 자료집』(1995), 《서울대학교 병원보》 221호 (1997년 10월 1일).

어지는 셈이다. 한편 이에 맞서 연세대학교 의과대학에서는 1999년 4월에 있은 광혜원 설립 114주년 기념식에서 알렌이 세운 최초의 의학교에 입학한 최종악(崔鐘岳) 등 열두 명을 명예 졸업생으로 추대하고 동창회 명부에 등재하였다. 지금도 이 문제를 두고 연세대학교 의과대학과 서울대학교 의과대학 사이에는 아직도 긴장이 마치 활시위처럼 팽팽하다.

그런데 여기에서 한 가지 흥미로운 것은 김옥균(金玉均)이 중심이 되고 서재필이 참여하여 일으킨 갑신정변(甲申政變)은 역설적으로 한국에서 서양 의학이 발전하는 데 소중한 밑거름이 되었다는 점이다. 1884년 12월 민비(閔妃)의 조카 민영익(閔泳翊)은 정변 과정에서 가슴과 팔다리 등에 중상을 입는다. 피를 많이 흘린 상태인데다가 상처가 깊어 생명이 위독한 그를 서양 의학으로 구해준 사람이 바로 알렌이다. 알렌은 민영익의 환부를 외과적 시술로 처치한 뒤 세 달 동안 정성껏 치료하여 고종황제(高宗皇帝)와 민비(閔妃) 그리고 대한제국 인사들의 두터운 신임을 얻게 되었다. 알렌에게 고마움을 느낀 고종은 미국 선교사들에게 도움을 주고 싶어 하였다. 그러자 1885년 1월 알렌은 만약 서양식 병원을 개설해주면 보수를 받지 않고 일하겠다는 건의서를 고종에게 제출한다. 이 건의서를 받은 고종황제는 매우 흡족한 표정으로 갑신정변에 연루되어 사형당한 홍영식(洪英植)의 집을 병원으로 하사하였다.

미국에 망명한 서재필이 처음에는 정치학이나 법학을 전공하려고 하다가 마침내 의학을 전공하기로 결심하는 데에는 이 무렵 한국에 의사가 턱없이 부족하였다는 점도 한몫을 하였다. 방금 앞에서 차의석을 언급하였지만 서재필의 『한수의 여행』이 주목받기 전까지만 하여도 최초의 한국계 미국 소설가로 평가받아온 강용흘(姜鏞訖, Younghill Kang)도 처음 미국에 유학을 왔을 때 작가보다는 오히려 의사가 되려고 하였다. 차의석이 미국 장로회 선교사의 영향을 받았다면, 함경남도 홍원에서 태어난 강용흘은 캐나다 선교사들이 함흥에 설립한 영생(永生)중학교에서 공부를 한 뒤 캐나다를 거쳐 미국에 건너갔다. 그는 뒷날 "미국에 있는 대학에 다닐 때 나는 나 자신에게 가장 가치 있고 사회에 가장 공헌할 수 있는 과학의 특정 분야를 공부할 생각이었다"[11]고 밝힌 적이 있다. 여기에서 그가 말하는 '과학의 특정 분야'란 다름 아닌 의학을 말한다. 그리하여 그는 의과대학에 입학할 수 있도록 보스턴대학교에서 이과 과목을 주로 이수하였다. 그러나 실험실 생활이 마음에 들지 않았을 뿐만 아니라 문학에 대한 정열을 달랠 수 없어 강용흘은 처음 뜻을 접고 작가로서의 길을 걷기 시작하였던 것이다.

2. 서양 문명의 가교로서의 선교사

미국 선교사들은 처음에는 기독교 복음을 선파하기 위하여 한국에 왔지만 그들이 가지고 온 보따리 속에는 성경과 의료 기구뿐만 아니라 다른 서양 문물도 함께 들어 있었다. 선교사들이나 그들과 관련한 사람들은 『한수의 여행』의 주인공 박한수에게 서구 문명과 처음 접촉할 수 있게 해 주는 매개인의 역할을 하였다. 마이라 노먼은 이러한 경우의 가장 대표적인 인물이다. 박한수는 감옥에서 풀려난 뒤 평양에 가는 길거리에서 그녀를 처음 만난다. 열여덟 살이 될 때까지 줄곧 시골에서 살아온 그는 지금껏 자동차를 한 번도 본 적이 없었다.

---

11 Stanley Kunitz, and Howard Haycraft, eds., *Twentieth Century Authors: A Biographical Dictionary of Modern Literature* (New York: W. H. Wilson, 1945), p. 744; 김욱동, 『강용흘: 그의 삶과 문학』(서울: 서울대학교출판부, 2004), 29.

> 수레 한 대가 반대 방향에서 자신을 향하여 오고 있었다. 그런데 그 수레는 사람이 끄는 것도 아니요, 짐승이 끄는 것도 아닌데도 빠른 속도로 다가와서는 몇 분 안에 그가 서 있는 앞에 멈추는 것을 보고 그는 깜짝 놀랐다. 한수는 재빨리 옆으로 몸을 비켜서려고 하다가 발이 돌에 걸려 그만 보기 좋게 땅바닥에 납작 엎어지고 말았다. 그는 자신이 그토록 서툴게 행동한 것에 조금 화가 났고, 한 외국 여성이 말이 끌지 않는 마차에서 내려와 한국어로 자신에게 말을 거는 것을 보고 무척 수치스러웠다. (19)

위 인용문에서 "사람이 끄는 것도 아니요, 짐승이 끄는 것도 아닌" 수레란 바로 자동차를 말한다. 박한수는 이 자동차를 "말이 끌지 않는 마차"로 표현하기도 한다. 그러고 보니 자동차란 글자 그대로 '스스로 움직이는 수레'를 뜻한다. 그는 노먼에게 아무도 앞에서 끌지 않는데 어떻게 그렇게 빠른 속도로 앞으로 달릴 수 있느냐고 묻자 그녀는 친절하게 "이것은 자동차라는 것인데 제 나라 미국에서 만들었습니다. 추진력은 가솔린이라고 하는 물질이 연소하여 생기지요. 기계는 자동차 내부에 들어 있습니다"(19) 하고 대답한다. 주인공이 계속하여 가솔린에 대하여 관심을 기울이자 그녀는 자동차 보닛 뚜껑을 열고 미국에서 기계공에게서 전해 들은 기계 원리를 자세히 설명해준다. 박한수가 서양 문물을 처음 접하는 이 장면은 여러모로 상징적 의미가 있다.

첫째, 말이 끄는 수레나 사람이 짊어지는 가마가 유일한 교통수단과 다름없던 이 무렵 가솔린의 힘으로 움직이는 자동차는 박한수에게 엄청난 충격이었다. 1950년대 초엽 한국에서 경비행기가 처음 하늘을 나는 것을 보는 것이나, 1960년대 말엽 달에 착륙한 아폴로 호를 보는 것만큼이나 큰 충격이었을 것이다. 그가 자동차를 피하려다가 땅바닥에 넘어지는 것은 서양 문명과 처음 부딪치면서 그가 받는 충격을 상징적으로 보여주는 모습이다. 그러나 이 무렵 노먼이 평양 근교에서 자동차를 운전한다는 것은 실제 사실과는 적잖이 다르다. 1890년대 이후 서양 문물과 함께 한국에 처음 들어온 자동차는 1911년까지 모두 세 대밖에는 되지 않았기 때문이다. 그나마 그 중에서 한 대는 1903년 고종 즉위 40년을 기념하는 창경식(昌慶式) 때 미국 공사에게 부탁하여 들여와 바친 어차(御車)였다. 그렇다면 노먼이 1911년에 자동차를 소유할 가능성은 그렇게 많지 않다. 그녀가 1년 전에 미국에 휴가를 갔을 때 친척들이 선물로 사준 것이라고는 하지만 좀처럼 믿기지 않는다.

둘째, 박한수는 자동차를 보고 당황한 자신에 대하여 화를 낼 뿐만 아니라 외국인 여성이 자신에게 한국어로 말을 거는 것을 보고 수치심을 느낀다. 유가(儒家) 경전을 읽을 만큼 한문 실력은 많이 쌓았지만 그는 영어를 비롯한 서양 외국어에 대해서는 아는 것이 아무것이 없었다. 그런데 마이라 노먼은 서양 여성인데도 유창한 한국어로 말을 하는 것이다. 미국 선교사들은 한국에서 선교를 하기 위하여 한국어를 먼저 습득하였다. 비록 한국인의 도움을 받기는 하였지만 성경을 한국어로 처음 번역하기 시작한 것도 하나같이 서양 선교사들이었다.

미스 노먼의 한국어 실력보다도 박한수를 더욱 놀라게 하는 것은 그녀의 친절한 행동과 아름다운 모습이다. 박한수에게 노먼은 마치 갑자기 하늘에서 수레를 타고 내려온 여신과 같다.

> 한수는 지금껏 외국 여성을 한 번도 만나 본 적이 없었고, 친절하고도 자상하게 자신에게 이러한 모든 것을 보여 주는 것이 무척 고마웠다. 또한 그는 옅은 장밋빛이 도는 부드럽고 흰 살결이며, 아름다운 얼굴을 감싸고 있는 물결 모양의 부드러운 금발을 탄복하여 황홀하게 바라보았다. 비단 같은 굵고 긴 눈썹이 달린 담갈색의 큼직한 눈에는 동정심과 이해심으로 가득 차 있었다. 한수에게 그

녀는 따뜻한 아침 햇살을 즐기려고 잠깐 수레에서 내려온 여신과 같았다. (20)

박한수는 자동차를 처음 보는 것처럼 외국 여성의 모습도 처음 본다. 그리하여 그가 받는 충격도 자동차 못지않게 무척 크다. 미스 노먼의 행동거지와 얼굴을 비롯한 신체 모습 등 무엇 하나 나무랄 데가 없이 완벽하다. 그녀는 처음 만난 낯선 남성에게 "친절하고도 자상하게" 묻는 말에 대답해준다. 또한 희고 부드러운 살결, 아름다운 얼굴 모습, 물결이 이는 듯한 부드러운 금발 머리, "동정심과 이해심으로 가득 차 있는" 큼직한 두 눈 등 박한수에게는 모두가 감탄을 자아낼 만큼 '황홀할' 뿐이다. 이보다 한 발 더 나아가 주인공은 미스 노먼을 "따뜻한 아침 햇살을 즐기려고 잠깐 수레에서 내려온 여신"에 빗댄다. 언뜻 보면 기독교 복음을 전하는 선교사를 이교도 여신에 빗대는 것이 걸맞지 않아 보인다. 그러나 적어도 누추한 지상에서 살고 있는 평범한 여성이 아니라는 사실을 강조한다는 점에서는 이러한 비유는 적절하다.

그런데 문제는 서재필이 미스 노먼을 묘사하되 지나치게 긍정적으로 묘사한다는 점이다. 그녀에 대한 찬사가 지나치다고 아니할 수 없다. 그녀는 그가 배가 고파하는 것을 알아차리고 가방에서 초콜릿 몇 개를 꺼내 그에게 주어 시장기를 면하게 할 뿐만 아니라, 기차표를 살 돈이 없어 평양에까지 걸어가야 한다는 사실을 알고는 그에게 돈까지 빌려준다. 서재필은 화자의 입을 빌려 "[박한수는] 마음속으로 이 낯선 외국인이 왜 그렇게 친절하게 대해 주는지, 또 어떻게 자신이 필요한 것을 잘 헤아리고 있는 것 같은지 의아하게 생각하였다"(21)고 말한다. 작가는 노먼을 잠시 지상에 내려온 여신에 빗대었지만 한마디로 그녀는 인간이 아니라 어떤 초월적 존재처럼 느껴진다. 그러므로 서재필은 사대주의자로 서양 여성을 지나치게 미화한다는 비판을 면하기 어려울 것이다.

여기에서 한 가지 흥미로운 것은 서재필이 서양 선교사를 묘사하는 태도는 중국 사람들이 서양 선교사를 묘사하는 것과는 상당히 다르다는 점이다. 서양 선교사들이 처음 중국에 도착하였을 때 그들의 피부가 희멀겋고 눈동자가 푸른데다가 머리카락 색깔도 갈색이나 금발이라서 중국 사람들한테는 영락없이 귀신처럼 보였다. 그리하여 그들은 서양 사람, 그중에서도 특히 서양 선교사를 '양귀자'(洋鬼子), 즉 서양 귀신이라고 부르기 시작하였다. 이러한 현상은 비록 정도의 차이는 있지만 중국뿐만 아니라 한국에서도 마찬가지였다. 시골은 말할 것도 없고 대도시에서도 서양 선교사들은 처음에는 '서양 귀신'으로 통하기 일쑤였다. 이 무렵 한국에서 포교 활동을 한 초기 선교사 중의 한 사람인 호러스 G. 언더우드는 한 기도에서 "지금은 우리가 서양 귀신, 양귀자라고 손가락질 받고 있사오나 저희들이 우리 영혼과 하나인 것을 깨닫고, 하늘나라의 한 백성, 한 자녀임을 알고 눈물로 기뻐할 날이 있을 것을 믿나이다" 하고 말한 적이 있다. "하늘나라의 한 백성, 한 자녀"라는 언더우드 선교사의 말은 표현만 조금 다를 뿐 미스 마이라 노먼이 박한수에게 하는 말과 거의 똑같다. 그녀는 다정한 목소리로 "한수, 하늘에 계신 우리 아버지 앞에는 우리 모두가 한 형제요 한 자매입니다. 그러므로 우리는 비록 인종이 다르고 국적이 다르다고 하더라도 서로 도와야 합니다"(21) 하고 말한다.

이렇게 서양 사람을 긍정적으로 미화하여 묘사하거나 표현하는 것은 비단 마이라 노먼 한 사람에 그치지 않는다. 이 점에서는 조지프 맨리 선교사도 조금도 다르지 않다. 맨리 선교사와 관련한 것치고 부정적인 것이라고는 아무리 눈을 씻고 찾아보아도 찾아보기 어렵다. 박한수는 그를 처음 만났는데도 "그의 친절한 미소와 맑고 푸른 눈"과 "마음씨 좋게 온화하게 웃는"(22) 모습에 곧바로 친밀함을 느낀다. 몇 년이 지난 뒤에도 그는 맨리 박사를 "자신의 친절한 친구요 스승"(26)이라고 밝힌다.

서재필이 미국 선교사를 묘사하는 태도는 서양의 근대 문명을 대하는 태도와 아주 비슷하다. 서양 문명이라면 그는 일단 무조건 긍정적으로 판단하고 받아들이려고 하였다. 바로 이 점에서 그의 근대화는 한계가 있을 수밖에 없었다. 한편으로는 청나라를 비롯한 동양을 배척하고, 다른 한편으로는 서양을 지나치게 적극적으로 수용하였기 때문이다. 그러나 달리 생각해보면 이 무렵 근대화는 어쩔 수 없이 기술 문명이 발달한 서양을 본받을 수밖에 없었을 것이다. 서구 문물이 물밀듯이 밀려들어오기 시작하자 일본에서는 화혼양재론(和魂洋才論)을, 중국에서는 중체서용론(中體西用論)을 부르짖은 것처럼 한국에서는 동도서기론(東道西技論)을 이론적 무기로 들고 나올 수밖에 없었던 것이다.

3. 기미독립운동과 일본 제국주의

서재필은 『한수의 여행』에서 일본 제국주의의 국어 말살 정책을 비판하는 데에서 한 발 더 나아가 일제가 기미독립운동 진압 과정에서 비인간적인 만행을 범한 사실을 비판하고 폭로한다. 기미독립운동이 일어난 직후 서재필은 《코리아 리뷰》에 실린 글에서 "일본은 한국에 가한 잘못을 교활하게 은폐하고 있다. 우리는 이 사실을 미국에 알려 미국으로 하여금 한국의 독립을 지지하게 만들어야 한다"[12]고 밝힌다. 그가 이 무렵 이 영문 잡지에 이 소설을 연재한 것은 잡지나 책자 등을 발간하여 일본의 만행을 폭로하고 한국의 사정을 미국을 비롯한 전 세계에 널리 알리려는 홍보와 선전 활동의 일환이었다는 사실은 앞에서 여러 번 밝힌 바다.

12 *Korea Review*, April, 1919.

서재필은 『한수의 여행』에서 일본 제국주의가 평화로운 시위를 얼마나 잔인하고도 무자비하게 진압하였는지 자세히 기록한다. 길 목사가 박한수에게 분명히 밝히고 또한 독립선언서에도 명시되어 있듯이 시위 군중은 어디까지나 평화적이고 질서정연하게 시위를 벌였다. 그러나 일본 제국주의자들은 무력으로 진압하여 많은 희생자를 내었다.[13] 특히 '공사관 가도', 즉 오늘날의 정동과 덕수궁(德壽宮) 근처에서 시위를 벌이는 시민들과 학생들을 무자비하게 진압하는 일본 경찰과 일본 민간인의 태도는 이 소설의 화자의 말대로 그야말로 악마와 크게 다르지 않다고 할 수 있다.

> 총으로 쏘고 칼로 베고 찌르고 죽이고 하는 것이 그날 온종일 그들이 한 짓이었다. 일본 군인과 경찰 그리고 소방대원이 떼거리로 남녀노소를 가리지 않고 닥치는 내로 눈앞에 있는 사람을 찌르고 베고 죽이면서 인명과 재산을 파괴하기 시작하였다. 이렇게 일본 군인과 경찰이 악마처럼 분노를 터뜨리는 동안 많은 일본 민간인들도 몽둥이와 단도로 무장하고 무기도 없고 아무런 반항도 하지 않는 희생자들에게 수없이 치명적인 부상을 입히는 데 적극적인 역할을 하였다. 그리하여 한 시간도 채 되지 않아 서울 시내 전체가 그야말로 저항하지 않는 희생자 수천 명이 피를 흘리는 도살장이 되었다. (39)

---

13 기미독립운동의 피해 규모는 박은식이 쓴 『한국독립운동지혈사』에 따르면 2백여 만 명이 참가하여 7,509명이 사망하고 15,850명이 부상하였으며, 45,306명이 체포되었다. 이 과정에서 헐리고 불에 탄 민가가 715호, 교회가 47개소, 학교가 2개소였다. 박은식, 『韓國獨立運動之血史』 하권(上海: 維新社, 1920); 박은식 지음, 남만성 옮김, 『한국독립운동지혈사』 하권(서울: 서문당, 1999), 20~21; 박은식 지음, 김도형 옮김, 『한국독립운동지혈사』(서울: 소명출판사, 2009). 그러나 조선총독부의 공식 집계에 따르면 시위 참가자는 이보다 훨씬 많고 피해자는 이보다 훨씬 적다. 즉 106만 명이 참가하여 진압 과정에서 553명이 사망하고 12,000명이 체포되었다.

이 장면에서 서재필은 일본 제국주의자들의 잔인성과 만행을 묘사하는 데 온갖 이미지와 상징을 동원한다. 청각적 이미지와 시각적 이미지에 동적 이미지를 구사할 뿐만 아니라 상징과 비유법을 사용하기도 한다. 그리하여 위 인용문을 읽고 있노라면 일본 사람들이 잔혹하게 시위를 진압하는 장면이 눈으로 직접 보는 듯 선명하게 떠오른다. 직업적인 소설가도 아닌데 서재필의 묘사력이 이렇게 뛰어나다는 데 새삼 놀라게 된다.

아무런 저항도 하지 않고 평화롭게 시위하는 군중을 이렇게 잔혹하게 살해하는 것은 아마 세계사를 샅샅이 훑어보아도 그 유례를 찾기 어려울 것이다. 일본 군인과 경찰은 그야말로 "악마처럼" 광분하여 닥치는 대로 시위 군중을 살상한다. 더욱 놀라운 것은 일본 군인과 경찰로도 모자라 한국에 살고 있는 일본 시민까지 합세하여 시위 군중을 살해한다는 점이다. 그런데 일본 제국주의의 만행이 과연 어떠하였는지 좀 더 분명히 알기 위해서는 위 인용문에서 "한 시간도 되지 않아 서울 시내 전체가 [……] 도살장이 되었다"는 마지막 문장을 주목할 필요가 있다. 서재필이 사용하는 이 '도살장'이라는 비유적 표현에서는 시위 군중을 인간이 아닌 소나 돼지 같은 짐승으로 간주한다는 뜻이 함축되어 있다. 그런데 작가가 이 소설 곳곳에서 일본 사람을 묘사할 때 흔히 "짐승 같은"이라는 표현을 사용한다는 점을 생각해보면 참으로 아이러니컬하다. 누가 짐승이고 누가 짐승을 잡는 사람인지 도무지 구별이 가지 않기 때문이다. 어찌 되었던 미처 한 시간도 되지 않는 짧은 시간 안에 수천 명의 희생자가 난 것을 보면 일본 사람들이 얼마나 잔인하게 시위를 진압하였는지 미루어보고도 남는다.

여기에서 한 가지 눈여겨보아야 할 것은 서재필이 위 인용문에서 3월 1일 하루 동안에 일어난 시위 진압 장면을 묘사하는 것이 아니라 며칠에 걸쳐 일어난 시위 진압 장면을 하나로 압축하여 묘사하고 있다는 점이다.

1892년부터 1934년까지 무려 42년 동안 한국에서 선교 활동을 한 미국 북감리회 아서 노블 선교사의 부인 마티 윌콕스 노블 선교사의 일기가 최근에 공개되면서 기미년 독립만세운동과 그 진압 과정이 좀 더 자세히 알려지게 되었다. 최근 기독교대한감리회 서울연회가 미국에서 입수하여 「3 · 1운동: 그 날의 기록」이라는 제목으로 발간한 자료집에 따르면 위 인용문에서 묘사하는 진압 장면은 3월 5일에 덕수궁 근처에서 일어난 사건이다. 많은 시민이 모인 가운데 남학생들과 여학생들이 노래를 부르며 시위를 벌였다. 남대문역에서는 다행히 아무런 제지를 받지 않았지만 덕수궁 앞까지 행진해오자 갑자기 일본 경찰과 일본 시민들이 나타나 몽둥이로 학생들을 때리기 시작하였다. 노블 선교사는 일본 경찰이 시위자들을 잡아갈 때 손을 밧줄로 칭칭 동여맸으며 한 여학생의 머리채를 잡고 돌리다가 길바닥에 내동댕이치기도 하였다고 기록한다.

더구나 위 인용문에서 서재필은 서울 덕수궁 앞에서 일어난 시위 진압 장면을 묘사할 뿐만 아니라 시방에서 있은 시위 진압 장면을 묘사하기도 한다. 예를 들어 전라남도 이리 장터에서 있은 시위에서 군중의 수가 점차 늘어 1천여 명이 되면서 점점 기세가 오르기 시작하자 일본 헌병대가 출동하여 이를 제지하였다. 또한 일본 헌병대는 소방대와 일본인 농장에 일하는 사람 수백 명까지 동원하여 창검을 비롯하여 총 · 곤봉 · 갈고리 등을 휘두르며 무력으로 진압하였다. 시위 군중이 이에 대항하여 계속 만세운동을 진행하자 마침내는 무차별적으로 사격을 감행하여 사상자가 속출하였다.

일본 제국주의자들의 만행은 여학생 마셀라 정의 손목을 자르는 행위에서 단적으로 드러난다. 시위 군중이 모여 있는 '공사관 거리'(정동)에서 가까스로 빠져나온 박한수는 서쪽으로 발길을 돌려 '뽕나무 궁궐' 쪽으로 향하던 중 여학생 스무 명 가량이 전차를 타고 있는 모습을 본다. 말을 탄 일본 헌병들이 달려가 총을 쏘며 학생들에게 손에 들고 있는 태극기를 던져버리라고 명령한다. 그러나 학생들은 명령에 따르기는커녕 오히려 태극기를 힘차게 흔들면서 만세를 부른다. 일본 헌병들이 큰 칼과 총 개머리판으로 무자비하게 그들을 구타하자 마셀라 정이 벌떡 전차 의자로 올라가 "여보시오, 당신들은 이제 더 이상 우리의 지배자와 압제자가 아니라는 사실을 모르시나요? 우리는 오늘 해방되었습니다! 독립을 선포하였으니 이제 당신들은 우리를 때릴 권리가 없지요!"(40) 하고 항의한다. 그러면서 만약 자신의 말을 믿지 못하겠거든 그들에게 독립선언서를 읽어주겠다고 밝힌다.

> [마셀라는] 오른손에 독립선언서 한 장을 들고 왼손에는 태극기를 들고 독립선언서를 낭독하기 시작하였다. 일본군 하사관이 그녀에게 태극기를 던져 버리라고 명령하였지만 그녀는 그저 미소를 지으면서 "그건 안 되지요, 하사님. 이건 우리 국기입니다. 나는 이 국기와 함께 죽을 것이오." 하고 대꾸하였다.
>
> 이 말을 듣고 그 일본 군인은 군도로 그녀의 손목을 잔인하게 힘껏 내리치자 그녀의 손목이 팔뚝에서 떨어져 나갔다. 잘려나간 손목이 전차 바닥에 떨어진 채 아직도 국기를 꽉 움켜잡고 있었다. 태극기는 미국 선교부 미스 노먼의 조수 마셀라 정이 흘린 뜨거운 피로 진홍색으로 빠르게 물들고 있었다. (40~41)

한국 여학생이 손에 태극기를 들고 있다고 하여 일본 군인이 그녀의 손목을 군도로 잔인하게 자르는 것은 그야말로 야만적인 행동이라고 아니할 수 없다. 또한 조국을 사랑하는 마셀라의 마음도 무척 남다르다. 이 광경을 목격하는 박한수는 큰 충격과 함께 깊은 감동을 받는다. 이 소설의 화자는 "마셀라 정의 영웅적인 행동을 보고 그는 전율을 느꼈고 경악을 금치 못하였다"(41)고 밝힌다. 또한 "그는 마음속으로 그녀가 한국사람이라는 사실에 대하여 하나님께 감사하는 기도를 드렸다”(41)고 말하기도 한다.

그런데 이 감동적인 장면을 쓰면서 서재필은 역사적 사실보다는 문학적 상상력에 크게 의존하였다. 기미독립운동 때 시위를 진압하면서 일본 군인들이 여학생의 손목을 잘랐다는 기록은 남아 있지 않다. 1919년 3월 13일자 《연합신문》은 베이징(北京) 발신 기사로 “이미 4천 명의 한국인이 검거되었고, 일본 헌병은 폭력으로 3·1운동을 진압하고 있는데, 어떤 소년이 한 손에 독립선언서를 들고 만세를 부르자 일본 헌병은 그 손을 잘라 버렸고, 또 오른손으로 만세를 부르자 헌병은 그 손마저 잘라 버렸다”[14]고 전한다. 손목이 잘린 것은 여학생이 아니라 남학생이며, 왼손 한쪽 손목만 잘린 것이 아니라 두 쪽 손목 모두 잘렸다. 이 기사는 이 끔찍한 사건이 한국의 어느 곳에서 일어났는지에 대해서는 자세히 언급하지 않는다.

손에 태극기를 들고 있다고 하여 일본 헌병이 경찰이 손목을 자른 사건은 전라남도 이리에서 일어났다. 흔히 ‘이리장날 만세운동’으로 일컫는 시위운동에서 기독교인이었던 군산의 영명(永明)학교 교사 문용기(文鏞祺)가 1919년 4월 4일 이리 장날을 이용하여 독립운동을 주동하였다. 이 무렵 일본군 보병중대가 주둔하여 검문검색이 심하여 사정이 어려웠지만 그는 기독교 계통의 인사들과 몰래 만나 4월 4일 장날에 거사하기로 하였다. 12시쯤 이리 장터에는 기독교인을 비롯한 300여 명이 모였다. 만세운동에 참여한 군중들은 문용기의 지휘 아래 독립선언서를 나누어 가지고 태극기를 휘날리며 대열을 지어 시가를 행진하였다. 이때 문용기가 오른손에 태극기를 들고 군중의 앞으로 나아가 독립운동의 정당성과 일본

14 이정식, 「송재 서재필의 재미 시절」, 『인간 송재 서재필』(서울: 송재 서재필 박사 기념재단, 2007), 108에서 재인용.

제국주의의 만행을 규탄하는 연설을 하였다. 그러자 일본 헌병이 칼을 휘둘러 그의 오른팔을 베어 태극기와 함께 땅에 떨어뜨렸다. 그는 쓰러지지 않고 다시 왼손으로 태극기를 들고 만세를 외치며 전진하자 이번에는 왼팔마저 베어버리니 그는 두 팔을 잃은 몸으로 뛰어가며 계속 만세를 외쳤다. 이에 격분한 일본 헌병은 그를 추격하여 사정없이 난자하였고, 그는 목숨이 끊어지는 순간까지 독립만세를 외치다가 끝내 순국하였다.[15]

여기에서 잠깐 마셀라 정이 체포되는 장소를 짚고 넘어가는 것이 좋을 것 같다. 서재필은 원문에서 전차가 멈추어 선 장소를 'Mulberry Palace'로, 그녀가 끌려가 고문을 받는 일본군 병영이 있는 곳을 'Mulberry Street'라고 적고 있을 뿐 구체적인 궁궐 이름이나 거리 이름을 밝히지 않는다. 서동성(徐東成)은 이 작품을 번역하면서 "예컨대 3 · 1 운동이 일어나는 날 여주인공 마셀라 정이 체포되는 장면이 'Mulberry Street'라는 전차 정거장에서 일어나는데 서울의 어느 거리를 두고 표현을 하셨는지 알 길이 없어 그대로 'Mulberry Street'라고 직역을 했다"[16] 고 밝힌다. 그러나 '뽕나무 궁궐'이란 지금 서울역사박물관이 된 경희궁(慶熙宮)을 말하고, '뽕나무 거리'란 경희궁 앞길로 서대문에 이르는 신문로를 말한다. 키스 프랫과 리처드 러트가 함께 편집한 『한국: 역사 및 문화 사전』(1999)에 따르면 '뽕나무 궁궐'은 서양 사람들이 경희궁을 흔히 일컫는 별명으로 나와 있다. 이러한 별명이 붙게 된 것은 1884년 A. 마에르텐스가 양잠을 하기 위하여 이곳에 뽕나무를 심었기 때문이다. 이 뽕나무들은 1895년까지 남아 있었다고 한다.[17]

---

15 박은식 지음, 남만성 옮김, 『한국독립운동지혈사』 하권, pp. 20~21; 박은식 지음, 김도형 옮김, 『한국독립운동지혈사』.

16 서동성, 「역자의 말」, 3.

17 Keith Pratt and Richard Rutt, eds., *Korea: A Historical and Cultural Dictionary* (London: Routledge, 1999), p. 297.

서재필이 마셀라 정과 관련한 사건을 실제 역사적 사실에서 빌려왔다면, 그는 마셀라라는 인물도 상당 부분 실제 현존 인물에서 빌려왔다고 할 수 있다. 행동이나 성격에서 볼 때 그녀는 김마리아(金瑪利亞)와 여러모로 비슷하다. 서재필은 마셀라가 "동대문 근처 미국인 선교사가 세운 미션스쿨"(39, 43)에 다니는 학생으로 묘사한다. 그런데 이 미션스쿨은 여러 정황으로 미루어보다 정신(貞信)여학교임에 틀림없다. 이 학교는 1887년 6월 북장로회 선교부의 허가를 받아 제중원의 여의사 애니 J. 엘러스가 여자 고아 한 명을 데리고 시작한 정동여학교에 뿌리를 두고 있다. 1895년 S. A. 도티는 지금의 종로 5가 연못골[蓮池洞]로 교사를 이전하면서 제대로 학교 모습을 갖추기 시작하였다. 그 뒤 정신여학교는 김마리아를 비롯한 여성 지도자들을 많이 배출함으로써 북감리회 계통의 이화학당과 더불어 기독교 여성운동은 말할 것도 없고 한국 근대 여성운동의 양대 산맥을 형성하였다.

마셀라는 여성으로서 남다른 민족의식과 애국심을 지니고 있었다는 점에서 김마리아와 비슷하다. 유관순(柳寬順)이 이화가 자랑하는 민족운동의 상징이라면, 김마리아는 정신이 자랑하는 민족운동의 상징이다. 황해도 장연군 송천(松川, 소래)에서 태어난 김마리아는 친척이 모두 민족운동에 헌신한 지도자들이었다.[18] 아버지 김윤방(金允邦)은 한국 최초의 개신교 공동체라고 할 소래교회의 지도자로 뒷날 정동 장로교회를 창설하는 데 중요한 몫을 하였다. 삼촌 김윤오(金允五)와 김필순은 김구(金九)와 안창호 등 민족 지도자들과 막역하게 교류하며 계몽운동에 힘쓰던 기독교계의 지도자들이었다. 뿐만 아니라 고모인 김구례(金九禮)와 김순애(金淳

18 서재필은 『한수의 여행』에서 마셀라 정의 목소리와 관련하여 "그녀의 부드러운 남쪽지방 사투리는 [박한수의] 귓가에 음악처럼 들렸다"(68)고 말한다. 그렇다면 북한 출신인 김마리아와는 달리 마셀라는 경상도나 전라도 같은 남부지방 출신이었을 것이다.

愛)와 김필례(金弼禮), 그리고 두 언니 김함라(金含羅)와 김미렴(金美艶) 또한 모두 정신여학교를 나와 민족운동에 헌신한 여성 지도자들이었다.

흔히 '여성 안창호'로 일컫는 김마리아는 이렇게 기독교 신앙과 민족의식으로 가득 찬 집안 분위기 속에서 성장하였다. 1910년 고모와 언니들의 뒤를 이어 정신여학교를 졸업하고 모교에서 교편을 잡다가 일본 동경여자학원으로 유학을 떠났다. 그리고 졸업을 얼마 앞둔 1919년 동경 유학생들의 2 · 8독립선언에 참여하면서 민족운동의 대열에 뛰어들었다. 김마리아는 2 · 8독립선언 직후 국내에 잠입하여 3 · 1운동을 준비하였다. 국내에서 만세운동을 준비하기 위하여 황해도에서 분주하게 활동하던 중 기미독립운동이 일어났다. 남학생들과 마찬가지로 여학생들도 이 운동에 적극적으로 동참하기로 결정하고 시위를 조직하였다.

김마리아는 정신학교에서 체포되어 다섯 달 동안 복역하고 나온 뒤 1919년 10월 전국에 흩어져 있던 여성 비밀결사들을 통합하여 3 · 1운동 직후 최대 규모의 항일 여성 단체인 대한애국부인회(大韓愛國婦人會)를 조직하였다. 이 대한애국부인회의 회장으로 독립운동 자금을 모아 상하이(上海) 임시정부로 보내기도 하였다. 1919년 11월 일본 경찰에 다시 검거되어 1년 반 동안 옥고를 치르고 병보석으로 풀려나와 상하이를 거쳐 1923년 미국으로 유학을 떠난다. 미국에서도 그녀는 황애덕(黃愛德) · 박인덕(朴仁德)과 함께 재미대한애국부인 단체인 '근화회'(槿花會)를 조직하여 계속 임시정부를 지원하였다. 1933년 귀국하여 원산 윌슨신학교에서 교편을 잡던 중 고문 후유증으로 1944년 숨을 거둘 때까지 민족의 독립과 여성 교육에 평생을 바쳤다. 김마리아는 1938년을 전후하여 감리교와 장로교 같은 개신교와 천주교 등 한국의 중요한 기독교 교파들이 일제의 신사참배 강요에 협력하여 변절하던 시기에도 신사참배를 끝까지 거부하기도 하였다.[19]

김마리아를 고문하던 일본 경찰이나 담당 검사가 탄복할 정도로 그녀는 의지가 무척 강하였다고 한다. 이 점에서도 마셀라 정은 그녀와 적잖이 닮아 있다. 서재필은 "[일본 군인들은] 그녀의 옷을 찢어 벗긴 뒤 불이 붙어 있는 시가와 담뱃불로 맨살을 지졌다. 그런데도 그들이 원하는 자백을 얻어내지 못하였다. 그러자 그들은 이번에는 주머니칼 끄트머리를 그녀의 손톱 밑에 찌른 뒤 점점 밀어 넣었다. 이렇게 잔혹한 시련을 당하면서도 그녀의 입술에서는 거짓 자백이 나오지 않았다"(45)고 말한다. 2·8 독립선언에 함께 참가한 춘원(春園) 이광수(李光洙)가 쓴 「누이야」라는 시는 김마리아의 귀국을 기념하여 그녀를 소재로 쓴 작품이다. 안창호는 김마리아 같은 여성이 열 명만 있었다면 한국은 이미 독립이 되었을 것이라고 말하였다고 전해진다.

4. 파고다공원 연설과 서재필의 독립 사상

서재필이 『한수의 여행』에서 1919년 3월 1일 파고다공원에서 일어나는 일련의 사건을 묘사하는 장면은 실제 역사적 사실과 아주 비슷하다. 기미독립운동이 일어날 무렵 미국 필라델피아에 살고 있었지만 그는 이 독립운동과 시위에 대하여 상당한 정보를 입수하고 있었다. 미국에 처음 이 소식을 전한 사람은 기미독립운동이 일어나기 직전 상하이로 건너간 개신교 목사 현순(玄楯)이었다. 3월 9일 그는 상하이에서 전보로 이 소식을 미국에 전하였다. 또한 찰스 데밍처럼 한국에서 활동하다가 귀국한 미국 선교사들도 이 놀라운 소식을 미국 사회에 전하였다. 이 무렵 서재필

---

19 박용옥, 『김마리아: 나는 대한의 독립과 결혼하였다』(서울: 홍성사, 2002).

은 누구보다도 한국의 식민주의 상황에 깊은 관심을 기울이고 있었다. 더구나 문서를 통한 홍보와 선전 활동을 전개하기 위해서는 무엇보다도 먼저 한국에서 일어난 사건의 진상을 정확하게 알고 있어야 하였을 것이다.

주인공 박한수가 길 목사와 헤어진 뒤 파고다공원 쪽으로 발길을 돌릴 때 이미 종로 거리는 사람들로 붐비기 시작한다. 그는 공원 입구에 들어설 때에는 이미 군중 수천 명이 흥분을 감춘 채 밀집해 있고, 사방에서 계속하여 사람들이 몰려들고 있는 모습을 본다. 연사 한 사람이 임시로 만들어놓은 단상에서 "그윽하고 낭랑한 목소리로"(34) 연설을 하고 있다. 키가 크고 강인한 얼굴 모습을 하고 있는 것으로 보아 박한수는 그가 남한 출신보다는 북한 출신이 아닌가 하고 추측한다.

『독립운동 자료집』에 따르면 이날 오후 두 시경 파고다공원에서 연설을 한 사람은 바로 수양산인(首陽山人) 정재용(鄭在鎔)이었다. 황해도 해주에서 태어난 그는 이 무렵 호러스 G. 언더우드가 정동에 설립하여 '언더우드 학당'이라고 부르던 경신(敬信)중학교를 졸업한 뒤 교회학교의 교사로 있었다. 1919년 3월 1일 파고다공원에서 손병희(孫秉熙) 등 민족대표와 박희도(朴熙道) · 이갑성(李甲成) 등의 종교계 대표, 김원벽(金元璧) · 강기덕(康基德) 등의 학생 대표들이 모여 독립선언식을 거행할 것을 알고 5천여 명의 학생들과 함께 참석하였다. 그런데 이날 민족대표들이 독립선언식 장소를 인사동 태화관(泰和館)으로 옮기고 나타나지 않아 군중이 혼란에 빠지자 정재용은 팔각정 단상으로 올라가서 독립선언서를 낭독하였다. 이에 격앙된 수천 명의 학생과 군중은 만세를 외치며 독립만세 시위를 전개하였다. 이때 정재용의 나이는 스물다섯의 청년이었다. 그는 이 일로 같은 해 8월 체포되어 평양 감옥에서 2년 6월형을 선고받고 감옥 생활을 하였다. 출옥한 뒤에는 독립운동단체 의용단(義勇團)에 참가하여 서광신(徐光信) · 이기춘(李起春) 등과 함께 항일운동에 진력하는 한편, 고향인 해주로 돌아가 의창(宜昌)학교에서 후학을 양성하면서 감리교회 목사로 목회 활동을 하다가 월남하였다. 1976년에 사망하였고, 1990년에서야 비로소 '건국훈장 애국장'을 추서받았다.

뒷날 정재용이 전하는 3월 1일 전후의 일을 좀 더 자세히 기록하면, 손병희를 대표로 하여 천도교와 기독교 그리고 불교의 지도적 인사로 구성된 민족대표 33인은 마침 고종황제의 인산(因山)이 3월 3일로 결정되자 많은 사람이 서울에 모일 것을 예측하고 3월 1일 정오를 기하여 파고다공원에 모여 독립선언서를 낭독한 뒤 인쇄물을 뿌리고 시위운동을 펴기로 하였다. 또한 각 지방에도 미리 조직을 짜고 독립선언서와 함께 운동의 방법과 날짜 등을 전달해두었다. 독립선언서와 일본 정부에 대한 통고문, 미국 대통령, 파리 강화회의 대표들에게 보낼 의견서는 최남선이 기초하고, 비용과 인쇄는 천도교 측이 맡아 2월 27일 밤 보성인쇄소에서 2만 1천 장을 인쇄하여 이튿날 아침부터 기독교 측과 천도교 측이 나누어 지방교회와 지방 교구로 은밀히 발송하였다.

정재용은 2월 28일 아침 감리교 중앙예배당 전도실에서 원산교회로 보내는 선언서 100여 장 중 1장을 호주머니 속에 넣고 나머지는 경성역(서울역) 대합실에 가서 방금 떠나려는 원산교회 전도사에게 말없이 건네주고 돌아온다. 오후 8시경 정동예배당 정원에서 이튿날 독립선언을 할 민족대표자 회의에 참석할 박희도 등과 만나 뒷일을 부탁받는다. 뜬눈으로 밤을 새우고 아침 일찍 박희도에게 찾아가 지난밤 회의 진행 상황을 물어본 그는 뜻밖의 소식을 듣는다. 즉 민족대표들은 일본 사람이 고종황제를 독살하였다는 소문으로 군중이 극도로 흥분되어 있는 상황에서 민족대표가 탑동(塔洞)공원 시위에 참석하여 학생과 군중 앞에서 독립선언서를 낭독하고 독립만세를 선창하는 것이 바람직하지 않다고 판단하였다. 그렇게 되면 군중은 격분하게 되고 일본 군경의 총칼에 희생자가 많이 생길 것 같기 때문에 이를 피하고 독립선언을 하기 위하여 학생 동원을 중지하고 장소를 인사동에 있는 태화관으로 옮기기로 하였다는 것이다. 아니나 다를까 손병희를 비롯한 33명의 민족대표는 3월 1일 오후 2시 정각 태화관에 모여 한용운(韓龍雲)이 독립선언서의 낭독을 끝내자 만세삼창을 부른 뒤 경찰에 통고하여 자진 체포당하였다.

이 말을 들은 정재용은 안타까운 마음에서 친구들과 함께 탑동공원 정자에 올라간다. 그러나 지방에서 인산을 보러 올라온 노인 십여 명밖에는 눈에 띄지 않는다. 그런데 오후 2시경이 되자 갑자기 공원 북문과 동문으로 탑을 중심하여 수천 명 학생과 군중이 몰려들어오기 시작하여 공원 안은 입추의 여지도 없이 된다. 정재용은 이때 호주머니 속에서 독립선언서를 꺼내어 두 손으로 활짝 펴들고 "조선독립선언서!" 하고 외친다. 이를 보고 학생과 군중은 함성을 지르고 모자를 공중으로 던지고 발로 땅을 구른다. 바로 이때 한 청년이 불쑥 나와 정재용이 낭독한 선언서를 달라고 하여 품에 품고 지팡이를 높이 쳐들고 독립만세의 시가행진의 선두에 서서 영사관 쪽을 향하여 행진해나갔던 것이다.[20]

그런데 정재용의 증언은 서재필이 『한수의 여행』에서 묘사하는 내용과 뼈대에서는 거의 일치하지만 몇몇 세부 사항에서는 조금 다르다. 예를 들어 정재용의 증언에 따르면 그는 군중이 많이 모이자 곧바로 독립선언서를 꺼내 낭독하고 만세를 선창하는 것으로 되어 있지만 서재필의 소설에는 독립선언서 낭독에 앞서 누군가가 비교적 길게 웅변적으로 연설을 한

20 고춘섭, 『수양산인 정재용 전기』(서울: 수양산인 기념회, 2008). 서울과 경기도에 걸쳐 있는 북한산 백운대 정상에는 바위에 한자로 다음과 같은 글이 새겨져 있다. "獨立宣言記事 己未年二月十日鮮獨立宣言書作成 京城府淸進町 六堂 崔南善也 庚寅生 己未年三月一日塔洞公園獨立宣言萬歲導唱 海州 首陽山人 鄭在鎔也 丙戌生." 대략 번역하면, 독립선언서를 작성한 사람은 육당 최남선이고, 그것을 탑동공원에서 읽고 만세를 먼저 부른 사람은 해주 수양산인 정재용이라는 것이다.

다. 주인공 박한수가 파고다공원 입구에 들어서자 이미 누군가가 군중에게 연설을 하고 있었다고 말하는 것으로 보면 그 연설은 작가가 작품에서 직접 인용하는 내용보다 훨씬 더 길 것이다. 연설을 모두 마친 뒤 그는 "그럼 이제 독립선언서를 낭독하겠습니다"(36) 하고 말한다.

『한수의 여행』에서 독립선언서를 낭독한 사람의 연설 내용도 좀 더 찬찬히 따져볼 필요가 있다. 이 연설에서는 좁게는 자주독립, 넓게는 인권에 관한 작가 서재필의 사상을 엿볼 수 있기 때문이다. 파고다공원의 연설자의 연설 주제는 크게 두 가지로 나뉜다. 첫 번째 주제는 인간의 자유와 인권에 관한 것이고, 두 번째 주제는 일본 제국주의의 식민지 지배의 부당성을 지적하는 것이다. 먼저 연설자는 인간에게 무엇보다도 자유가 소중하다고 부르짖는다.

> "자유는 인간에게 가장 소중한 축복입니다. 그러므로 자존심이 있고 하나님을 경외하는 사람이라면 누구나 자유를 위해 싸워야 합니다. 다른 모든 소중한 것처럼 우리는 그것을 쟁취하기 위해 노력해야 하고 필요하다면 목숨까지 바쳐야 합니다. 여러분의 죽음은 이 지상에서의 삶을 마감하는 것이지만, 만약 여러분의 죽음을 통하여 여러분의 자녀와 민족이 남의 나라의 굴레에서 벗어날 수만 있다면 한 순간도 그 죽음을 꺼려해서는 아니 됩니다. [……] 나사렛 예수가 인류의 영혼을 구하려고 목숨을 바친 것처럼 우리도 우리 민족을 위하여 우리의 목숨을 바쳐야 합니다. 목숨을 바쳐서라도 자유를 지킬 각오가 서 있지 않은 사람은 자유를 누릴 자격이 없습니다." (35)

위 인용문에서 연설자가 예수 그리스도의 희생을 일본 제국주의 굴레에서 벗어나기 위한 희생과 똑같은 차원에서 다루는 것이 언뜻 걸맞지 않아 보인다. 그러나 그가 이렇게 무리해 보이는 유추법을 사용하는 것은 인간에게 자유와 인권이 그토록 소중하다는 사실을 힘주어 말하기 위해서이다. 이 연설자에게 자유와 권리는 인간이 신에게 부여받은 "가장 소중한 축복"이지만, 다른 한편으로는 목숨을 바쳐서라도 기꺼이 지켜야 할 "정당한 권리일 뿐더러 신성한 의무"(36)이기도 하다.

이처럼 자유가 소중하다고 생각하는 것은 작가 서재필도 마찬가지였다. 그는 일찍이 1897년 2월 20일자 《독립신문》 논설에서 "사람마다 가진 자유권"을 존중하여야 한다고 부르짖는다. 또한 3주일 뒤 논설에서도 "그 나라에 사는 사람은 모두 그 나라 빅셩이므로 빅셩마다 얼마만큼 ᄒᆞᄂᆞ님이 주신 권리가 있는뒤 그 권리는 아모도 뺏지 못하는 권리"[21]라고 밝힌 적이 있다. 또 다른 논설에서도 그는 "사람은 모두 하나님께서 내셨다. 그러므로 사람은 사람을 짐승처럼 부려서는 안 되고 하나님께서 주신 그 사람의 권리를 존중해 주어야 한다"[22]고 지적한다. 서재필은 여기에서 기독교 교리에 바탕을 둔 천부인권(天賦人權) 사상을 주창하고 있다. 기독교가 이 무렵 조선 사람들에게 심어준 가장 큰 가치관 가운데 하나는 천부인권 사상으로 하나님 앞에 인간은 누구나 평등하다는 사민평등(四民平等)의 윤리였다. 뒷날 서재필이 주창하는 기독교민주주의는 그 뿌리를 캐어 들어가다 보면 이 천부인권 사상과 만나게 된다.

서재필은 1925년 태평양군축회의(워싱턴회의)에서 행한 연설에서도 인간의 자유와 권리가 얼마나 중요한지 다시 한 번 역설한다. "한국의 [독립] 문제는 비단 일본과의 문제만이 아니라 동양의 문제요, 전 세계 인류의 문제이다. 우리는 세계 어느 구석에서도 정의가 무시되고 인도가 유린되는 것을 묵인할 수 없다"[23]고 잘라 말한다. 이렇듯 천부인권설은 서재필

---

21 《독립신문》 1898년 12월 23일자.

22 《독립신문》 1898년 10월 16일자.

23 Philip Jaisohn, *My Days in Korea and Other Essays*.

에게 일제강점기에 이르러 처음 품게 된 생각이 아니라 갑신정변(甲申政變)이 실패한 뒤 미국에 망명하여 유학하면서 품기 시작한 일관된 생각이라고 할 수 있다. 그는 미국의 제도교육을 통하여 자유정신을 습득하였을 뿐만 아니라 미국에 살면서 일상생활을 통하여 자연스럽게 호흡하였던 것이다.

이렇게 인간의 자유와 권리는 하늘이 내려준 고귀한 것이라고 천명한 뒤 파고다공원의 연설자는 이번에는 일본 제국주의가 한국을 식민지로 삼는 것이 부당하다고 지적한다. 지금 한국이 일본 제국주의의 식민지가 될 만한 하등의 근거가 없다고 힘주어 말한다.

> "일본은 전쟁터에서 우리를 정복하지 않았습니다. 일본은 소위(所謂) '동맹조약'에 따라 그들의 병력으로 우리 영토를 점령했을 뿐입니다. 이 조약에서 일본은 우리의 자주독립과 영토 보전을 보장해 준다고 그들의 명예를 걸고 엄숙하게 맹세하였습니다. 그들의 군내와 진힘이 우리의 손님으로, 우리의 동맹으로 우리 영토에 들어왔던 것입니다. 그런데 손님으로 우리 영토에 들어온 뒤에는 우리의 독재자가 되고 뒤에는 주인 노릇을 하고 있습니다." (35)

여기에서 연설자가 말하는 '동맹조약'이란 다름 아닌 을사늑약(乙巳勒約)을 말한다. 그런데 "소위 '동맹조약'"이라는 표현을 찬찬히 눈여겨볼 필요가 있다. 영어 원문에는 "the so-called Treaty of Alliance"로 되어 있다. 한국어에서는 그렇게 드러나지 않지만 영어를 비롯한 서양어에서 이 표현은 흔히 불신이나 경멸의 뜻을 함축하기 일쑤이다. 즉 세상에서는 그것을 두고 흔히 '동맹조약' 운운하고 일컫는 모양이지만 자신은 그렇게 생각하지 않는다는 뜻이 은근히 내포되어 있는 말이다. 이렇게 연설자는 위 인용문에서 이러한 표현을 사용함으로써 한국과 조선 사이에 맺은 조약의 정당성을 문제 삼는다. 이른바 '제2차 한일협약'(第二次韓日協約)은 1905년 11월 17일 한국 정부의 박제순(朴齊純)과 일본 정부의 하야시 곤스케(林權助)가 체결한 불평등 조약이다. 을사년에 이루어졌기 때문에 흔히 '을사조약'이니, '을사오조약'이니, 또는 '을사보호조약'이니 하고 부르기도 하지만, 일본에 의하여 강제로 맺은 조약이라고 하여 요즈음에는 '을사늑약'이라는 용어를 널리 사용한다. 체결 당시의 정식 명칭은 '한일협상조약'으로 전문(前文)에는 "한국 정부와 일본국 정부의 공통의 이해를 위하여 한국이 부강해질 때까지"라는 형식상의 명목과 조건이 붙어 있다.

위 인용문에서 또 한 가지 눈을 끄는 것은 일본이 손님으로 한국에 들어와서는 주인 노릇을 하고 있다는 마지막 부분이다. 다시 말해서 연설자는 일본이 이 불평등 조약을 구실 삼아 한국을 침탈한 뒤 일어난 주객전도(主客顚倒) 현상을 지적한다. 동양이나 서양을 굳이 가르지 않고 제국주의 강대국이 약소국가를 처음에는 손님처럼 들어와 점차 주인을 몰아내고 대신 주인 노릇을 하는 것이 식민주의 침략자들의 전형적인 방법이다. 그러나 서양의 다른 식민지 종주국과 비교해볼 때 일본 제국주의는 억압과 침탈의 정도가 무척 심하다. 연설이 끝나자 곧바로 낭독하는 기미독립선언서에도 잘 드러나 있듯이 여러 분야에 걸쳐 온갖 방법으로 민족정신을 말살하려고 하였다. 이 점과 관련하여 독립선언서에서는 "學者는 講壇에서, 政治家는 實際에서, 我 世宗世業을 植民地視하고, 我 文化民族을 土昧人遇하야, 한갓 征服者의 快를 貪할 뿐이오 [……]" 하고 밝힌다.

이왕 조약을 언급하였으니 말이지만, 서재필은 일본뿐만 아니라 미국에 대해서도 한국과 맺은 조약을 성실히 이행할 것을 촉구한다. 기미독립운동이 일어난 직후 그는 미국에서 일본이 벌이고 있던 조직적 선전 활동에 대항하고 미국 사람들에게 조선의 사정을 알리기 위하여 자신이 사용하던 사무실에 한국홍보국을 설립한 뒤 영문 잡지 《코리아 리뷰》를 발간하였다. 서재필은 이 잡지를 통하여 일본 제국주의 만행을 널리 알리고 일제의 식민지 탄압이 부당하다는 것을 역설하였다. 또한 이 무렵 《신한민보》 같은 신문 발행을 적극적으로 지원하는 한편 이 신문에 글을 기고하였다.

더구나 서재필은 미국의 대통령 당선자 워런 G. 하딩에게 공개서한을 보내 1882년 한국이 미국과 맺은 조미수호통상조약(朝美修好通商條約)을 준수할 것을 요구하는 한편 1910년의 한일병합조약(韓日併合條約)이 부당하며 무효라는 사실을 주장하였다. 특히 그는 한국과 미국이 맺은 조약에 명시한 내용을 보면 일본 같은 제3국이 개입할 수 없을 뿐만 아니라 일본이 한국이 외국과 맺은 조약을 일방적으로 무효라고 선언할 국제법적인 근거가 없다는 논리를 폈다. 실제로 조미수호통상조약 제1조에는 "만약 다른 나라들이 조약국의 어느 하나를 불의(不義)하게나 압제적으로 대할 경우, 다른 조약국은 그 사정에 대하여 통고를 받은 뒤 중개 역할을 하여 우호적 타협이 이루어지도록 진력함으로써 선린우방의 정(情)을 보여야 한다"로 되어 있다.[24] 물론 냉엄한 국제 질서 속에서 이러한 요구는 묵살될 수밖에 없었다.

5. 선천 사건과 제암리 학살 사건

서재필은 『한수의 여행』에서 또 다른 일본 제국주의의 만행과 잔혹성

24 "Letter to the President-elect Warren G. Harding," *Korea Review* (December 1920); *My Days in Korea*, pp. 21~14.

을 폭로한다. 서울에서 벌어진 기미독립운동 시위에 참가한 박한수는 만주(滿洲)로 도피한다. 서둘러 압록강을 건너기 위하여 북쪽으로 가는 도중 그는 평안북도 선천에 잠시 들르고 이곳에서 일제의 비인간적인 만행을 목격한다. 군중이 경찰서 앞에 모여 일장기 대신 태극기를 게양하고 일본 경찰 간부들에게 태극기에 경례를 하고 만세를 부르도록 강요하고 있다. 그러나 무장한 일본 군인이 트럭을 타고 들이닥치면서 일본 경찰 간부에게 모욕을 주던 장소는 갑자기 수라장으로 바뀐다.

> 헌병대장은 부하들에게 그곳에서 얼마 떨어지지 않은 교회당 안에 군중을 몰아넣으라고 큰 소리를 질러 명령하였다. 40명가량의 사람들이 강제로 예배당 건물 안에 들어가자 헌병대장은 예배당 안을 향하여 사격을 가하도록 명령하였다. 그리하여 그들은 신성한 예배당 안에 있는 사람들을 마치 그 수만큼의 양(羊)을 살해하듯이 학살하였다. (50)

서재필은 이 장면을 실제 역사적 사건에서 빌려오되 장소를 살짝 바꾸어놓는다. 3월 1일에는 서울뿐만 아니라 평양을 비롯하여 진남포 · 안주 · 의주 · 원산 · 선천 등 한강 이북 지방에서도 독립선언식과 만세시위운동을 전개하였다. 그러나 예배당 안에 시위 군중을 몰아넣고 무자비하게 총살한 끔찍한 사건은 선천에서 일어난 것이 아니라 경기도 수원 근교 제암리(提巖里)에서 일어났다. 흔히 '제암리 학살 사건'으로 이 일컫는 이 만행은 1919년 4월 15일 경기도 화성시(당시 수원군) 향남면 제암리교회에서 일어난 학살 사건이다. 기미독립운동 이후 한국인에게 경각심을 불러일으키기 위하여 일본 경찰이 선천에서 독립군에 가담한 사람들을 효수(梟首)하였다는 기록은 있어도 교회에 가두고 학살하였다는 기록은 찾아볼 수 없다.

좀 더 구체적으로 말해서 이해 3월 30일 정오 제암리 발안 장터에서 독립만세운동이 일어났다. 만세운동은 이 지방 민족운동가들이 장터에서 대한독립만세를 선창함으로써 시작되었다. 장터에 모인 인근의 주민 천여 명이 따라 불렀고, 그 과정에서 일본 경찰의 위협사격과 시위 군중의 투석이 이어졌다. 일본군 진압 부대는 주재소로 다가가 군중에게 칼을 휘두르기 시작하여 몇 사람이 사망하고 부상당하였다. 이 광경을 보고 흥분한 시위 군중이 일본인 가옥이나 학교 등을 파괴하고 불을 질렀다. 이날 이후에도 주민들이 밤마다 뒷산에 올라 봉화를 올림으로써 만세운동은 계속되었다.

그로부터 2주일 뒤 4월 15일 육군 보병 79연대 소속 중위 아리타 도시오(有田俊夫)가 지휘하는 보병 열한 명이 제암리에 도착하였다. 아리타 부대는 발안에 살던 일본인과 조선인 순사보를 내세워 "만세운동을 진압하며 너무 심한 매질을 한 것을 사과하려고 왔다"고 주민들을 안심시킨 뒤 제암리 주민 가운데 열다섯 살 이상 성인 남자들을 모두 교회에 모이게 하였다. 미리 명단을 파악한 듯 교회에 나오지 않은 사람도 직접 찾아가 불러오기도 하였다. 아리타 중위는 교회에 모인 사람들에게 기독교의 가르침에 대하여 몇 마디 물은 뒤 교회 밖으로 나오자마자 부하들에게 사격 명령을 내렸고, 이에 교회당을 포위하고 있던 군인들이 창문을 통하여 안으로 사격을 가하였다. 사격이 끝난 뒤에는 짚더미와 석유를 끼얹고 불을 질렀다.

그해 4월 17일 캐나다 출신의 의료 선교사 프랭크 윌리엄 스코필드(한국 이름: 石虎弼)는 미국 장로회 선교사 호러스 언더우드, 미국 공사관의 부영사 레이먼드 커티스, 《인터내셔널 뉴스》의 특파원인 A. W. 테일러 일행과 함께 자동차를 타고 경기도 수촌리(水村里) 학살 사건 현장을 확인하러 가던 도중 우연히 제암리의 참상을 목격하였다. 이튿날 스코필드는 혼

자서 제암리와 수촌리를 다시 방문하였고, 그 뒤에도 여러 차례 오가면서 사태 수습을 돕는 한편, 『꺼지지 않는 불꽃』(1920)이라는 책을 출간하여 일제의 만행을 전 세계에 알렸다.[25] 신약성서에 보면 지옥의 불은 '꺼지지 않는 불'로 언급되어 있다. 스코필드가 일제의 만행을 '지옥 불'에 빗대는 것이 흥미롭다.

일본 제국주의의 만행은 비단 제암리와 수촌리에 그치지 않고 화성군 일대 마을에 걸쳐 폭넓게 이루어졌다. 이 무렵 현장을 직접 방문한 선교사들의 기록에 따르면 3 · 1운동 직후 화성군 일대 16개 마을과 5개 교회에서도 이와 비슷한 만행이 자행된 것으로 밝혀졌다. 이 사건이 일어날 당시 조선총독이었던 하세가와 요시미치(長谷川好道)는 일제 만행의 파문이 확산되자 아서 노블 선교사에게 교회 재건을 위하여 교회당 5백 엔(円), 그리고 불에 탄 집 한 채에 50엔씩을 지급할 것을 약속하고 그 사실을 비밀로 해달라고 미국 선교사들에게 당부하며 사건을 은폐하려고 시도하기도 하였다. 3 · 1운동의 책임을 지고 하세가와는 마침내 총독에서 물러나게 되었다.

장소를 비롯하여 몇몇 세부 사항에서 조금 차이가 있을 뿐 서재필이 『한수의 여행』에서 묘사하는 선천 학살 장면은 제암리 학살 사건과 아주 비슷하다. 제암리 사건에서는 30여 명이 학살당한 반면, 선천 사건에서는

---

25 한국기독교역사연구소 엮음, 『한국 기독교와 역사』(서울: 1997). 아서 노블 선교사의 부인인 마티 노블의 일기를 기초로 기독교대한감리회 서울연회에서 최근 펴낸 자료집에 따르면 제암리 현장을 방문한 것은 4월 17일이 아니라 4월 16일이다. 마티 노블은 일기에서 프랭크 스코필드 선교사의 이름을 언급하지 않는 것으로 보아 이틀에 나누어 따로 방문하였는지도 모른다. 제암리는 노블 선교사의 관할 지역으로 레이몬드 커티스 부영사와 호러스 언더우드, 그리고 테일러가 직접 학살 현장을 방문하여 만행을 확인하였다. 제암리를 방문한 그들은 일제의 만행이 소문으로 듣던 것보다 훨씬 참혹하였다고 전한다. 교회가 있던 자리에는 재와 숯처럼 까맣게 타버린 시체만이 있었고, 불에 탄 시체의 냄새가 속을 메슥거리게 할 정도로 참혹하였다고 한다. 또한 사람과 함께 곡식 창고와 가축들도 같이 타버렸다.

40여 명이 희생된 것으로 되어 있다. 또한 제암리 사건에서는 기독교인과 천도교인을 희생 제물로 삼은 반면, 선천 사건에서는 일본 간부들에게 모욕을 주던 시위 참가자들을 희생 제물로 삼았다. 제암리 사건에서는 교회에 사격을 가한 뒤 불을 질렀다는 점도 선천 사건과는 조금 다르다. 그러나 교회 건물 안에 군중을 몰아넣은 것이라든지, 일본 헌병들이 교회 문을 닫고 사격을 가한 것이라든지 하는 점에서 두 사건은 매우 비슷하다. 서재필은 이 장면을 묘사하면서 제암리 사건에서 힌트를 얻었음에 틀림없다.

6. '길 목사'와 길선주

기미독립운동이 일어나는 3월 1일 박한수를 데리고 평양에서 서울에 가는 길 목사도 좀 더 꼼꼼히 살펴보면 허구석 인물 못지않게 실제 역사적 인물임이 밝혀진다. 서재필은 길 목사를 비록 작품 한중간에 우연하게 등장시키지만 이 작중인물은 이 작품에서 자못 중요한 역할을 한다. 유럽 전선에서 제1차 세계대전에 참전한 뒤 5년 만에 다시 평양에 돌아오는 박한수는 "그의 친절한 친구요 스승"(26)인 조지프 맨리 선교사를 찾아가지만 그가 미국에 휴가를 떠나고 없는 것을 알자 이번에는 길 목사를 찾아간다. 길 목사는 그에게 자신과 같이 서울에 갈 것을 부탁하고, 그는 이 부탁을 받아들여 그와 함께 서울행 기차를 탄다.

기차 안에서 길 목사는 박한수에게 종이 한 장을 내어주면서 몰래 읽어보라고 말하고, 박한수는 그 종이가 다름 아닌 독립선언서임을 알아차리고는 몹시 놀란다.

"이 선언문은 13도 도민을 대표하는 34인이 서명할 것이오. 오늘 오후 두 시 정각에 삼백 곳에서 똑같은 시각에 일제히 공식으로 선포할 것이오. 만반의 준비는 다 끝났소이다. 오늘 3월 1일이 바로 그날이오." 길 목사는 혹시 엿듣는 사람이 있을까 계속 눈치를 살피면서 서둘러 나지막한 목소리로 말하였다.

"그렇게 되면 원수 놈들이 어떻게 할까요?" 한수가 물었다.

"모르지요. 우리는 그 일엔 상관하지 않소." 길 목사가 아무런 두려움 없이 대답하였다. (31)

위 인용문에서 길 목사가 말하는 상황은 모두 기미독립운동의 실제 상황과 일치한다. 도민 대표가 서명하는 것도 그러하고, 파고다공원에 모이는 시간도 그러하다. 다만 민족대표가 34인이 아니라 '34인'으로 언급하는 것이 사실과 조금 다를 뿐이다. 그러나 방금 앞에서 언급한 캐나다 선교사 프랭크 윌리엄 스코필드는 흔히 '민족대표 34인'으로 일컫는다. 외국인으로서 최초로 국립묘지에 묻힌 그는 1916년 세브란스 의학전문학교 세균학과 교수 겸 선교사로 처음 이 땅을 밟은 뒤 독립운동을 위하여 앞장섰다. 평소 일본의 식민주의 통치를 못마땅하게 생각하던 스코필드는 민족대표 33인 중의 한 사람인 이갑성(李甲成)의 주선으로 3 · 1운동의 외교부장 역할을 맡아 해외 정세를 알려주며 민족자결주의를 민족대표들에게 소개한 인물이다.

서재필은 『한수의 여행』에서 박한수가 길 목사를 평양에서 처음 만난 것으로 묘사한다. 제1차 세계대전이 끝난 뒤 고국에 돌아온 박한수는 조지프 맨리 선교사를 찾아가지만 그가 미국에 휴가를 가는 바람에 만나지 못하고 대신 길 목사를 만나는 것으로 플롯을 설정한다. 서재필은 "그러고 나서 그는 한인 교회 목사인 길 씨를 찾아갔다. 그런데 길 목사는 그를 반갑게 맞았으며 시베리아와 유럽에 겪은 경험에 대하여 질문을 많이 하였다"(30)고 말한다. 두 사람이 서울에 갈 때 열차가 남대문역(서울역)에 2시간 늦게 연착하는 바람에 길 목사가 태화관 모임에 참석하지 못할 뿐만 아니라 그가 직접 경찰서로 찾아가 자수하는 것으로 묘사한다. 또한 길 목사를 독립선언서에 서명하기로 한 민족대표 '34인' 중의 한 사람으로 언급한다. 그런가 하면 서재필은 길 목사의 입을 빌려 "나는 평양에 있는 제일장로교회의 길 목사요"(34) 하고 말하기도 한다.

이 장면에 등장하는 길 목사는 여러 정황으로 미루어보아 기독교 측의 인사로 독립선언서에 서명한 장로교 목사 영계(靈溪) 길선주임에 틀림없다. 1920년 경성지방법원 판결문에 따르면 그의 죄명은 '불온문서 작성 및 배포'이며 그와 관련한 사건 개요는 "파리에서 강화회의가 개최되어 평화를 위하여 이 기회에 조선민족도 궐기독립국을 형성하게 할 것을 기도하고 동지를 규합하여 1919년 3월 1일 오후 2시 파고다공원에서 조선민족대표자로서 조선 독립을 선언하고자, 선언서 기타 서류의 초안을 보고 이에 찬동하고 연명자 지면에 인장을 압날하였다"[26]고 되어 있다. 이 판결문은 서재필이 『한수의 여행』에서 묘사하는 길 목사의 인적 사항이나 행동과 여러모로 비슷하다.

1911년에 이른바 '105인 사건' 때 체포된 적이 있는 길선주는 1919년 3·1운동 때 기독교를 대표하는 민족대표 33인 중의 한 사람으로 참가하여 독립선언서에 서명하였다가 체포된 독립운동가이다. 그는 이승훈(李昇薰)에게 도장을 맡기고 3월 1일 당일에는 지방에 있었기 때문에 김병조(金秉祚)·유여대(劉如大)·정춘수(鄭春洙)와 함께 태화관에서 있은 독립선언서 낭독 모임에는 참가하지 못한 네 명의 민족대표 중 한 사람에 꼽힌다. 물론 지방에 있었기 때문에 길선주는 3·1운동이 일어나던 당일 태화관

26 국가기록원, 독립운동 관련 판결문, 2007년.

모임에 참석하지 않은 것은 물론이고 일본 경찰서에 직접 찾아가 자수를 하지도 않았다. 또한 그는 독립선언서에 서명한 민족대표 '34인' 중의 한 사람이 아니라 엄연히 '33인' 중의 한 사람에 속한다.

길선주는 관우(關羽)를 섬기는 무속인으로서 한 무리의 제자들을 거느릴 만큼 신통력을 인정받았던 사람이다. 이렇게 무속 신앙에 깊이 빠져 있던 중 캐나다 선교사 제임스 게일 부부가 존 번연의 종교소설을 1895년 한글로 번역하여 출간한 『천로역정』(天路歷程)을 탐독하고 큰 감명을 받은 나머지 1897년 기독교에 개종한 것으로 알려져 있다. 이해 그는 안창호가 독립협회(獨立協會) 평양 지부를 설립할 때 발기인이 되는 등 기독교 계열 인사들과 함께 사회 활동을 시작하였다. 한편 호러스 G. 언더우드 선교사의 아내 릴리언 H. 언더우드에 따르면 길선주는 《기독교 신문》에 실린 기사를 읽고 기독교에 귀의한 것으로 되어 있다. 그녀는 길선주를 "한국의 모든 지도자 중에서 가장 영성이 깊고 강력하고 영향력 있는 눈 먼 목사요, 한국에서 가장 크고 강한 토착 교회 목사"로 기록한다. 그러면서 남편이 시간과 정력과 돈을 바쳐 이 신문을 발행한 보람이 있다고 밝힌다.[27] 뒷날 새뮤얼 모펫 선교사가 설립한 평양신학교를 제1회로 졸업한 그는 1907년 평양 장대현교회에서 열린 부흥사경회를 통하여 '평양대부흥운동'을 일으키는 데 촉매 역할을 한 장본인이다.[28] 타고난 영적 감응 능력을 갖추고 있는 데다가 무속인으로 활약한 적이 있어 그는 어느 누구보다도 부흥회를 이끄는 데 더할 나위 없이 좋은 자질을 갖추고 있었다. 기미독립운동 때 기독교계 대표로 참여하였을 때 그는 평양 장로교회 목

---

27 Lillian H. Underwood, *Underwood of Korea* (New York: Fleming H. Revell, 1918), pp. 171~172.

28 길진경, 『영계 길선주』(서울: 종로서적, 1980); 길진경, 『길선주: 부흥의 새벽을 열다』 개정판(서울: 두란노, 2007), 112~118.

사로 목회 활동을 하고 있었다.

릴리언 언더우드가 '눈 먼 목사'라고 말하듯이 길선주는 기미독립운동이 일어날 즈음해서는 안질에 걸려 시력을 많이 잃은 상태에 있었다. 더구나 태화관 모임에도 참석하지 않은 사실도 확인이 되어 그는 체포된 32인 중에서 유일하게 무죄 판결을 받았다. 민족대표 33인에 참여하고도 독립유공자 선정에서 제외되었던 것이다. 최남선을 비롯하여 최린·박희도·정춘수가 뒷날 변절하여 친일 행위를 한 것과 비교해볼 때 길선주는 오히려 공을 인정받지 못한 경우에 해당한다. 최근 길선주가 1년 7개월 동안 옥고를 치른 사실이 추가로 확인됨에 따라 뒤늦게나마 2009년 광복절 기념식에서 건국훈장 독립장이 추서되었다.

길선주한테서 볼 수 있듯이 개신교 지도자 가운데에는 기미독립운동에 직접 또는 간접으로 참여한 사람이 무척 많다. 민족대표 33인 중에 길선주를 비롯하여 이승훈·이갑성·양전백·유여대·정춘수·김병조·박희도·이명룡(李明龍)·신홍식(申洪植)·오화영(吳華英)·최성모(崔聖模)·이필주(李弼柱)·김창준(金昌準)·박동완(朴東完)·신석구(申錫九) 등은 목사이거나 장로로서 기독교 인사만 그 절반 수준인 16명이 참가하였다는 사실은 이를 뒷받침한다. 이밖에도 기독교 지도자들은 이 무렵 독립선언서 서명뿐만 아니라 각종 문서 전달에서도 큰 역할을 하였다.

7. 서재필과 이승만

서재필은 『한수의 여행』에서 우남(雩南) 이승만(李承晩)에 대하여 언급하기도 한다. 주인공 박한수는 상하이 주재 미국 영사의 특별 배려로 미국 여객선 식당 웨이터로 취직하여 미국에 가던 중 잠깐 하와이 섬에 들린다. 머나먼 이국땅에서 동포를 만나고 이승만이 설립한 한인학교를 방문하고 그는 적잖이 감명을 받는다.

> [박한수는] 모국어로 이야기를 나눌 수 있는 사람들을 만나는 것이 퍽 기뻤다. 그는 한국 어린이 삼백여 명이 이 박사의 지도 아래 교육을 받고 있는 '기독교학원'에서 열린 한 회의에 참석하였다. 이 박사는 이 학원의 설립자이다. 전반적으로 호놀룰루에서 한수는 아주 즐거운 오후를 보냈고, 이렇게 멀리 떨어져 있는 섬에서 한국 거류민이 그렇게 빠르게 미국 생활에 동화되고 있다는 사실이 기뻤다. (67)

위 인용문에서 '이 박사'란 두말할 나위 없이 이승만을 가리킨다. 서재필은 영어 원문에 'Dr. Rhee'로 표기하고 있을 뿐인데 몇몇 다른 정황으로 미루어보더라도 이승만임에 틀림없다. 일찍부터 '박사'라는 칭호는 흔히 그를 가리키는 기호로 통하다시피 하였다. 그가 프린스턴대학교에서 「미국의 영향을 받은 영세중립론」이라는 논문으로 정치학 박사학위를 받은 것은 1910년, 그의 나이 서른다섯 살 때이다. 이승만은 미국에서 박사학위를 받은 최초의 한국인에 속한다.

또한 이승만은 자신의 성을 'Lee'나 'Yi'가 아닌 'Rhee'로 표기하여 관심을 끌기도 하였다. 이승만을 부정적으로 보는 피터 현(玄)은 이민 자서전 『만세!』(1986)에서 이 점을 날카롭게 비판한다. 현은 이승만이 자신의 성(姓)을 로마자로 'R–H–E–E'로 표기하는 데에서도 그의 괴팍한 성격을 알 수 있다고 지적한다. "그의 성은 조선조의 마지막 왕의 성을 포함하여 한국에서 가장 흔한 성에 속하며 음성적으로 'L–E–E'로 표기한다. 그런데도 [이승만은] 다른 모든 한국인과 구별 짓기 위하여 'R–H–E–E'로 표기하기로 선택하였다"[29]고 밝힌다.

서재필은 한국에 있을 때는 말할 것도 없고 미국에 있을 때에도 그를 잘 알고 있었다. 《독립신문》을 발행하던 무렵 서재필은 목요일마다 배재학당(培材學堂)에 나가 이승만을 비롯하여 주시경(周時經)과 신흥우(申興雨) 같은 학생들에게 세계사를 가르쳤고, 학생 토론 모임인 협성회(協成會)를 만들어 그들을 지도하였다. 또한 이승만은 서재필이 주도한 독립협회(獨立協會) 간부로 활동하고 만민공동회(萬民共同會)를 개최하였다. 두 번째로 미국에 건너간 뒤에도 서재필은 이승만과 함께 협력하여 독립운동을 전개해나간다. 가령 제1차 한인회의에서 그는 자신이 직접 영문으로 번역한 독립선언서를 이승만으로 하여금 낭독하도록 한다. 1922년 조병옥(趙炳玉)이 뉴욕 주에 한인 교포들의 모임인 한인회를 조직할 때에도 이승만과 함께 이를 적극적으로 지원하였다.

이 두 사람의 이러한 관계는 조국이 일본 제국주의로부터 해방을 맞이한 뒤에도 크게 달라지지 않았다. 다만 해방 뒤 서재필을 대통령으로 추대하려는 움직임이 일어나면서 그와 이승만 지지자들 사이에 갈등이 빚어지기 시작하였을 뿐이다. 또한 미군정 시절 이승만을 견제할 인물을 찾고 있던 존 하지 중장은 서재필을 자신의 고문 겸 남조선 과도정부의 특별의정관으로 초빙하였다. 그런데도 서재필은 1949년 이승만 전기 집필자 로버트 T. 올리버에게 보낸 편지에서 "이승만이야말로 신생 대한민국의 초대 대통령이 될 자격이 있는 유일한 인물이며 한국 역사상 가장 걸출한 인물 중 한 사람"[30]이라고 평가하였다. 이처럼 서재필과 이승만은

---

29 Peter Hyun, *Man Sei!: The Making of a Korean American* (Honolulu: University of Hawaii Press, 1986), p. 152. 피터 현은 개신교 목사로 독립운동에 앞장선 현순(玄楯)의 큰 아들이다. 이 자서전에서 피터 현은 자신의 아버지 현순이 이승만과 갈등을 빚은 내용을 자세히 기록한다.

30 Robert T. Oliver, *Syngman Rhee: The Man behind the Myth* (New York: Dodd, Mead, 1954), 251. 유영익, 『이승만 대통령 재평가』(연세대학교 현대한국학연구소 학술총서 1)(서

한국 현대사에서 서로 아주 깊이 관련되어 있었다.

위 인용문에서 이승만이 설립하였다는 '기독교학원'이란 바로 '한인기독교학원'을 말한다. 처음에는 '한인여자성경학원'으로 설립하였다가 뒷날 남녀공학의 학원으로 개편하면서 이름도 '한인기독교학원'으로 고쳤다. 1913년 2월 하와이에 정착한 이승만은 같은 해 8월에 하와이 미 감리교회가 운영하는 '한인기숙학교'의 교장을 맡아 한국어와 한문을 새로 가르치고 학교 이름도 '한인중앙학원'으로 바꾸었다. 또한 1914년 7월에는 '한인여자성경학원'을 설립하여 운영하기도 하였다. 1918년 7월 호놀룰루에 창설한 '신립교회'도 그 이름을 그해 12월 '한인기독교회'로 바꾼 것과 비슷하다. 이승만은 한편으로는 재외 동포의 2세 교육에 힘썼고, 다른 한편으로는 한인 교회 확장에 관심을 기울였다.

그러나 『한수의 여행』에서 서재필이 밝히고 있지 않지만 이승만은 하와이 교민 사회에서 불화를 빚기도 하였다. 1913년 한인기숙학교의 교장을 맡게 된 것은 의형제를 맺은 박용만(朴容萬) 때문이었다. 하와이에서 군사력을 키우며 일본 제국주의에 맞설 무력 독립을 계획하고 있던 박용만은 미국 유학을 마친 뒤 로스엔젤리스에 머물고 있던 이승만을 하와이에 초청하였다. 그러나 한인기숙학교 교장으로 기반을 얻은 이승만은 서서히 자기 세력을 구축하기 시작하였다. 그러던 중 일본 영사가 거금을 학교에 지원하였다는 신문 보도가 문제가 되어 윌리엄 프라이 감리사로부터 재정권을 박탈당하게 되자 이에 불복하여 교장 직을 사임하고 "선교사 후원 없는 학교를 세우자"고 교포를 설득하여 한인여자학교를 설립하고 나간 것이 민족 세력 분열의 첫 조짐이었다.

1918년 이승만이 세운 한인기독교회도 따지고 보면 분열의 결과와 다

울: 연세대학교 출판부, 2006), (?).

름없었다. 국민회 안에도 분열이 일어났다. 이승만이 발행하던 잡지 《한국 태평양지》는 대한인국민회(大韓人國民會) 간부들이 공금을 유용한다는 기사를 게재하여 국민회 안에 내분이 일어났고, 안창호의 중재에도 불구하고 하와이 교포 사회는 마침내 박용만파와 이승만파로 두 동강이로 갈라지고 말았다. 이승만은 국민회를 탈퇴하여 대한인동지회(大韓人同志會)를 결성하고 호놀룰루에 따로 한인기독교회를 세웠던 것이다. 그런가 하면 이승만은 안창호의 신민회(新民會)가 중심이 되어 조직한 대한국민회(大韓國民會)와도 갈등을 빚기도 하였다. 박노영(朴魯英, No-Yong Park)의 아내 김난혜(金蘭兮, Lanhei Kim)는 이민 자서전 『사해(四海)를 바라보며』(1984)에서 뉴욕에서 이승만으로부터 데이트 신청을 받고 받아들인다. 그러나 "하와이에 머물러 있을 때 여자 친구와의 과거 관계와 관련하여 로스앤젤리스 한인 사회에서 들어 온 소문" 때문에 데이트 약속을 취소하였다고 털어놓는다.[31] 이 무렵 하와이에서 이승만은 정치적인 문제뿐만 아니라 개인적 문제에서도 불미스러운 일이 있었던 것 같다.

8. 독립운동의 세 방략

기미독립운동이 일어난 뒤 그해 11월 대한민국임시정부가 수립되면서 항일독립운동에 대한 방략은 크게 세 가지로 나뉜다. 이승만의 외교독립론, 박용만과 이동휘(李東輝)의 무장독립론, 그리고 서재필과 안창호의 준비론이 바로 그것이다. 첫 번째 태도는 이승만처럼 국제 외교를 통하여

---

31 Lanhei Kim Park, *Facing Four Ways: The Autobiography of Lanhei Kim Park*(Mrs. No-Yong Park), ed., Chinn Callan (Oceanside: Orchid Park Press, 1984), p. 334; 김욱동, 「한국계 미국 작가들이 본 이승만」, 《동아연구》 제55집(2008년 8월), 26~31.

독립을 쟁취하여야 한다는 입장이다. 외교를 통한 독립을 극단적으로 밀고 나간 나머지 그는 국제연맹(國際聯盟)에 위임 통치를 청원하기에 이른다. "한국이 자주독립을 할 때까지"라는 단서와 조건을 달기는 하였지만 이승만의 태도는 적잖이 저항에 부딪쳤다. 이 사건을 계기로 그는 임시정부의 몇몇 독립운동가들과 갈등을 빚다가 마침내 1925년 임시정부 의정원의 탄핵 의결로 대통령직에서 면직되었다. 해방 뒤 독립정부 수립 과정에서도 한국 문제를 국제연합(國際聯合)에 이관하는 외교를 추진하였다. 그러고 보니 그를 두고 흔히 '외교의 화신'이라고 부르는 것도 그렇게 무리가 아닌 듯하다.

항일독립운동에 대한 두 번째 태도는 박용만처럼 무력을 통하여 독립을 쟁취하여야 한다는 입장이다. 일찍이 미국에 건너가 네브래스카주립대학에서 정치학을 전공하면서 부전공으로 군사학 과목을 이수하여 일종의 ROTC 과정도 이수하였다. 대학에 다닐 1910년 4월 그는 네브래스카주 헤이스팅스에 위치한 대학 구내 기숙사에 '한인소년병학교'를 개설하고 여름방학 기간을 이용하여 한인 학생 30여 명을 소집하여 그들에게 군사교육과 훈련을 실시하였다. 그 뒤 1914년에는 하와이에서 '대조선국민군단'(大朝鮮國民軍團)을 창설하였고, 1919년에는 중국 질린(吉林)에서 '대한독립의군부'(大韓獨立義軍部)를 창립하는 데 관여하였다. 1928년 베이징(北京)에서 의열단 단원 이해명(李海鳴)에게 암살될 때가지 박용만은 일본 제국주의에 맞설 수 있는 무력을 기르는 데 온힘을 쏟았다.

이렇게 무장하고 군사력을 키워 일본 제국주의 맞서 싸워야 한다고 주장한다는 점에서는 이동휘도 박용만과 크게 다르지 않다. 열여덟 살 때 해군 군관학교에 입학하여 졸업한 뒤 강화진(江華鎭) 위대참령으로 근무하였고, 군대가 해산된 뒤에는 블라디보스토크로 건너갔다. 1920년 중엽 이동휘는 소련과의 관계를 강화함으로써 항일 무장 투쟁을 전개할 것을 촉구하였다. 이러한 목적으로 임시정부를 전면적으로 개편할 것을 주창하기도 하였다. 임시정부와 소련 정부 사이에 소련 정부의 한국독립군 양성 원조, 임시정부의 공산주의 선전을 주요 내용으로 하는 공수동맹(攻守同盟)을 체결한 것도 그의 무장 독립론의 일환이었다.

항일독립운동에 대한 세 번째 태도는 서로 첨예하게 맞서는 이 두 가지 입장을 절충하는 것으로 볼 수 있다. 흔히 '준비론'으로 일컫는 안창호의 입장을 비롯하여 서재필의 독립운동 방략이 바로 여기에 속한다. 이 두 사람은 어디까지나 홍보나 선전 또는 국민의 의식계몽을 통하여 조국을 독립시키려고 하였다. 서재필의 독립운동 방략에 대하여 유영익(柳永益)은 크게 선전 홍보와 실력 양성론의 두 가지로 나눈다.[32] 서재필이 '한국홍보국'을 설치하여 잡지와 책자를 발간하는 한편, '한국친우회'를 결성하여 일본의 만행과 한국의 사정을 널리 알리는 데 관심을 기울였다. 또한 서재필은 한국이 독립을 쟁취하기 위해서는 민족이 도덕적으로 무장되어야 한다고 지적하였다. 1919년 11월 《신한민보》에 기고한 글에서 서재필은 "가령 동포 사이에 서로 불법함이 있거든 [서로] 만나 평화적인 수단으로 해결할지언정, 공연히 밖에다 파당을 짓지 않는 것이 오늘 우리 거룩한 대한 민족의 양심적 의무이다"[33] 하고 천명한다. 그런데 그에게 이렇게 한민족이 도덕적으로 무장하는 데 지름길은 바로 교육이다. 물론 그는 실학에 바탕을 둔 실무 교육을 강조하면서도 도덕 교육의 고삐를 좀처럼 늦추지 않는다.

한편 안창호도 서재필처럼 외교나 군사력보다는 민족의 도덕성과 계몽에 주력하였다. 한일병합이 있기 3년 전인 1907년 이갑(李甲)·양기탁(梁

---

32 유영익, 「서재필의 독립운동 사상과 방략」, 『서재필과 그 시대』(서울: 서재필 기념회, 2003), 423~444.

33 《신한민보》 1919년 11월 22일자.

起鐸)·신채호(申采浩) 등과 함께 비밀결사 단체인 신민회(新民會)를 조직하고, 한일병합이 있은 지 3년 뒤인 1913년에는 흥사단(興士團)을 설립한 것은 바로 그러한 까닭에서이다. 안창호는 독립을 쟁취하기 위해서는 무엇보다도 먼저 도덕적으로 건강한 인격자가 되어야 한다고 주장하였다. 예를 들어 그는 평양의 대성학교 학생들과 청년들에게 "그대는 나라를 사랑하는가. 그러면 먼저 그대가 건전한 인격이 되라"고 가르친다. 또한 "백성의 질고(疾苦)를 어여삐 여기거든 그대가 먼저 의사가 되라. 의사까지는 못 되더라도 그대의 병부터 고쳐서 건전한 사람이 되라"고 설파한다.

안창호는 이렇게 도덕을 함양하는 한편 실력을 양성하고 인재를 육성하여야 한다고 부르짖었다. 이 점과 관련하여 그는 "우리가 나라를 잃은 것은 이완용 일개인 탓도 아니오, 일본 탓도 아니라 우리가 힘이 없어서였다. 그러하니 나라의 독립은 국민 개개인이 힘을 가질 때 비로소 얻을 수 있는 것이므로 점진적으로 힘을 키워나가는 방향으로 투쟁을 할 것이다"[34] 하고 말한 것으로 전해진다. 춘원 이광수가 문학을 수단으로 삼아 의식계몽 운동을 전개하고 민족 개조론을 부르짖은 것도 따지고 보면 안창호한테서 받은 영향 때문이다. 물론 자칫 이상주의에 흐를 안창호의 준비론은 급진파로부터 적잖이 비판을 받기도 하였다. 그런데도 그는 자신의 뜻을 굽히지 않고 한국이 문명개화의 부강한 나라가 되는 데 가장 필요한 것은 실력을 갖춘 인재를 키우는 것이라고 역설하였다.

"우리 민족의 불행의 책임을 자기 이외에 돌리려고 하니 대관절 당신은 왜 못

34 안창호의 이 말은 비서 유상규(劉相奎)에게 하였다고 전해진다. 김영식, 「도산 안창호와 태허 유상규」, 《신동아》 통권 581호 (2008년 2월호), 578~587.

하고 남만 책망하려고 하시오? 우리나라가 독립이 못되는 것이 다 나 때문이로구나 하고 가슴을 두드리고 아프게 뉘우칠 생각은 왜 못하고 어찌하여 그 놈이 죽일 놈이요, 저 놈이 죽일 놈이요 라고만 하고 가만 앉아계시오? 내가 죽일 놈이라고 왜들 깨닫지 못하시오? 우리 가운데 인물이 없는 것은 인물이 되려고 마음먹고 힘쓰는 사람이 없는 까닭이요. 인물이 없다고 한탄하는 그 사람 자신이 왜 인물 될 공부를 아니 하는 것이오?"[35]

위 인용문을 읽다 보면 안창호가 쓴 글인지, 아니면 서재필이 쓴 글인지 적잖이 혼란스럽다. 그만큼 이 두 독립운동가는 사상과 독립에 대한 태도가 서로 비슷하다. 서재필은 북미조선유학생회의 기관지에 기고한 글에서 "한국사람의 약점은 인구가 적다거나 국토 면적이 한정된 것이라기보다는 단결심이 부족하고 국민 사이에 단일한 목표가 서 있지 않은 데 있다. 한국사람들은 너무 오랫동안 분리된 삶을 살아서 공통의 적에 대항하여 자신을 보호하기 위하여 힘과 지원을 모을 필요성을 깨닫지 못하였다"[36]고 밝힌다. 그런데 서재필의 이러한 태도는 민족의 불행을 남의 탓으로만 돌리지 말아야 한다는 안창호의 주장과 일맥상통한다.

서재필과 안창호의 이러한 입장은 『한수의 여행』의 주인공 박한수와 그에게 영향을 주는 김상설 목사한테서 쉽게 엿볼 수 있다. 평양에서 앞으로의 진로를 묻는 마이라 노먼에게 주인공은 "어떤 필생의 일에 정착하기 전에 미국에 건너가 고등교육을 받고 싶다"(23)고 고백한다. 그러면서 "무엇보다도 가장 바라는 것은 [내] 민족을 위하여 봉사할 만한 위치에 있는 것이다"(23) 하고 밝힌다. 그로부터 몇 년이 지난 뒤에도 그는 여전히

---

35 오경준, 『우리가 아는 것들, 성경에는 없다』(서울: 홍성사, 2004), 190.

36 Philip Jaisohn, "Do You Know What Korea Expects of You?," *The Korean Student Bulletin*, July, 1925.

"다른 사람들을 계몽시키기 위해서는 좀 더 교육을 받을 필요가 있다"(58)고 털어놓는다. "미국에 건너가 몇 년 동안 공부를 하여 좀 더 넓고 중요한 일을 할 수 있는 준비를 갖추어야 한다"(58)고 말한다. 여기에서 그가 말하는 '좀 더 넓고 중요한 일'이란 두말할 나위 없이 조국의 독립을 쟁취하기 위한 운동일 것이다.

그런가 하면 기독교 믿음에 뿌리를 둔 안창호의 애국심은 『한수의 여행』에서 김상설이라는 작중인물한테서 잘 드러나 있다. 김상설 목사 역시 안창호처럼 기독교 신앙과 민족애나 애국심을 좀처럼 구분 짓지 않는다. 이 두 사람에게 예수 그리스도를 사랑하는 것은 곧 민족과 조국을 사랑하는 것이고, 이와는 반대로 민족과 조국을 사랑하지 않고서는 그리스도를 사랑할 수 없다. 안창호는 "개인이 제 민족을 위해서 일함으로 인류와 하느님 나라에 대한 의무를 수행한다"느니, "나라가 없고서 한 집과 한 몸이 있을 수 없으며, 민족이 천대 받을 때에 혼자만이 영광을 누릴 수 없다"느니 하고 말하였다. 최기영(崔起榮)이 지적하듯이 "안창호는 내세를 지향하는 기독교를 신앙하면서도 현실에 대한 관심을 버리지 않았다"[37]고 할 수 있다. 평생 동안 헌신적으로 민족의 계몽과 독립을 위하여 온힘을 쏟았으면서도 언제나 자신을 '민족의 죄인'이라고 생각하면서 회개하였다고 한다. 그러고 보니 파인(巴人) 김동환(金東煥)이 왜 안창호를 '한국의 예레미야'라고 불렀는지 이해가 간다.

그런데 안창호의 이러한 말은 김상설의 목사의 말과 아주 비슷하다. 가령 김상설은 박한수에게 "만약 어느 누군가가 자신의 조국을 위하여 일하거나 목숨을 바치지 않는다면, 그 사람은 기독교인이 아니오. 만약 자

37 최기영, 「도산 안창호」, 한국기독교역사연구소 엮음, 『믿음, 그리고 겨레사랑』(서울: 한국기독교역사연구소, 2000), 109~126.

신의 조국을 배반한다면, 그 사람은 자신의 가족과 친구들과 자신의 하나님을 배반하는 것이오. 하나님은 절대로 그런 인간에게 자비를 베풀지 않을 것이오"(16) 하고 말한다. 그러면서 김상설은 젊은 주인공에게 "기독교 학교에 가서 당신 조국을 위하여 하려고 하는 봉사를 할 수 있도록 준비를 하시오"(17) 하고 권한다. 이렇듯 김상설에게 조국과 기독교는 마치 샴의 쌍둥이처럼 떼려야 뗄 수 없이 서로 깊이 연결되어 있다. 서재필은 김상설이 선천에 있는 미션스쿨과 평양신학교를 졸업하였다고 밝히고 있지만 그의 사상과 세계관을 보면 안창호가 평양에 설립한 대성학교를 다녔다는 착각이 들 정도이다. 이 무렵 이승훈(李昇薰)이 정주에 세운 오산(五山)학교와 더불어 대성학교는 서북지역 민족 교육과 애국계몽운동의 산실과 다름없었던 것이다.

『한수의 여행』에서 서재필이 자신의 입장을 대변하는 작중인물뿐만 아니라 이승만이나 박용만의 입장의 대변하는 작중인물을 등장시키는 점도 무척 흥미롭다. 미국 '노던'대학의 총장 휴스턴 박사는 비록 간접적이나마 여러모로 이승만과 비슷한 인물이다. 미국행 여객선에서 휴스턴은 박한수한테서 한국의 역사를 비롯하여 일제 식민주의 상황과 독립운동 그리고 일제의 기독교인의 박해 등에 관하여 많은 것을 듣는다. 여객선 도서실에서 한국에 관한 문헌을 섭렵한 뒤 어느 날 휴스턴은 그에게 "미국이 한국에 대하여 법적 의무는 말할 것도 없고 도덕적 의무를 지고 있습니다"(65) 하고 밝힌다. 여기에서 그가 말하는 '법적 의무'란 미국이 한국과 조미수호통상조약을 맺을 때 약속한 국제법의 관례를 가리킨다. 다시 말해서 미국은 외교적으로 한국을 도와 일제 식민주의의 굴레에서 벗어날 수 있도록 해주어야 한다. 그렇게 하는 것이 곧 조약을 이행하는 것일 뿐만 아니라 궁극적으로 미국이 아시아에서의 이권을 보호하고 기독교 문명을 전파하는 방법이라고 지적한다.

한편 압록강 근처에서 경비를 서고 있는 한국인 출신 일본 경찰은 박용만의 무장 독립론을 지지하는 작중인물이다. 기미독립운동에 대하여 어떻게 생각하느냐고 짐짓 물어보자 그는 주인공에게 독립만세운동은 한낱 헛된 일에 지나지 않는다고 말한다.

> "나 또한 어떤 한국사람 못지않게 일본사람을 증오하지만 독립운동은 아주 어리석은 일이라고 생각하네. 그런다고 왜놈들이 한국을 떠날 리가 없으니까 말일세. 지금 같은 상황에선 최선을 다하여 그놈들과 잘 어울리는 쪽이 상책이지. 그러면서 비밀리에 한국인들에게 전투 기술을 훈련시킬 수 있지. 그러고 나서 우리가 충분히 훈련이 되면 그때 일어나서 일본놈들을 힘으로 몰아내는 거야." (53)

일본 경찰의 이러한 태도는 박용만이나 이동휘의 입장과 크게 다르지 않다. 이 세 사람은 하나같이 무력으로 일본 사람들과 맞서 싸울 준비가 되지 않은 상태에서 독립운동을 일으키면 아깝게 희생자만 생길 뿐이라고 생각한다. 지금은 일본 제국주의자들에게 협력하는 척하며 무력을 기를 때라는 것이다. 더구나 박한수가 그에게 만약 군사 훈련시키는 곳이 있다면 가담하겠느냐고 넌지시 묻자 일본 경찰은 곧바로 "물론이지. 즉시 그런 조직에 가담하겠네. 하지만 평화스러운 시위에는 절대로 가담하지 않겠어. 아무런 효과도 없고 실리가 없으니까 말이야"(53) 하고 대답한다.

9. 제1차 세계대전의 빛과 그림자

『한수의 여행』에서 무심코 지나치기 쉽지만 제1차 세계대전도 작품의 플롯이나 작중인물들의 행동에 자못 중요한 역할을 한다. 서재필은 주인공 박한수가 조지프 맨리 선교사를 따라 서울을 방문하여 그곳에 머무는 동안 전쟁 소식을 처음 듣는 것을 묘사한다. 저녁이면 박한수는 늘 하던 대로 맨리 선교사의 호텔을 방문하여 이야기를 나눈다. 그러던 어느 날 박한수가 호텔 방에 들어가자마자 맨리는 그에게 유럽에 전쟁이 일어났다고 전해준다.

> "이보게, 유럽에서는 독일과, 러시아를 포함한 다른 유럽 나라 사이에 전쟁이 선포되었다네."
>
> "박사님, 도대체 이 전쟁이 일어난 원인이 뭡니까?" 한수가 물었다.
>
> 그러자 맨리 박사는 그에게 이 세계대전을 야기한 근본적이고 직접적인 모든 원인을 자세하게 설명해 주었다. 그러면서 잔인한 무력을 빌려 세계를 제패하려는 독일 군국주의의 야심에 관한 이야기를 들려주었다. (25)

맨리 선교사의 설명을 듣고 난 박한수는 무척 흥분한다. 그러면서 박한수는 그에게 "그렇다면 독일은 일본과 같은 나라가 아닙니까?"(25) 하고 묻는다. 맨리 선교사가 적어도 침략 방법과 전술을 독일에서 배웠다는 점에서는 그러하다고 대답하자 박한수는 "저는 군국주의가 존재하는 곳이라면 어디든지 그것과 싸우고 싶습니다. 군국주의가 세력을 얻는다는 것은 모든 약소국가에게 영원한 속박을 뜻하기 때문입니다"(25) 하고 흥분한 어조로 밝힌다. 계속하여 박한수는 "만약 유럽에서 군국주의를 몰아낸다면 군국주의는 아시아에서도 발을 붙이지 못할 겁니다"(26) 하고 말한다.

이렇듯 박한수는 군국주의 국가들과 그들의 약소국가 침략에 강하게 반발한다. 작품 첫머리에서 일본인 역무원을 구타하였다고 감옥에 갇혀 노역 처벌을 받는 등 일본 제국주의를 몸소 겪은 그로서는 어쩌면 당연하다고 할 수 있다. 지금껏 자신을 자식처럼 친구처럼 보살펴주다시피 한 맨리에게 인사도 하지 않고 전쟁에 참전하기 위하여 러시아로 떠난다. 그러나 제1차 세계대전은 박한수가 생각하는 대로 군국주의를 세계에서 축출하는 방향으로 진행되지 않았다. 일본은 일영동맹을 빌미삼아 영국의 전쟁 상대국인 독일에 맞서 참전함으로써 아시아에서의 일본의 입지를 한층 더 강화시키는 결과를 낳았다. 전쟁을 계기로 식민지와의 연결이 끊어지고 경제적으로 막대한 타격을 입은 영국과 프랑스와는 달리, 일본은 어떤 피해를 입기는커녕 오히려 태평양과 중국에 식민지를 획득함으로써 제2차 세계대전의 불씨를 만들어놓았다. 바로 여기에 역사의 아이러니가 있다.

『한수의 여행』에서 주인공 박한수는 블라디보스토크에 주둔한 러시아 극동군 부대에서 훈련을 받는다. 이 무렵 러시아 정부에서는 인종과 민족을 가리지 않고 두루 젊은이들을 러시아 군대에 모집하고 있어 여간 다행스럽지가 않았다고 밝힌다. 그리하여 이곳에 도착하자마자 곧바로 러시아 군대에 입대한 박한수는 러시아 장교와 한국인 장교 밑에서 훈련을 받았다고 말한다. 실제로 이 지역에는 한국인 거류민으로만 편성되다시피 한 사단이 있을 만큼 한인 교포들이 많이 살고 있었다. 또한 그들은 독일이 러시아 정부와 전쟁을 일으키자 이 전쟁에 적극적으로 호응하였다.

서재필의 지적대로 블라디보스토크를 비롯한 러시아 연해주에는 한인들이 많이 살고 있었을 뿐만 아니라 그들은 제1차 세계대전에 적극적으로 참여하였다. 보리스 박과 니콜라이 부가이는 최근에 출간한 저서 『러시아에서의 140년간』(2003)에서 한일병합 이후 러시아 연해주에 이주해온 한인의 수가 부쩍 늘었고 러시아와 독일 사이에 전쟁이 일어나자 이곳에 살고 있던 한인들이 제1차 세계대전에 적극적으로 참여하였다고 밝힌다.

> 제1차 세계대전 기간 중 러시아 국적을 취득한 한인의 수가 이처럼 급격하게 증가한 것은 아마도 전시에도 한인에 대한 러시아 국적 부여가 계속된 점으로 설명될 것이다. 뿐만 아니라 세계대전 기간 중 짜르 정부는 전선으로 향할 현역군에 한인들을 적극 모집하였다. 10월 혁명 이후 몇 년간 극도에서 한인 사회주의 운동에 참가했던 유명한 활동가 이반 고젠스키(박진순과 동일인)의 증언에 따르면 두호프스코이 총독 재임 시절 러시아 국적을 취득해 토지를 분배받은 한인들은 전쟁 초기부터 "거의 전원이 동원령에 응하였다"고 한다. 그는 다음과 같이 적고 있다. "19세에서 47세까지의 남자들은 총을 들었다. 그 수는 1천 명에 달했고 그 중 장교도 150명 정도 있었다."[38]

연해주에 살고 있는 한인들이 러시아 국적을 취득하였다는 것은 러시아에 '손님'으로 거주하는 것이 아니라 '주인'처럼 살기를 원한다는 것을 뜻한다. 더구나 러시아 국적을 취득한 한인들은 기꺼이 러시아 극동군에 입대하기도 하였다. 어쩌면 그들은 박한수처럼 독일 군국주의와 맞서 싸우는 것이 곧 일본 제국주의와 싸우는 것으로 생각하였는지 모른다. 이 무렵 블라디보스토크에는 경제적 이유 때문에 이주해온 사람들이 대부분이었지만 항일운동을 하려고 이주해온 사람도 적지 않았다. 최근 박환(朴桓)은 『러시아지역 한인언론과 민족운동』(2008)에서 안중근(安重根)이 하얼빈(哈爾濱)에서 일본 제국주의의 아시아 진출과 조선의 식민지화를 주도한 이토 히로부미(伊藤博文)를 저격한 데에는 블라디보스토크에서 발행되던 《대동공보》(大東共報) 등 한인 신문이 주도적 역할을 하였다고 주장하여 관심을 모았다.[39] 비록 이 점을 고려한다고 하여도 전투에 참가할 수

38 보리스 박, 니콜라이 부가이 지음, 김광환 · 이백용 옮김, 『러시아에서의 140년간』(서울: 시대정신, 2004), 103~104.

39 박환, 『러시아지역 한인언론과 민족운동』(서울: 경인문화사, 2008), 418~419.

있는 한인 거의 대부분이 동원령에 따랐다는 것은 여간 놀랍지 않다. 러시아 군대에 입대한 한인이 사병 1천 명에 장교만도 150명 정도가 되었다는 사실에서는 러시아 정부에 대한 충성심과 함께 일본 제국주의에 대한 증오심이 과연 어떠하였는지 미루어보고도 남는다.

더구나 보리스 박과 니콜라이 부가이는 연해주 한인 주민들이 제1차 세계대전에 사용할 전쟁 비용을 충당하도록 러시아 정부에 상당한 양의 구리를 기부하였다고 밝힌다. 그들은 러시아의 승리를 위하여 목숨을 바치는 것은 말할 것도 없고 이렇게 물질을 바치기도 하였다. 이 무렵 그들이 물질적으로 얼마나 열악한 조건에서 살고 있었는가를 생각할 때 그들의 이러한 행위는 가히 애국적이라고 할 수 있다. 박과 부가이에 따르면 훈련을 마치고 박한수처럼 유럽 전선으로 떠나는 1915년 하바로프스크 · 블라디보스토크 · 벨리예스프키에 살고 있는 한인 3천여 명이 러시아 국적 취득과 함께 러시아 군대에 입대할 의사를 밝혔으며 러시아군 참모본부 총사령부는 그들의 청원을 거의 대부분 받아들였다는 것이다.

블라디보스토크에서 박한수는 기관총 분대에서 훈련을 받은 뒤 폴란드의 바르샤바 전투를 비롯하여 브레스트 리토브스크 지역의 힌덴비크 전투 등에 참가한다. 그가 소속된 부대는 엄청난 인명 피해를 입은 뒤 스모렌스크에서 해산되어 그는 블라디보스토크로 다시 돌아온다. 이때 한국계 병사들에 대하여 이 소설의 화자는 "제정 러시아 정부의 붕괴, 그 뒤의 혁명과 반혁명, 그리고 그 뒤에 이은 한국군의 공적이 알려지지 않았다. [……] 꽁꽁 얼어붙은 황량한 시베리아로 돌아온 뒤 그들은 대부분의 시간을 들짐승처럼 살았다"(28)고 적는다.

이렇듯 러시아 군대의 일원으로 제1차 세계대전에 참전한 한인들의 활약은 서재필이 지적하듯이 그동안 역사의 뒤안길에 묻혀 있다시피 하였다. 러시아에서는 1861년 농노가 해방되었지만 이 해방 정책이 철저하게 이루어지지 못하자 노동자와 농민을 중심으로 시위운동이 다시 격화되기 시작하였다. 그리하여 19세기 말엽 블라디미르 레닌을 지도자로 하는 러시아사회민주노동이 마침내 결성되기에 이르렀다. 제정러시아는 제1차 세계대전이 막바지에 접어들던 1917년 2월 붕괴되고 볼셰비키를 주축으로 하는 임시정부가 들어섰으며, 노동자와 농민 그리고 군인으로 이루어진 '소비에트'가 태어났다. 이해 11월에는 소비에트가 권력을 장악하여 인민위원회를 조직하고 마침내 1917년 11월 세계 최초의 사회주의 국가인 '러시아소비에트 사회주의공화국'을 수립하였다. 러시아의 역사적 전화기뿐만 아니라 세계 현대사에서도 굵직한 획을 그은 사건에 가려 전쟁에 참가한 한인들의 활동은 거의 망각되어 있었던 것이다.

박한수처럼 전쟁에서 가까스로 살아 돌아온 한인들은 아무런 공적도 없이 열악한 환경에서 "들짐승처럼" 살았을 뿐만 아니라 설상가상으로 곧이어 소비에트 정부로부터 가혹한 대우를 받는다. 1937년 9월부터 11월 사이에 이오시프 스탈린의 고려인 강제 이주 정책에 따라 한인들 모두가 황막한 중앙아시아를 개척하기 위하여 강제로 이주할 수밖에 없었다. 그런데 소비에트 정부는 강제 이주를 실시하기에 앞서 한인 지식인 2,500여 명을 총살하였고, 또 소리 없이 끌려간 수천 명에 이르는 한인 지도자들도 영원히 자취를 감춘 뒤 돌아오지 않았다. 강제 이주는 이렇게 한인 지식인들의 처형의 서곡으로 시작되었다. 만약 박한수도 평양으로 돌아오지 않고 계속 블라디보스토크에 머물러 있었다면 다른 지식인들과 똑같은 비극적 운명을 맞이하였거나, 아니면 나머지 한인처럼 중앙아시아로 강제 이주를 떠나야 하였을 것이다.

더구나 『한수의 여행』에서 제1차 세계대전은 기미독립운동이나 그와 관련한 사건에서 핵심적인 역할을 한다. 미국의 우드로 윌슨 대통령은 제1차 세계대전이 끝날 무렵 새로운 세계 질서의 확립을 위하여 14개조에 이르는 평화 원칙을 발표하였다. 민족자결주의(民族自決主義)가 바로 그것이다. 그는 이 무렵 국제 문제로 대두한 식민주의 문제를 해결하기 위하여 이 이념을 제창하였다. 윌슨의 민족자결주의 원칙은 강대국의 식민주의의 굴레에 놓여 있던 약소민족들이 독립을 쟁취하기 위한 이론적 근거를 마련해주었다. 한국에서 일어난 3 · 1운동은 윌슨의 민족자결주의 원칙에서 적잖이 영향을 받았다. 기미독립선언서에서도 "人類的 良心의 發露에 基因한 世界改造의 大機運에 順應并進하기 爲하야 此를 提起함이니, 是ㅣ 天의 明命이며, 時代의 大勢ㅣ며, 全人類 共存同生權의 正當한 發動이라"(36)고 외치는 것은 윌슨의 원칙을 염두에 두고 있기 때문이다.

그러나 윌슨의 민족자결주의 원칙을 좀 더 자세히 들여다보면 한낱 빛좋은 개살구였음이 드러난다. 그는 어디까지나 연합국의 적국이었던 독일이 점령한 폴란드 · 벨기에 · 오스트리아 · 헝가리 · 루마니아 · 세르비아 등을 염두에 두고 있었을 뿐이다. 미국을 비롯한 영국과 프랑스 같은 연합국이 소유하고 있던 식민지의 독립에 대해서는 이렇다 할 관심이 없었다. 이러한 사정은 연합국에 속해 있던 일본의 식민지인 한국도 크게 다르지 않았다. 어찌 되었던 서재필을 비롯한 미국에 살고 있는 교포들과 그곳에서 활약한 독립운동가들에게는 한 줄기 희망의 빛과 같았다. 특히 10년 가까이 일본 제국주의의 굴레에서 온갖 차별과 억압을 받아온 한국의 지식인들과 독립 지도자들에게 윌슨의 민족자결주의 원칙은 그야말로 달콤한 복음이었던 것이다.

Hansu's Journey

A Korean Story

By

N. H. OSIA pseud.

Jaisohn, Philip

PHILIP JAISOHN & CO.
1537 Chestnut Street
Philadelphia

HANSU'S JOURNEY

BY N. H. OSIA

CHAPTER I.

This is the true story of Hansu Park, only son of Gilmin Park, a well-to-do farmer of Juckpo, a province of northwestern Korea. Sitting by the south window, newly covered with transparent paper, he was poring over a large volume of Confucian classics on moral philosophy. He had just celebrated his eighteenth birthday and in a few months would have to go to Seoul, the Mecca of all Korean literati, to pass an examination for entrance to the government high school. His father was an ambitious man and desired his son to become a scholar rather than follow the toilsome work of the farm. With that in view Gilmin saved and scraped together his meagre earnings and devoted them entirely to the education of his only son, for whose natural intellect he secretly entertained a profound admiration.

Hansu was the best looking boy in the village. At least that was the private opinion of his parents. He was nearly a head taller than most of his boy friends and the high forehead and clean-cut oval face denoted intellectuality. The most noticeable features of his physiognomy were his liquid brown eyes, larger and deeper set than those of the average Korean. They gave him an expression of kindness and sympathy, but whenever he was stirred by emotion or interest his eyes shone with a glow akin to warm light. His blue black hair was closely cropped and his habiliment was a mixture of European and Oriental fashions. The blue cotton shirt beneath the black sack coat of ancient vintage indicated the invasion of the

Western mode of dress into that far-off Korean village, and his baggy trousers and white Korean stockings covering the lower half of his body clearly reminded one that he was still a son of the ancient regime.

The creak of the door leading to the hall caused Hansu to turn his head and he saw his toil-worn father just returning from the fields. He immediately arose from his seat and bowed to his father, having been trained from childhood in the rigid ethics of filial piety.

"Father, I hope you are not tired after such arduous work all the morning," Hansu remarked.

"Yes, my son, I am fatigued and the cold damp air seems to have aggravated my rheumatic pains in the shoulders," Gilman answered with a sigh.

"Father, I desire you to stay home this afternoon and nurse your rheumatism. I will go to the field and finish the work you were obliged to leave undone," the boy replied.

"No, my son. It is my wish that you devote your entire time to your studies from now until your departure for Seoul. I will be better satisfied with the thought that you are making proper preparation for the coming examinations than if you waste valuable time doing farm work. I have promised you, your mother and myself that I am going to give you every opportunity to pursue your studies and I am going to keep that promise. Even the pain in my shoulders cannot make me break it."

"I have already read through fifty pages of this book during this morning and finished the review of arithmetic last evening. It will not hamper my plans even if I do spend the afternoon in the field," the boy answered.

"Farming is my work and studying is yours. I will not let you do my work at the sacrifice of your own. I command you to carry out your plan and I will mine."

With this last stern admonition the old man retreated to his own room on the other side of the house.

Hansu sat there with a mingled sense of regret and gratitude for his father's obstinacy and unselfishness. Finally he said to himself: "I must carry out my part of the bargain, as that will, in a measure, compensate my father's sacrifices. When I become rich and famous I will make his and mother's life more happy."

The time for the trip to Seoul soon arrived and Hansu packed his scanty belongings. After an affectionate adieu to his parents he walked to the railroad station, nearly fifteen miles away. He was sorry to leave the home where he had lived all his life, and his affection for his parents was imbedded deeply in his heart. His eyes became moist at the vision of the two bent figures standing by the rough pine gate, waving their work-hardened hands to him until he turned the bend in the road. He raised his eyes to heaven and murmured a prayer to some unknown deity that he would be successful in his quest for fame and fortune for the sake of his parents.

When he arrived at the station he was hot and dusty and his feet were sore from tramping over the rough country roads. He entered and purchased a ticket as far as Penyan, the capital of the province, where he intended to visit a few boy friends who were studying in one of the Christian schools managed by American missionaries. The Japanese employee in the station spoke crossly to him in a tongue he did not understand. He answered that he did not know the Japanese language. Thereupon the Japanese struck him in the face and spoke rudely in a most aggressive manner. Hansu had heard that the Japanese were an outlandish people and that they were fond of fighting the Koreans, but he never thought they would strike a person for not understanding their language. There was no other reason he could assign for this unexpected and uncalled-for outrage.

For a moment he forgot all the warnings his parents gave him before leaving home not to have anything to do with the Japanese and, above all, never to quarrel with them. He quickly and almost automatically struck back, hitting the Japanese full in the face. The force of the blow knocked the Jap down, whereupon Hansu, indignant at the treatment he had received, kicked the astonished and prostrate alien in a manner unmistakable. A swarm of Japanese police immediately attacked him, and the last thing he could recall afterward was that one small black-mustached Japanese hit his head with a sword while he was lying on the platform semi-conscious.

About two days later, when he recovered his senses, he found himself lying on the floor of a small, dingy cell of the local police station. His clothes were soaked in blood. He slowly picked himself up and tried to open the door, but it was locked. He attempted to scream, but had no strength to make a sound. Desperately he knocked repeatedly at the door. Finally the Japanese keeper appeared and opened it. With much difficulty Hansu made known his urgent desire for water, which the keeper grudgingly brought him, together with some coarse food.

The next day he was taken before the Japanese judge for trial. The proceedings are worthy of mention because they are a judicial joke. Without a question, without a plea, the judge handed down the decision in the following words:

"The accused is a Korean, therefore he should understand the language of the Imperial Japanese Empire. He does not, or at least appears not to understand. The evidence of this was adduced by the fact that when the railroad employees asked him a question he failed to reply in the proper language and form. This proves that he did not understand the language which he ought to know. If, however, he did understand, but pretended that he did not, then he is guilty of deception. Further, he audaciously struck the railroad employee and caused bodily injury to a servant of the State. That means an offense to the Imperial Government, and there is ample provision in the criminal code for such a crime; therefore it is incumbent upon me to pronounce sentence upon the accused, Hansu Park, according to the law. He is hereby sentenced to ninety blows by flogging and one month's imprisonment with hard labor."

On the first day Hansu was administered thirty blows with a bamboo cudgel, six feet in length and about five inches in width, tightly wrapped around with a hempen cord. The Japanese executioner could deliver only ten blows at a time, for his driving power was nearly exhausted when the tenth blow was struck on the bare flesh of the victim's back. Another executioner then relieved him and administered ten more, while the remaining ten were delivered by a third man. After the first ten blows the skin broke; then the sharp edges of the cudgel cut into the flesh, and finally bits of muscle and skin flew about the scene of torture. He could not move, for his hands and legs were securely tied to a heavy plank, upon which he lay motionless and apparently unconscious. He was dragged into a filthy narrow cell, which had no windows and no adequate means of ventilation. The keeper sprinkled some cold water on his face, which in a few moments revived him. He could not lie any other way than on his stomach and the pain and nausea which followed the flogging were more than he could endure. He groaned and mumbled supplications that his agony be ended.

CHAPTER II.

The horrors of the night in that cell were an experience which Hansu will never forget. The restorative power of nature was even greater than the destruction wrought upon him by fiendish hands. Towards dawn he slept some and felt a trifle better. The streaks of gray light penetrating into the cell through the iron bars awakened him from his stupor-like slumber. He tried to turn on his back, but could not, for the touch of the bare floor against the lacerated flesh caused him excruciating pain, and he had to remain lying on his stomach, with his face buried in his hands.

Then, while the moments seemed most hopeless, he heard some one singing in the cell across the passageway. He raised his head and listened to the words sung in a clear baritone:

"What a friend we have in Jesus,
All our sins and griefs to bear.
What a privilege to carry
Everything to God in prayer.
Oh, what peace we often forfeit,
Oh, what needless pain we bear,
All because we do not carry
Everything to God in prayer."

Hansu's eyes grew misty; tenderness and sadness gripped his heart. A few minutes before hatred for the railroad employee, the judge and the keeper of the jail was surging through his brain, but now he was experiencing an entirely different sensation. He did not know the reason for this sudden change in himself, but vaguely attributed it to the singing across the way. He had heard of the religion of Jesus and he knew some friends who had joined this sect, but had never had the opportunity to inquire about it. In some unaccountable manner he had been soothed and comforted by the voice, and wondered for a while whether he, too, could have a friend in Jesus.

The singing had ceased, but he now heard the same voice talking. He could not catch all that was said, but by turning his head toward the door could distinguish some of the words:

"Oh, God, I am weak and helpless, but my heart is strengthened by Thy care and love— Have pity upon those ignorant, sinful men— Comfort the sick and distressed—their hearts may open to Thee." The words became more indistinct, but he heard heartrending sobs mingled with an incoherent murmuring: "In Jesus' Name, Amen."

Hansu was very much moved and, without realizing, he, too, cried out in ' ud voice: "Jesus, save me, too!"

It was too early for the keeper to make his appearance and the passageway was still perfectly quiet. Hansu heard the inmate of the cell across the way call out: "Who are you and why are you there?"

Hansu was afraid to reply at first, but l : knew the voice to be that of the singer, and thi. gave him confidence that it wou' . be safe to an we..

"I am Hansu Park, of ıckpo. I was beaten, arrested and flogged becau : I did not u erstand what the Japanese said to :. Who are you, and for what offense are you ıprisoned?"

"I am the pastor of .he Sunju Presbyterian Church. My name is S ngsul Kimm. I was arrested two weeks ago b :cause I preached in my church that Jesus died t free mankind. Do you believe in Jesus?"

"No, I have not been ıble to learn much about Him, although I have heard that His religion is being taught in some places in Korea," answered Hansu.

"I heard you cry out a few minutes ago, 'Jesus, save me, too.' If you do not believe in Him, why did you say that?" asked Kimm.

"I do not know why I said it. I heard you singing and talking and I was deeply stirred. When I heard you asking something in Jesus' Name, I also involuntarily asked Him to save me from further agony. It was the impulse of the moment, and I hope I did not commit any offense."

"No, it was not an offense to ask Him to save you; on the contrary, He wants every one to ask God for salvation in His Name. However, no prayer will be answered unless you have faith in its efficacy and, further, you must believe in Jesus Christ as the Son of God and Saviour of mankind."

"How can I believe these things when I have no proof?" asked the boy.

"Proof! The Holy Bible is the proof. Haven't you read the Bible?"

"No, I never saw the Bible, much less read it."

Then, said Sangsul Kimm, "I will see that you get a copy of it. It is about the time the Japanese keeper comes around, so we had better not talk so loudly. You can talk to me after twelve o'clock at night and before six o'clock in the morning."

About five minutes later the keeper came to the cell and pushed some cooked millet balls and a can of water through the cell doors. He examined the lock to see if it was secure and then walked to the other cells along the corridor.

Hansu was somewhat refreshed after eating the coarse, frugal breakfast and drinking the cold water, and began to wonder what would happen next. He became drowsy again and dozed off. He did not know how long he slept, but was awakened by a gruff voice ordering him in broken Korean to stand up. He slowly and painfully rose, for his muscles were stiff and the movement of his legs caused intense pain in his back. The keeper motioned him to follow him, which he did with limping steps. He was brought before the Japanese police captain, a bullet-headed individual with a receding forehead and protruding chin and teeth. His small, beady-black eyes peered at Hansu with half mockery and contempt.

"You have a taste of the mighty power of the Imperial Japanese Government," he said in broken Korean. "I presume you liked it. We are going to give you another taste of it today in the way of thirty more blows on your impudent body."

"I am not anxious to taste any more of the power of which you speak. Thirty more blows will mean death to me," said Hansu.

"If thirty more blows will bring about your death the country will get rid of one more insubordinate and it will save us some trouble for the future. But the trouble is that I am not so sure of your death. You pesky Koreans seem to live even after ninety blows have been administered," was the brutal reply.

"I am almost dead now. I believe one more blow will be the end of me."

"Are you a Christian?" suddenly asked the police captain.

"No, I do not belong to that sect," answered Hansu.

"If I let you off will you be good?" asked the officer.

"I have always tried to be good. I can safely give the promise that I will try to be good in the future."

"On your promise of good behavior in the future I will not administer the thirty blows to you, which are a part of the original sentence.

But you must serve out the rest of the sentence of thirty days' imprisonment with hard labor."

Thereupon Hansu was led out by a policeman and turned over to the foreman of the road-repairing gang of the prison. He was chained to another prisoner and was told to work with pick and shovel. His heart rebelled against this cruelty and injustice, and the wounds on his back did not permit him to exert himself. He told the foreman that he did not deserve the punishment, besides he was not used to such work. Hansu could not contain himself and he was about to run away, but one of the men to whom he was chained whispered to him not to do so. If he pretended to do the work he would be all right. Hansu felt that he had heard the voice of this fellow-prisoner somewhere, but could not place it for a moment. The man was a perfect stranger to him and he was sure he had never seen his face before. However, there was something about him and his voice that impelled Hansu to accept his counsel. So he picked up a shovel and moved away with the rest of the gang to some distance from the Japanese foreman.

Hansu finally asked the man who he was, and by what right the Japanese exerted such arbitrary power over the Korean people.

The man replied, "My name is Sangsul Kimm, pastor of the Sunju Presbyterian Church, now serving a six months' term of imprisonment for the crime of offering a prayer to God to save Korea from Japanese domination."

Hansu then recognized the voice as that of the man's in the cell opposite his in the prison. He was glad to meet him and talk to him face to face. He told the pastor that he was the person who spoke to him in the morning across the passageway in the prison. The sympathetic face of the pastor, who was much older than Hansu, lighted up and he smiled and said that it was quite providential that they were chained together. They could now talk in whispers instead of in a loud voice over the iron-barred transom in the early morning hours.

Pastor Kimm was a hard worker and diligently filled the uneven places in the road with broken stones, but all the time he talked to Hansu in gentle whispers and his sympathetic glance frequently swept the face of the young man beside him.

"You see the stars, sun and moon which are parts of the universe," said Kimm. "This earth is only a small unit in the scheme of God's creation. His power and His wisdom direct the myriads of worlds to revolve in orderly courses and His omnipotent sight sees through all things, in darkness as well as light. Man is one of His creations and made for His certain purpose, which our limited intellect cannot comprehend. Many things in human beings are akin to those of the creatures we call animals in disposition and in anatomical construction and its physiological functions. But in addition He has endowed man with the spiritual instinct which is lacking in animals. I believe it is His intention to have man understand Him and work for His Kingdom on this earth. He chose the people of Judea, in the early dawn of human history, to reveal many of His secrets and intentions to mankind, but nineteen hundred and eleven years ago He sent His Son to this world in the form of man, and through this Divine Man He revealed His love and mercy for sinful man. The Jewish people named this Divine Man Jesus and His advent was in accordance with God's promise given in the Old Testament. But the Jews disbelieved that Jesus was the Messiah of the Old Testament and persecuted Him for preaching the Gospel of the New Testament, and finally crucified Him. This crucifixion thus fulfilled the revelations of the prophets of the

Old Testament that in His infinite love and compassion God would sacrifice His own Son to save mankind from perdition. 'Whosoever believeth this, he shall be saved.'

"It is my sincere desire that you should study this wonderful religion, and when you have faith in it, as I have, you must tell it to other Koreans so that all our people may believe it and be saved. Beside their individual salvation, the fate of our race depends upon this glorious faith. If our faith is strong in our hearts we will live cleaner and better lives in this world. We will love our country more and we will be more willing to make sacrifices for the good of our nation. Therefore, for your own sake and for the sake of your country, you should have faith in Jesus Christ and imitate Him in your daily life."

"I am very much impressed with what you said and I want to read the Holy Bible of which you spoke this morning," said Hansu, the glow in his eyes shining warmly.

CHAPTER III.

As the twilight faded behind the pine-clad hills and as the vesper song of the birds became fainter and slowly died away, the prison toilers were herded together, and the Japanese policemen made their daily count by tapping the heads of the prisoners with sharp and glistening swords. At the end of the count they were marched to the iron gate of the prison yard and turned over to the jailkeeper for the night.

The prisoners were sore in body and sick at heart. Slowly they entered their respective cells, only to live through another night of torture and anguish. Hansu prostrated himself on the stone floor to dream of his old thatched-roof home, nestling among the pine trees in the valley of Juckpo. He saw his mother sitting in the candle-light and mending the family clothes. His father sat opposite her, with a pipe in his hand, but he wasn't smoking. He also noticed his pet dog Norangi curled up in the corner of the kitchen dozing. He could see his pet goose standing on one leg by the old barn door, with its head tucked under its wing. Suddenly he was awakened and heard Pastor Kimm's gentle voice singing:

"Softly and tenderly Jesus is calling
For you and for me.
See, at the portals He is waiting, and waiting
For you and for me.
Come home, come home, ye who are weary, come home!
Earnestly, tenderly, Jesus is calling:
O Sinner, come home!"

Hansu wanted to sing also, but the weariness of his body was too great for him to rouse himself, nor was he familiar with the hymn. He only mumbled a few incoherent words before dropping off to sleep again.

Hansu's life in prison never varied from day to day. The same coarse food was served him, the same hard work on the road, the same stony floor for a bed. However, he was learning something new each day from his comrade on the chain. During the long hours of toil, Pastor Kimm told him of many things. The Bible, which was secretly slipped to him by Pastor Kimm, was his constant companion and its contents were avidiously absorbed whenever the light in the cell and the watchful eyes of the foreman permitted.

One day Hansu told Pastor Kimm that he was convinced of the truth of Jesus' doctrine and desired to join the church to show his faith in God. Pastor Kimm advised him to enter one of the Christian schools in Penyan as soon as he was released. It would be better for him to learn more of the Bible and build up a stronger faith in Jesus before joining the church. He would give Hansu a note to the American teacher who had charge of one of these schools.

"What are the duties of believers of Christianity?" asked Hansu.

"The duties of followers of Jesus are to imitate Him in heart and deed," answered the pastor.

"Is it right for a Christian to work and die for the cause of his country?" pursued the boy.

"If any one does not work or die for the cause of his country he is not a Christian. If one betrays his country he will betray his family, his friends and his God. God will never have mercy upon such a creature."

"Then is it right for a Christian to fight for a good cause?"

"Some of the greatest Christians of the world were the greatest fighters for righteousness. God commands peace among men, but He never countenances peace at the sacrifice of His principles," said Pastor Kimm.

"I have promised my parents and I have taken a vow to devote my life to the cause of our country's freedom. I know I cannot render very valuable service to the country unless I am mentally and physically fit. For that reason I was going to a school in Seoul, where higher branches of science are taught. For this purpose my poor aged parents have made many sacrifices for my education. Therefore, I am duty-bound to obtain the knowledge which will fit me for the task. If this plan does not conflict with the duties of a Christian believer I will be glad to join the church. I have found so much comfort in all that you have told and what I have read in the Bible. I would like to have my parents know of it, as they also may find the same solace and hope that I have found," answered Hansu.

"Your plan does not conflict with Christian duties in the least; on the contrary, it is a Christian ideal. However, you cannot be of real service to your country unless you have spiritual training as well as intellectual and physical development. Therefore, go to the Christian institution and prepare yourself for the service you wish to render to your nation." With these remarks he slipped into Hansu's hand a paper containing the address of Dr. Joseph B. Manley, of the American Mission School for Training Boys in Penyan.

Hansu had been in jail over thirty days, but as yet there was no order for his release. He asked the jailer one day when he was to be freed. The jailer said he did not know, but would find out for him if he could keep the five yen which was taken from him when he was arrested. To this Hansu readily agreed, and inside of ten minutes the keeper handed him the paper of release, which had evidently been in his hand for several days but was not delivered because of the intention of making the bargain just consummated.

Hansu walked through the gate, once more a free man, but on his way he stopped at the place where the prisoners were working and bade Pastor Kimm an affectionate farewell. Hansu was glad to get away from this detestable scene of his thirty days of horror and nightmare, but he was sorry to leave his new friend. He briefly expressed his feelings of gratitude to Pastor Kimm and started for the station, but discovered that he had no money to purchase a ticket to Penyan, as the five yen he had given the jailer was the only money he had left.

He inquired the distance to Penyan and found it was some fifty miles from the station. There was nothing to do but walk. He stopped at a nearby Korean farm house and obtained some food from a kindly Korean woman, and then spent the night under a roadside tree, with a projecting rock as an awning over his damp and mossy bed. His youth and healthy physical fatigue triumphed over all discomforts and the chilly night air and he was soon sound asleep. He was awakened by the joyous songs of meadow larks in duet with the cooing of the mountain doves on the tree above his bed. His eyes greeted a wonderful landscape bathed in the sunlight. The tops of the distant hills were enveloped in rose-colored mists, and the rice paddies in the valley below appeared to him a vast carpet of green velvet, with fringes of rose and gold. Hansu sat up and rubbed his eyes, and unconsciously he began to sing the hymn he had learned from his friend, Pastor Kimm:

"New every morning is the love
Our wakening and uprising prove
Through sleep and darkness safely brought,
Restored to life and power and thought."

CHAPTER IV.

Hansu was in a more hopeful and cheerful mood that morning than he had been for some days. He walked down to the brook below the road and made his early morning toilet as best he could before resuming his journey. To his surprise he saw a vehicle coming toward him from the opposite direction, which was not drawn by either man or beast, but which made rapid progress, and in a few minutes was in front of him, where it stopped. Hansu quickly stepped aside, and in doing so caught his foot in a stone and fell flat on his face. He was somewhat angry with himself for making such an awkward move and was very much ashamed to see a foreign lady emerge from the horseless carriage and speak to him in Korean.

"I am very sorry my automobile caused you to fall; I hope you did not hurt yourself," she said in a friendly voice.

"It was not your fault; I fell before you even reached the spot where I was standing. Will you tell me what makes the carriage go so rapidly without some one pulling it?"

"This is called an automobile and it is made in my country, America. Its propelling power is derived from the combustion of an agent known as gasoline. The machinery is inside of the carriage," was the answer.

"I have heard of the spirit of stone oil. Is it the same as gasoline?"

."Yes, it is extracted from coal oil."

"May I look at the inside and see the oil spirit?"

"Certainly."

She unhooked the hood over the engine and

explained the working and principle of the mechanism as she had learned it from the salesman of the machine when she received it in America. The car had been bought for her by relatives during her furlough home the previous year. She knew she had to learn everything about it in order to take care of it in Korea, where the automobile repairers are rather scarce. She could therefore tell him many things the usual owner could not. The gasoline tank was opened and the mysterious fluid was shown to him.

Hansu had never met a foreign woman before and greatly appreciated her kindness and generosity in showing him all these things. He also admired her soft white skin, with its delicate tinting of faint rose, and the soft light wavy hair that framed the charming face. Her large hazel eyes, with their thick fringe of silky lashes, were full of sympathy and understanding. To Hansu she was like some goddess who had stepped from her chariot for a few moments to enjoy the warm morning sunlight. Finally his curiosity overcame his timidity and awe, and he asked her who she was, what she was doing and where she was going.

"I am a teacher in the American Mission School, and my name is Miss Mira Norman. I have a Bible class in a village not far away, and I go there three days every month to teach the Bible to the women in that district. I am now on my way to that village, and I am to be the guest of Mrs. Kang, wife of Pastor Ilhan Kang, of Senchu. My assistant, a young Korean woman by the name of Miss Marcella Jurng, has already gone ahead to make all the necessary arrangements for the class."

"Do you know Dr. Manley?" asked Hansu.

"I know him very well," assured Miss Norman.

Hansu handed her Pastor Kimm's letter to Dr. Manley and asked her to read it, as it was a letter of introduction written in English. Miss Norman read the badly scribbled letter, which was short but intelligent.

"My dear Dr. Manley:

"The bearer is a boy I found in this jail. I am sure he will work for God and for his people. Help him to obtain his mental and spiritual training if you can.

"Yours in Christ,
SANGSUL KIMM."

"I know Sangsul Kimm. He was at one time a student in the Boys' Academy in Senchen. Later he graduated from the Penyan Theological Seminary. But, tell me, who are you and why are you tramping along the road instead of going by the railroad?"

Hansu told her his name and explained his reason for walking, hastily adding that he did not mind walking as the surrounding country was beautiful to the eye and the fresh air was invigorating.

Miss Norman reached for a leather bag in the back of the car, and opening it gave him several large bars of chocolate to stay his hunger, and also gave him some money, as a loan, telling him he could pay it back when he had become settled in Penyan.

Hansu was more than grateful and in his heart he wondered why the strange foreigner was so kind and seemed to understand his needs. He did not like to accept the money from her, for to his way of thinking it made him cheap in her estimation. But then he remembered she had said it was only to be a loan and to be paid back later; therefore, it would be all right to accept it.

Miss Norman seemed to know his thoughts, for she said: "Hansu, before our Heavenly Father we are all brothers and sisters; therefore, we must help one another, even though we are of different races and of different nationalities. If you believe in my religion I am sure you will also feel that it is your duty to be helpful to others.

Please do not try to thank me, but go to the railroad station on the other side of the valley and take the train for Penyan. If you walk rapidly you will catch the morning Shinwiju express at that station."

Without further ado she got into her car and drove away.

Hansu walked rapidly in the direction she had indicated, and when he had climbed the steep hill he could see the station below. He hurried into it and purchased his ticket, just as the Shinwiju express pulled in. In a few minutes he was experiencing the joy and thrill of his first ride in a railroad coach. The rapidly moving panoramic views from the car window of hills, fields, and small villages gave him peculiar sensations, and he came to the conclusion that the world was a wonderful place to live in.

Before he could make any definite plans of what he would do when he reached the city, he heard the guards calling that all passengers for Penyan should get off. He left the train, and very much bewildered followed the crowd passing through one of the exits. He inquired the way to the American School and was glad to learn that it was near the station.

He reached the school without difficulty, and entering the gate he asked for the principal. The gateman showed him Dr. Manley's office. Just as he was about to enter the door, a man stepped out. He was of massive build, over six feet in height. He wore tortoise-shell glasses perched on the bridge of an aquiline nose, and his slightly bald head glistened in the sun. Hansu was somewhat abashed at the sight of this big man, but the kindly smile and clear blue eyes encouraged him. Hansu bowed and asked if Dr. Manley was in. The big man laughed good-naturedly and told Hansu that Dr. Manley was standing right in front of him, whereupon Hansu handed him the letter from Pastor Kimm.

CHAPTER V.

In two days Hansu was installed in the school as a regular student and he was assigned to work in the garden three hours a day for his board. Hansu accomplished much during his three years' sojourn in the school. First, he gave his heart to God and confessed Christ as his Saviour. Second, he learned English sufficiently so that he could read and converse in that tongue. He wrote to his parents quite often and had his parents come to Pyeng Yang several times to visit him. Third, as his education broadened, his usefulness became greater and his earning capacity increased considerably.

He met Miss Norman, whose kindness he never forgot, and he returned to her the money she had loaned him. She asked him what his plans were, and he told her he wanted to go to America and obtain a higher education before he would settle down to some life work. What he desired most was to be in a position to be of service to his people. Miss Norman promised if he should make up his mind to go to America she would give him some letters of introduction to her relatives and friends in America. He thanked her and went back to his quarters, where he prayed long and earnestly to God to direct him.

One day Dr. Manley asked him to go to Seoul with him as he needed his assistance in that city in connection with the school work. For the first time in his life Hansu visited the ancient capital of his country. He saw many new sights and many strange people, but his heart was sad and at times his spirit revolted to see the contemptible Wainom, or Japanese pigmies, lording it over everything everywhere. The sacred palaces and ancient government buildings were occupied by these despised people, and their spies followed him daily, while their policemen commanded him to do this and that, all of which seemed unnecessary to him. If he asked them any questions they generally replied with slaps in the face or kicks on the abdomen. In short, he instinctively perceived that there was nothing in common between himself and the Japanese, and he seriously doubted that the Japanese were of the human race. Before he was in Seoul two days his hatred toward the Japanese was more intense than he thought himself capable of entertaining toward any one. Besides, the lordly airs and attempted superiority of the hateful little foreigners galled him beyond his self-control.

Walking up the path one day, leading to the top of Namsan (South Mountain), he met a Japanese coolie among the pines. He quickened his steps with a view to avoiding the coolie in that lonely spot, but the coolie called to him and asked him to come over to him. Hansu did not answer and walked on. The Jap then ran after him.

"What do you want?" asked Hansu.

"I have a heavy load to carry up to the tea house on the top of the hill," replied the coolie, "but I cut my foot on a jagged stone and it is very sore. If you would be so kind as to help me carry this bundle, I will give you half the money I receive from the proprietor of the tea house."

"No," answered Hansu with contempt, "I do not want to have anything to do with a wainom."

Hansu felt pretty safe in saying that as he saw no other Japanese around. The coolie clenched his fist and lurched forward to strike Hansu in the face, but Hansu's pent up resentment got the better of him, and he quickly stepped to one side. As the fist of the coolie came in contact with the empty air Hansu grabbed him around the neck and threw him to the ground. With his foot on the coolie's back to hold him down, he took some stems of a thick tough vine beside him and trussed him up like a fowl ready for the oven. He tore a piece of cloth from the Jap's coat and stuffed it into his mouth, and then eyed his work with a feeling of satisfaction and started back to the city. On the way he passed several Japanese policemen, but they made no attempt to hinder him. When he reached his room he breathed freely once more, and immediately knelt down and asked God's forgiveness for his unchristian-like action. "Oh, Father," he earnestly prayed, "I could not help it. Oh, Father, I could not help it!"

In the evening he went to Dr. Manley's hotel for his usual chat with the good man.

As soon as Hansu entered Dr. Manley said: "My boy, war has been declared in Europe, between Germany and the other European nations, including Russia."

"What has caused this war, doctor?" asked Hansu.

Dr. Manley explained to him in detail all the fundamental and immediate causes of this great conflict, and told him the story of German militaristic ambition of world domination through brute force.

"Germany is like Japan then, isn't she?" asked Hansu when Dr. Manley had finished.

"Well," replied Dr. Manley smiling, "you should say Japan is more like Germany in her aim, because the Japanese militarists have learned their aggressive tactics from Germany."

"I want to fight militarism wherever it exists, for its ascendency means perpetual bondage for all weak and small nations," said Hansu, his eyes flashing.

"Germany has not done anything wrong to Korea, besides Japan will not let you get into the fight. I would advise you to enter the Hospital College in Seoul and study medicine," answered Dr. Manley in his gentle voice, for he saw the boy was nervous and his eyes burned with unusual brilliancy.

"I am restless, besides I ought to do something to help crush this militarism that is rearing its ugly head all over the world, even if it is Germany in this case. If militarism is done away with in Europe, it may fall in Asia too," he replied, ignoring the doctor's advice.

"You do not appear well tonight. I have never seen you act so. You had better go to bed and get a good night's rest," patiently answered the doctor.

Hansu returned to his room but not to sleep or rest, He wrote a brief note of farewell to his kind friend and teacher, Dr. Manley, and then packing his meagre belongings in a small reed satchel he started for the northwest. After four days of travel he reached the port of Wonsan. Here he met Koreans who had connections with the Koreans in Vladivostok, and through them he obtained the necessary information as to how to enter Siberia. After much difficulty and privation he finally boarded a coast steamer that sailed to Vladivostok.

Three days of stormy travel brought him into the harbor of the Siberian city, and here he found large numbers of Koreans, as well as others in the surrounding towns. To his delight he found the Russian government was recruiting young men of all races in Siberia to serve in the army. They had already organized a division largely composed of the Korean residents of Siberia, so he immediately enlisted in this army and went into a training camp, where he was taught the various duties of a soldier under Russian and Korean officers. He was assigned to a machine-gun squad and soon mastered the handling of this modern weapon. The work was irksome and the climate more rigorous than he had been accustomed to, but the anticipation of taking part in great battles gave him the courage to bear minor difficulties and annoyances.

In the spring of 1915 his division was ordered to entrain for duty in Europe. The six weeks of travel over the Trans-Siberian Railroad was an experience which he never forgot. The frequent breaking down of the engines, the lack of a sufficient number of cars, and all sorts of trouble, delayed his journey. Quite often he slept in a box car with horses and other animals for roommates. The food was almost uneatable, and at times even water was scarce. However, the day came when Hansu was filled with great joy, for the huge train with its human cargo rolled into the city of Moscow. The wonderful buildings and broad smooth avenues made a deep impression upon him, and the sight of the endless numbers of soldiers that daily tramped the streets added new fuel to the fires of his adventurous spirit.

But watching marching soldiers and admiring beautiful buildings and avenues soon grew tiresome, and he began to rebel at the delay. He yearned for the sound of the great guns and the rank odor of burned powder. He wanted to be up and onward. Finally the order came to entrain for Poland, and Hansu was so happy he sang for sheer joy.

CHAPTER VI.

Those two years were one great experience and revelation to the boy from the quiet Korean village. Many were the hardships he endured and often at night his heart cried out for the peace of his childhood's home, but his spirit stifled the cry and the next day found his determination unshaken. A lifetime of events happened during that time, events with which the whole world is familiar, their full share falling to Hansu and baptizing him with fire.

Through lack of supplies, food and equipment, Hansu's division suffered much during the latter part of 1916 and the early part of 1917. In the battle of Warsaw and during the Hindenburg campaign in the Brest Litovsk region, the casualties in the division were appalling. The remnant of his and several other units were ordered to fall back, and gradually but constantly were driven to Smolensk, where most of them were disbanded. Hansu, together with a few others, was ordered to return to Siberia. Without food, clothing or money, this little band of Russian soldiers of Korean origin started back to Siberia; and the world has never even heard of these brave men who served the cause of the Allies so heroically and with so much sacrifice.

The collapse of the Russian government, the subsequent revolution, the counter-revolution and the terrors of the Bolshevist regime which followed it gave no recognition of the services rendered by the Korean soldiers who fought under the Russian flag. The Koreans were heartsore and broken in body and spirit. They lived like wild animals most of the time after their return to frozen and inhospitable Siberia.

It was the latter part of 1918 before Hansu finally reached Vladivostock, and he was in hopes of returning to Korea to resume his studies and see his aged parents once more. He was also anxious to see his friend Dr. Manley and explain his sudden disappearance. He tried in every way to get a boat for Korea but the Japanese prevented him. Some days later when hope was almost gone, he succeeded in getting work as stoker on a train running from Vladivostok to Harbin, Manchuria. Hansu's service in the Russian army had given him a knowledge of the Russian language, and his somewhat battered and torn Russian uniform gave him easy access to the Russian institutions. When he reached Harbin he applied for the same kind of work on the train running from Harbin to Mukden. Through his Russian friends he succeeded in getting the transfer, and the next day was on his way to Mukden.

At Mukden he exchanged his old uniform for the costume of a Chinaman. He then went to the office of the Chinese Governor and asked for a passport to Korea. The Chinese clerks thought he was from Southern China because he did not speak the local colloquialisms, and issued him a passport duly signed and sealed. Armed with this document he boarded a train for Penyan. He encountered another difficulty when he tried to exchange Russian rubles for Japanese yen, but some Russian shopkeepers in Mukden helped him in the transaction. When the train had traversed the long steel bridge over the blue waters of the Yalu River, and reached the Korean side of the bank, Hansu wanted to get down on his knees and in thankfulness that once more he was back in his native land, after five adventurous years in foreign countries.

As soon as he reached Penyan he went to the Boys' Academy and asked for Dr. Manley. To his intense regret he found that Dr. Manley had gone to America on furlough, but found some other American friends who were very glad to see him. He then went to the pastor of the Korean Church, Mr. Gill, who received him with open arms and asked him numerous questions concerning his experiences in Siberia and Europe.

Mr. Gill gave him a new suit of clothes and a respectable looking cap, which Hansu gratefully accepted. He expressed his wish to visit his parents, but Mr. Gill persuaded him to wait for a few days, as he wanted him to accompany him to Seoul on very urgent business. He would leave for Seoul the next day and would be grateful if Hansu would go with him.

"When will you return?" asked Hansu, not wishing to refuse the pastor's request, still undesirous to wait too long before seeing his parents.

"I do not know just when I will return," replied Mr. Gill, "but you can return at once if you wish."

"Very well, I will be glad to accompany you," said Hansu, greatly relieved.

Early next morning Mr. Gill met Hansu at the station and they boarded the train for Seoul. During the trip, Mr. Gill said very little but seemed to be praying silently all the time. Hansu was also in a prayerful mood, not knowing exactly why. Half an hour before reaching Seoul, Mr. Gill handed him a piece of paper closely written in a fine hand, and told him to read it but not to show it to the other passengers. Hansu read it and to his great joy and consternation discovered it to be the Declaration of Independence from Japan's yoke. However, he was at a loss to understand who wrote it and what it all meant. Mr. Gill seemed to know the question he had in mind, but dared not answer.

"It will be signed by thirty-four representatives of the people of the thirteen provinces and will be formally declared simultaneously in 300 different districts this afternoon at two o'clock. All has been arranged and today, March 1st, is THE DAY," hurriedly whispered Mr. Gill, his eyes keeping constant watch for any possible listener.

"What will the enemy do?" asked Hansu.

"We do not know and we do not care," bravely replied the pastor.

"What can I do?" eagerly asked Hansu.

"In case I should meet with death, I want you to carry the news to the people of our province that one life was all I had to give for my country and I gave it cheerfully," replied Mr. Gill, and as he said these words his face was filled with an almost heavenly radiance.

"I want to die with you if my life will help the cause," exclaimed Hansu, the spirit of the soldier asserting itself.

"No. We must not all die at one time. You can give your life later if necessary, but just now we must have the younger generation to step into the gap we older ones make," calmly advised the pastor.

Hansu was thrilled at this new development for which he had not looked. Already the thought was forming in his mind that now he could avenge the insults and injuries he had received at the hands of the Japanese. Then he saw Mr. Gill pointing to a sentence at the bottom of the document, which said: "Commit No Violence."

"We must obey this order," said Gill in a firm voice.

Hansu's enthusiasm was somewhat dampened but he said nothing. Suddenly the train stopped. Hansu glanced out of the window and saw that nothing unusual was happening, so settled himself to wait for the train to resume its journey.

Presently he turned to Mr. Gill, and asked, "No weapons?"

"None, if we had them we wouldn't use them."

"Why?" persisted Hansu.

"Our people, that is the Christian element of Korea, do not sanction any kind of violence and it was so adopted by all parties. Therefore, it is incumbent upon us to follow that plan, no matter whether we like it or not."

Again Hansu lapsed into silence, and gazed with unseeing eyes out of the window.

CHAPTER VII.

When the train finally arrived at the South Gate Station it was two hours behind its schedule. The minister and Hansu walked rapidly to a certain restaurant in the center of the city.

Gill said a few words to the people in the restaurant and then turning to Hansu said, "I was to meet certain representatives of the people here to sign the Declaration of Independence with them, but owing to the delay of the train the others have signed and have informed the police of their act. The police have arrested them and taken them to police headquarters. I must join them and share their fate, whatever it may be. I request you to return home as soon as you can and tell the people the news."

With these words Mr. Gill walked out, leaving Hansu somewhat dazed at the turn of events.

The pastor walked to police headquarters and quietly gave himself up.

"What do you want to be arrested for?" sneered the police captain.

Standing very straight, with shoulders thrown back, and head held high, Pastor Gill answered him in a calm clear voice: "I am one of the thirty-four men who were to sign the Declaration of Independence, but owing to the train being late, I could not get here in time. However, if it is a crime to sign such a document, then I am equally as guilty as those men that have already been arrested, for it was my intention to sign with them."

The police were somewhat surprised that a man should surrender himself to them when they did not even suspect that he was one of the guilty parties.

The captain said to him, "Are you a Christian?"

"I am Rev. Gill, pastor of the First Presbyterian Church in Penyan."

"In that case you are under arrest, for it is our intention to arrest all Christians, and let them feel the power of the Imperial Japanese Government," he said in a hard voice, and his little black eyes glittered in anticipation of the cruel torments that would be meted out to the Christians.

Mr. Gill was then stripped of his clothes, forced to don the prison garb and thrust into a cell in the West Gate prison.

Hansu wandered aimlessly along to Chongo (Bell Street) and found the main thoroughfare thronged with people, on whose faces was a look of suppressed excitement. He stopped one of the men and inquired the reason for all this crowd.

"Go to Pagoda Park and find out," answered the man hurrying on his way.

Hansu immediately turned his steps toward the park to find thousands of people already there, and more coming from all directions.

He entered the gate of Pagoda Park and went over to where a man stood addressing the multitude from an improvised platform. At first he was too far away from the speaker to hear what he was saying but finally managed to force his way through the throng and reached a place where he could hear and see. The speaker was a man nearly six feet tall, with the clean-shaven, rugged face of the North Korean type. His voice was deep and resonant, and his manner betrayed the intense feeling that surged through his whole body. In part Hansu heard him say: "Liberty is the most precious blessing to a human being, therefore, every self-respecting and God-fearing person must strive for it. Like all good things, we must work for it and die for it if necessary. Your death will close your earthly career, but if through your death your children and your race can be freed from an alien yoke you should not hesitate for a moment to court that death. The cause is worth more than the sacrifice. Jesus of Nazareth gave his life to save the souls of men, so must we give our lives to save our nation. No man deserves to be free unless he is ready to defend his freedom even at the cost of his life. For four thousand years our forefathers defended their liberty at enormous sacrifice and through their deeds we were able to maintain our national life, until the year nineteen hundred and ten.

"It is true that for the last two generations our rulers and our people lost some of their vigor and patriotism and made our country corrupt and weak. But we must remember that disgraceful periods in national history have happened in many other countries. We maintain, however, that no matter how much our recent rulers have erred, or how much our people have neglected in protecting our rights, they do not deserve the ignominious status to which they have been reduced. Japan did not conquer us in the field of battle; she has only occupied our territory with her military forces by virtue of the so-called Treaty of Alliance, in which she solemnly pledged her word of honor that she would guarantee our independence and territorial integrity. Her troops and her warships were allowed to enter our territory as our guests and our allies. After having thus entered our premises the guest and ally turned on us and assumed the role of dictator and, later, master. Japan has thus become an usurper of our country and a violator of the treaty which she signed. It is not the time, however, for us to find fault with Japan or with ourselves, but we must strive to right the wrongs that have already been done and return to the family of nations of the world as a free people. It is not only our just right but a sacred duty that we owe to our forefathers, ourselves and our children's children. With this object in view our people have authorized their chosen leaders to declare our independence from Japan from this hour as a step in restoring our nation's proper status in the world. I will read the declaration:

THE DECLARATION OF KOREAN INDEPENDENCE

" 'We, the representatives of 20,000,000 united people of Korea, hereby proclaim the independence of Korea and the liberty of the Korean people. This proclamation stands in witness of the equality of all nations, and we pass it on to our posterity as our inalienable right.

With 4000 years of history behind us, we take this step to insure to our children forever life, liberty and pursuit of happiness in accord with the awakening consciousness of this new era. This is the clear leading of God and the right of every nation. Our desire for liberty cannot be crushed or destroyed.

After an independent civilization of several thousand years we have experienced the agony for fourteen years of foreign oppression, which has denied to us freedom of thought and made it impossible for us to share in the intelligent advance of the age in which we live.

To assure us and our children freedom from future oppression, and to be able to give full scope to our national aspirations, as well as to secure blessing and happiness for all time, we regard as the first imperative the regaining of our national independence.

We entertain no spirit of vengeance toward Japan, but our urgent need today is to redeem and rebuild our ruined nation, and not to discuss who has caused Korea's downfall.

Our part is to influence the Japanese Government, which is now dominated by the old idea of brute force, so that it will change and act in accordance with the principles of justice and truth.

The result of the enfored annexation of Korea by Japan is that every possible discrimination in education, commerce and other sphēres of life has been practiced against us most cruelly. Unless remedied, the continued wrong will but intensify the resentment of the 20,000,000 Korean people and make the Far East a constant menace to the peace of the world.

We are conscious that Korea's independence will mean not only well being and happiness for our race, but also happiness and integrity for the 400,000,000 people of China and make Japan the leader of the Orient instead of the oppressor she is at the present time.

A new era awakes before our eyes, for the old world of force has gone and out of the travail of the past a new world of righteousness and truth has been born.

We desire a full measure of satisfaction in liberty and the pursuit of happiness. In this hope we go forward.

We pledge the following:

1. This work of ours is in behalf of truth, justice and life and is undertaken at the request of our people to make known their desire for liberty. Let there be no violence.

2. Let those who follow us show every hour with gladness this same spirit.

3. Let all things be done with singleness of purpose, so that our behavior to the end may be honorable and upright.

The 4252d year of the Kingdom of Korea, 3d month, 1st day.

Signed by thirty-three representatives of the people.' "

As soon as the document was finished the enthusiasm and joy of the assembly knew no bounds. Like magic thousands of Korean flags were held aloft and thousands of throats shouted in unison, "Mansei! Mansei! Mansei!"

CHAPTER VIII.

Hansu was one of the few in that vast crowd who did not have previous information as to what was happening that day, but the whole scene thrilled him through and through. With tears of joy rolling down his cheeks he, too, shouted "Mansei!" through trembling lips, and threw his cap high in the air. The crowd was now marching out of the park, with almost everyone waving a Korean flag, some singing their national anthem, which for ten years they had been forbidden to sing in public. Others kept up their national cheer. The whole crowd seemed to have been transformed into new beings. They were not at all like the silent Koreans, with downcast faces, hesitant steps and furtive glances. They laughed, talked and shouted. Their steps were quick and their faces shone with the new joy of becoming once more free Koreans. As they reached the street the crowd formed into lines of four abreast and marched toward Legation Street, where already there were thousands in line, the crowd increasing as they marched along. The majority of the gathering were men, but a few women and children were interspersed through it. A wonderful sight it was to Hansu to see Korean flags fluttering everywhere. They were strung along the telegraph and telephone lines overhead as though some magic hand had placed them there. The roofs of the buildings along the street were covered with people, and mighty shouts of "Mansei!" rose in every direction.

The Japanese policemen and gendarmes seemed to be paralyzed or stunned at the sudden change in the demeanor of the people whom they thought were made of putty without a soul.

The Japanese guardians of law and order stood motionless with open mouths and for about three hours they offered no interference with the joyous marchers. But it was only temporary. The Japanese authorities immediately issued orders to disperse the crowd and arrest the leaders with the order that in doing so no one should be spared or no quarter given. To shoot, cut, stab and kill were the order of the day. The hordes of Japanese soldiers, police and firemen began their work of destruction of life and property, shooting down everybody and anybody within their sight, slashing and stabbing all men, women and children who came within their reach. In this display of fiendish fury on the part of the Japanese soldiers and police a large number of Japanese civilians took an active part, armed with clubs and daggers, inflicting numerous fatal injuries to the unarmed and unresisting victims. Within an hour the whole city became a literal slaughter-house where thousands of non-resisting victims shed their blood.

Once Hansu came within reach of a long iron hook, which the Japanese firemen were using to try to catch the Koreans. Fortunately, he escaped without injury, the only damage being the loss of the sleeve of his coat, which was torn away by the sharp hook. He turned quickly into a side street, where he took off his coat and threw it away, then walked rapidly toward the West and safely reached the street leading to the old Mulberry Palace.

Just as he entered this street a trolley car stopped near him, and in it were some twenty Korean girls. They were students of one of the American Mission Schools and were on their way to the park to celebrate the declaration of independence. They were all in jubilant spirits and carried small Korean flags which they constantly waved. A squad of Japanese mounted gendarmes rushed up to the car platform and fired a shot and then told the girls to throw their flags away. They merely laughed and waved the flags more vigorously, while their high young voices shouted, "Mansei! Mansei! Toknip Mansei!" (Long live, long live, independence long live).

The Japanese soldiers immediately entered, closed the car door and tied the girls together with heavy cord, like so many bunches of celery. There were four girls in a bunch, and each group was turned over to a soldier, who tied the end of the cord to the saddle of his horse. The resisting girls were mercilessly beaten by sabres and gun barrels, and in a few minutes the gay and laughing girls in clean white dresses became a sullen and blood-stained crowd.

From the struggling mass one young woman of about twenty-five, and evidently the leader, who had not yet been tied, sprang upon the car seat and addressed the soldiers in Japanese:

"Men, don't you know that you are no longer our rulers and oppressors? We are free today! We have declared our independence, so you have no right to beat us! If you don't believe me, I will read to you the declaration of our independence. Go back to your own country and take care of your own families. We do not want you here!"

She held a copy of the declaration of independence in her right hand, and a Korean flag in her left and began to read the document. The Japanese sergeant commanded her to throw down the flag, but she simply smiled and answered, "No, Sergeant; it is my flag and I am going to die with it."

At this the Japanese struck her wrist viciously with his sabre, cutting her hand from her arm. The severed hand fell to the floor, still clutching the national emblem, which was rapidly turning crimson from the warm blood of the girl, Marcella

Jurng, assistant to Miss Norman, of the American Mission. Marcella fell from the seat, and for a few minutes lay unconscious, but presently, opening her eyes, with her right hand she feebly reached for the blood-soaked emblem of her country. By this time the other girls were removed from the car and were securely fastened to saddles and were dragged behind galloping horses. The wounded Marcella was pulled roughly along by two Japanese and taken to the nearby barracks.

The horrible brutality of the Japs made Hansu's blood boil. He thought several times that he would rush into the car and kill the brutes, but he had no weapon. The best he could find was a loose stone on the street. He picked it up and hurled it at the Japanese, but it only broke a window of the car. Then he was suddenly thrilled and amazed at the heroic demeanor of Marcella Jurng. With her drawn white face, her big brown eyes shining with a light he thought was holy, her tall graceful body swaying gently to and fro as her patriotic emotion agitated her whole being, she appeared to him an angel, defying the very imps of hell. When he saw her fall from the seat, it was like a swordcut in his own breast, but he thrilled anew when he saw her feebly reach for the flag with her remaining hand. He breathed a prayer of thanks to God that she was a Korean.

When the Japs began to drag her away, Hansu determined to follow the captive heroine to her destination, wherever it might be, even if it would put him in the clutches of the Japanese police. He had walked for some distance behind them when he was suddenly seized by a Japanese policeman who struck him a sickening blow on the head with his sword. Upon searching him neither a Korean flag nor a copy of the declaration of independence was discovered. He was asked whether he was a member of the Independence League, to which he answered very truthfully, "No." After one more kick the policeman ordered him from the streets. Sitting on the curb and holding his throbbing head between his hands, he watched the tall form of Marcella dragged along the dusty streets by the short, stocky Japanese, and saw them disappear into the gendarme station on the opposite side of the street.

CHAPTER IX.

Hansu slowly rose and walked down the street to the barracks. He entered and asked the Japanese guard whether they needed any more men, as he was looking for employment. The Jap told him they did not employ any Korean who did not speak Japanese, but said he could clean the yard, as the man who usually did that part of the work was out killing the cursed Korean independents.

He accepted the proffered employment without even asking the amount of compensation for his work, but told the guard that he wanted a pass in order to go out for a little while and return again without being stopped by the guard who would relieve him within the next hour. Hansu received his pass but with the admonition that he must return at once and get to work. He was very happy to receive this pass, as now he would not be molested by the gendarmes on the street, and although he was stopped several times by the soldiers and police on his way to the American Mission School near the East Gate, he was allowed to go on as soon as he showed the strip of official pasteboard.

In his haste he almost ran to the compound of the American Mission, where he asked to see the principal. To his surprise and joy the principal was none other than his old friend, Miss Mira Norman, whom he met first on the road to Penyan. Without any preliminaries, Hansu asked Miss Norman whether any of her students had been arrested.

"Yes," she told him, "some of my girls have been arrested. The police have just informed me of the fact. I am very much worried about

Marcella Jurng, for the police have no record of her and do not know where she is."

Hansu told her about the young woman whose hand had been cut off by the soldiers, and who had been taken to the soldiers' barracks on Mulberry Street.

"She was tall and fair," he continued, "and acted most heroically under the terrible persecution."

Miss Norman's eyes filled with tears, and she clenched her trembling hands tightly together. "That must be my Marcella," she said in a low voice, "I must go to her, and rescue her if I can."

"I would be very glad to escort you to the barracks, Miss Norman," said Hansu, "but if the Japanese saw me with an American they would surely kill me. It will be best for me to return to the barracks and wait for you there."

Hansu hurriedly returned to the gendarmes' station and gained admittance without any difficulty. He busied himself with a broom in the yard and later went into the rooms where the officers were quartered. In one of these rooms he found a dozen or more Japanese officers sitting around, and in a heap in the middle of the floor was the wounded and half-conscious Marcella.

Hansu did not understand all the men were saying to her because of his limited knowledge of the Japanese language, but could catch a word here and there, and he knew they were trying to make her say the independence movement had been instigated by the American missionaries, and that it was solely supported by the Korean Christians.

"It is a spontaneous movement of the Korean people of all creeds and religious beliefs," answered Marcella with all her former spirit and courage. "It is purely patriotic in its inception and is an outburst of long-suppressed national feeling."

"You are not telling the truth," said one of the soldiers, "therefore, you will be tortured."

They tore off her clothes and touched her bare skin with lighted cigars and cigarettes. Still it did not bring the confession they wanted. Then they inserted the blade of a penknife under the finger nails of her hand and pushed it in deeper and deeper. Even this agonizing ordeal did not wring from her lips a false confession.

"Confess and we will let you go," laughed one of the soldiers.

But her only answer was, "Kill me if you like, but there is no more truth to tell." She said this in Korean, then in Japanese and finally in English, and then fell back unconscious on the floor.

The brutes in uniform of the Imperial Japanese Army were unmoved and untouched at the sight of this dying girl, whose white garment was stained with darkened and coagulated blood, but whose soul was beyond the defilement of these devils in human flesh. She was motionless for several minutes, but presently her eyelids quivered and slowly opened. Her great eyes held no anger or fear as she gazed into the faces above her; instead, her look was full of pity and compassion for these degenerated men who knew not what they were doing. Beasts that they were, they seemed to feel some strange influence, and involuntarily quailed before her calm, steady gaze and for a few minutes were silent.

Presently one of the senior officers spoke: "She is surely a genuine witch. She has no fear, and does not seem to feel pain. It would be better not to sit in the same room with her, as she may use her power of witchery on us. Let us take her outside and leave her on the street to die."

Four men lifted her up and carried her limp and pain-racked body outside and left her lying under the shrubbery near the side entrance of the barracks.

Hansu quietly slipped out of the main entrance and anxiously waited for Miss Norman to come. But Miss Norman and her escort were having great difficulty in getting to the barracks. The Japanese policemen stopped her on every street and asked her numerous questions as to where she was going, what she wanted to do at the barracks, who she was and so forth. It took her just four hours to reach her destination, yet her home was less than a mile away. It was nearly midnight when she succeeded in reaching the barracks and was just about to enter the gate where a sentry was standing when she heard someone whisper in English, "Come this way, you will find her here."

Miss Norman and Dr. Wells cautiously moved to the spot whence came the voice. There under the rhododendron bushes they found the unconscious form of Marcella, while a few feet away stood Hansu, making brave efforts to suppress his indignation. Dr. Wells felt her pulse, but it was imperceptible. He sent Hansu for some water, in which he dissolved a small tablet taken from his medicine case. He injected it into her arm hypodermically, and then bathed her face with cold water. In a few minutes Marcella opened her eyes and recognized the anxious faces of her dearest American friends.

"Where am I, Miss Norman?" she asked in a quiet voice while a wan little smile came to her lips.

"It is all right, my child. You are now in safe hands," answered Miss Norman in a choked voice.

With Dr. Wells' assistance Marcella slowly raised herself to a sitting position and carefully scrutinized the face of Miss Norman, as if to assure herself that it was really she. The faint moonlight fell full on Miss Norman's face, and Marcella gave a little sigh of relief when she realized that she was not dreaming, but was really in the hands of her friends.

She began to feel the pain in her left wrist where the hand had been cut away; the stump was covered with coagulated blood clots. She saw that her clothing was torn and soiled.

"Oh, Miss Norman," she cried, "will I be of any use to you now that I have lost my left hand, I can no longer give the girls piano lessons."

"Marcella, child," hastily answered Miss Norman, "there are many other ways in which you can be useful that do not need the use of your left hand. But first of all, we must go back to the school and dress the wound."

The four knelt in the shadow of the rhododendron bushes, and it was Marcella's weak voice that fervently voiced the thought in the hearts of those with her.

Four weary, heavy-hearted people slowly wended their way to the Mission School, the two men supporting Marcella, who was too feeble to walk. In the early hours of the chilly morning they finally reached the compound. The proper dressing of her wound, the comfort and warmth of her little white bed, the strengthening food, the clean fresh clothes, aided by her indomitable will, had a wonderful effect on poor Marcella. For an hour or so she was delirious, but merciful and all-healing sleep soon brought her the peace and quiet she needed. Seeing her at rest at last the others noiselessly left the room, and silently prayed that her life would be spared.

Hansu was at a loss to know how he could go back to Penyan and deliver the message entrusted to him by Pastor Gill. He was sick in heart and body, and the impulse to do some desperate thing to end all his misery surged through him time and again. But the calmness of Miss Norman and the cheerfulness of Dr. Wells under such trying conditions had a restraining effect upon him. He felt that no matter what happened to him he had to return to Penyan and discharge his mission. He told this to Miss Norman, who at first advised him to remain at the mission for a few days, at least until the terrors were over, but finally consented to his going with the understanding that he must get out of Korea just as soon as possible. She feared he would surely fall into the clutches of the Japanese on account of his association with the Americans.

The following morning Hansu boarded the train bound for the province where he was born and raised.]

CHAPTER X.

After experiencing many hardships on the road through the interference of the inquisitory Japanese spies at every station, Hansu finally arrived in his native town. At first his aged parents could hardly believe that it was really their son. He briefly told them what had happened in Seoul, Penyan and other centres and what awful havoc had been caused by the Japanese soldiers and police.

Fearing that his movements had been watched by the Japanese spies Hansu did not remain with his parents very long, but hurriedly left the village and traveled westward with the intention of crossing the Yalu and hiding himself in Manchuria for a little while. At Sunchen he found a great crowd gathered before police headquarters. He inquired the cause and learned that the Koreans were making the Japanese police officials salute the Korean flag, which was flying over the building in place of the Japanese emblem. As there were only a few Japanese in that town they thought discretion was the better part of valor, and obeyed the command of the populace by making obeisance before the Korean flag and shouting Mansei with the Koreans.

This seemed to please the crowd immensely, any many slapped the Japanese on their backs and called them good sports. Hansu enjoyed the scene and joined the crowd in cheering and singing the Korean national anthem. But this harmless celebration did not last long. In about an hour a company of Japanese gendarmes arrived in motor trucks and charged the laughing, singing crowd with fixed bayonets. Scores of people were cut and slashed, and several women and children were trampled upon by the infuriated soldiers. The captain of the gendarmes shouted orders to his men to chase the people into the church, which was a short distance away. When some forty people had been forced into the building he ordered several volleys fired into the auditorium, massacring the people in their house of worship, like so many sheep.

During the commotion Hansu found a pistol that had fallen from the hand of a Japanese soldier, who had tumbled into the creek in his mad rush to the church. Hansu hid himself behind an old tree on the opposite side of the church, and examined the pistol. To his delight it contained four unused cartridges. Hansu's sharp eyes found the figure of the captain, and taking careful aim, he pulled the trigger. The captain dropped, a hellish command half finished on his lips. Thus the principal perpetrator of the Sunchen massacre paid for the crime with his life.

Hansu crawled to a stack of millet in the field, determined to use the three remaining shots to the best advantage.

When the soldiers saw their captain drop, one of them ran to him, but the shot had been fatal. Had a stray bullet from their guns found its way to the captain's black heart? That was the question in the mind of each man there. There was a hurried consultation, which ended by the soldiers climbing into their trucks and driving away, with many a frightened backward glance.

In their hurry they forgot their comrade still struggling in the creek. But Hansu did not forget him, and after the trucks were out of sight he crept from his hiding place and used his second bullet to good advantage on the mud-covered Japanese. He then hurried to the woods, where he spent some time in prayer and meditation.

When the shadows of evening darkened the trails leading to the main road, Hansu cautiously came out of the thicket, and walked toward a farm house in the valley beyond. He was cold and hungry but the hospitable farmer soon made him comfortable. His host told him the way to the Yalu River district, and after he had rested he started for the frontier. During the nights he traveled toward his destination and in the daytime he slept. He often had to work at the different farmhouses for his food and shelter.

After nights of weary travel and little sleep Hansu was becoming exhausted and felt that he would have to give up. He prayed for strength to go on. As he pushed forward he noticed a bright spot not far distant. Was that a glint of water in the moonlight, or was it imagination? He hurried on as fast as his tired and blistered feet would carry him, his eyes fastened on that hope-giving sign. A sail drifted past, ghostly in the pale light of the moon another followed it. When he reached the top of the hill he was in full signt of the river. The broad silver pathway of the moon's reflection on the water was to Hansu's eyes as a ray of hope from heaven, and perhaps one of the silent, white-sailed boats, drifting phantom-like across the water, would take him to lands unknown. Weariness fell from him, and a desire to shout welled up in him; instead, he dropped to his knees in the dusty road and sent a prayer of thankfulness for this help in his hour of need.

There was a village at the foot of the hill but he was afraid Japanese soldiers would be there and as he did not care to be questioned by them he walked down the other side and followed the river, hoping to find some fisherman's shanty. Presently he saw smoke rising from a tumble-down chimney, and a light faintly visible through the murky window-pane of a lone cabin near the bank. Hansu quickened his steps and knocked at the door. It opened almost immediately in response to his knock, but the patch of yellow light in the doorway did not outline the figure of a Korean fisherman, instead a trim and neatly uniformed Japanese policeman stood there, asking what was wanted.

"I have just come down from the lumber camp up the river, and have lost my way. Can you direct me to the village?" inquired Hansu.

"It will not be safe for you to go into the village at night, because the place is under a military guard owing to the disturbance everywhere caused by the Independence Movement. If you wish, you can stay here for the night and go into the village in the morning," said the Japanese.

"You are very kind," answered Hansu. "I must compliment you for the excellent Korean you speak."

The Japanese policeman grinned, "I ought to speak it well. I was born and raised here, and although I am compelled to wear this cursed uniform of our enemy my heart is still Korean."

Hansu was very relieved when he found that the supposed Japanese policeman was really a Korean in Japanese service. However, he was careful not to reveal his mission or his identity. He accepted the invitation and entered the cabin. The host was very kind and hospitable, and both men were soon consuming great quantities of hot tea, rice cakes and cigarettes, while their conversation covered a wide range of topics. The policeman informed Hansu that almost the entire river coast was covered by police guards; one policeman in every three miles at night, and every five miles during the day. The day shift was mounted and all were Japanese, but on the night shift half were Koreans and the other half Japanese. The principal duty was to watch the river so that no Korean should go over to the Manchurian side without a permit.

Hansu listened to the story with a heavy heart, for he knew he would never get the required permit to go across the border. While apparently listening attentively to the garrulous policeman, he was formulating a plan in his mind. He observed a telephone on the wall, and through casual inquiry learned that it was connected with local headquarters in the village some three miles away. He also learned that a boat was tied to the bank for the use of the guard in case of necessity. He further noted that the policeman carried two loaded revolvers besides his sword.

"What do you know about the Independence Movement and what do you think of it?" asked Hansu in a careless, disinterested tone.

"'Well," replied the policeman, "I hate the Japanese as much as any of the Koreans but I think the Independence Movement is very foolish, because the Japs will not leave Korea on account of it. The only way we can move them is by force, and we Koreans do not have that. Under the circumstances, it is better to get along with them the best we can, and in the meantime we can secretly train the Koreans in the art of warfare. Then when we have had sufficient training we can rise and drive them out by force."

"Would you join such a body of trained men if there was one?"

"Yes, I would instantly join an organized force, but I would never join the peaceful demonstration, for it is ineffective and impractical. The only thing the Japanese are afraid of is something that will kill them, and the demonstration will not kill the Japs." With this last remark the policeman yawned and stretched his legs.

"In ten minutes," he continued, "I will have to go out and cover my beat, and I will have to take you with me, because it is against the rules to leave a stranger alone in the cabin."

"I have traveled many days," said Hansu, "and I am weary. Can't you let me sleep here until you return?"

"I cannot grant your request," he answered.

While Hansu was glad his host was not a Japanese, he was sorry he was not a sympathizer of the Independence Movement. He had been kind and hospitable, but he would not give his guest any help in getting across the river.

Hansu reluctantly followed his host out of the house and along the dark road beside the river bank. When they reached the tiny boat landing, where the police boat was tied, Hansu noticed several feet of loose rope lying on the ground. He picked it up, made a slip knot, quickly passed it over the head of the man, giving it a quick jerk. The unsuspecting policeman lost his balance and fell to the ground. Hansu tore the shirt off his victim and used it for a gag. Whenever the policeman struggled and showed signs of fight the tightening of the rope produced silence. Hansu leisurely bound his hands and feet, and relieved him of his revolvers. He then retraced his steps to the cabin and cut the telephone wires. He made a small bundle of food and then went back to the boat landing. He unfastened the skiff from its moorings, stepped into it and with several vigorous strokes brought it into midstream.

He rested the oars and breathed a sigh of relief. The sky was clear, the moon rode high in the heavens, and the stars were unusually brilliant. There was no sound except for the occasional ringing of the bells on the sail boats anchored near either side of the bank, and the faint, scarcely audible lapping of the water against the side of the boat. Hansu dipped his hand into the water and passed it over his burning face. He sat quietly in his boat and thought over all that had occurred during the evening. He regretted his unprovoked attack on the unsuspecting man. He also felt that he was guilty of taking human lives, contrary to the teachings of his faith. As he sat in the bow of the boat he murmured a prayer of forgiveness.

But suddenly the silence was broken. Without a sound a boat had crept close to Hansu's skiff, and a strange voice asked, "Where are you going?" It was spoken in Korean, but the peculiar accent indicated that the speaker was a Japanese. For the moment Hansu was startled, but now every nerve was taut. He decided not to answer, but firmly grasping his oars rowed rapidly away from the other boat.

"Stop! stop!" shouted the voice in anger. But Hansu only redoubled his efforts to get away. For nearly fifteen minutes he rowed as fast as he could, and presently saw the dark shores of Manchuria looming up on the other side of the river. The other boat had not given up the chase, for he could still hear the angry shouts of "Stop! stop!" floating across the water. Whenever he heard the voice it seemed as though new strength flowed through his body, and he pulled harder on the oars. Then several shots were fired, but he paid no attention to them. After fifteen minutes he could see the pine trees projecting over the water's edge. He directed his boat toward the nearest tree, and as he felt the branch gently touch his cheek he reached up and grasped it, and climbed along the trunk. He flattened himself against the trunk and clung there, just as a bullet cut a twig below his feet.

CHAPTER XI.

Hansu was still some fifteen feet from land. He glanced around and saw that the boat of his pursuers had almost reached the tree. In the stern stood a Japanese water-policeman with a drawn pistol in his hand; another Japanese worked the oars and Hansu could see the glitter of the nickeled scabbard on his side and the badge on the breast of the policeman. He took one of the three pistols he carried and aiming at the faintly visible insignia of the man in the stern, fired. A splash told him that his bullet had found its mark. He was about to aim at the other man, when to his surprise he saw the boat moving away, while a rather terrified voice called to him, "Please don't shoot; I will go away."

Shooting human beings was not a delightful task to Hansu, and he was satisfied with the turn of events. He slid out of the tree and found himself on the soil of Manchuria. He did not know where to go or what would befall him, so wandered about for a little while, trying to find some path, finally striking one leading to the level country toward the South. For the rest of the night he tramped, and with the coming of the dawn he discovered smoke rising from a clump of trees in the distance. He walked slowly in that direction, always keeping a sharp lookout for possible Japanese lurking along the road.

When he reached the clump of trees he found it was only a way station of the Chinese trading post. There were several Chinamen in the yard, with wheelbarrows loaded with various merchandise. Hansu walked over to one and asked for directions, but the man did not understand him. He spoke to him in Russian and Japanese but they were equally unintelligible to the man with the wheelbarrow. He was about to give up, when a happy thought struck him. He picked up a small stick and wrote on the ground his message in Chinese characters. The Chinaman could understand that and grinned happily at Hansu. He took the stick and answered him in the same manner. This attracted the attention of the other men in the yard and presently half a dozen Chinamen were squatting nearby, silently talking to Hansu by writing the characters on the ground. Hansu soon learned that these Chinamen hated the Japanese almost as fiercely as he did, but they were afraid of them because most of the Chinese officials in that country were in the pay of the Japanese and the Chinese had no chance even before their own officials when they were involved in any dispute with the Japanese. From them Hansu learned that there was a Korean village about ten miles north and if he would join the wheelbarrow caravan they would take him to the place. He gladly accepted their invitation, but first had to get some Chinese clothes in order that no Japanese would know that he was a Korean. The keeper of the post gave him an old Chinese suit in exchange for a pistol.

After some five hours of slow travel Hansu arrived at the village of Chantong where several hundred Korean refugees had settled in order to escape Japanese oppression in Korea. He made himself known to his compatriots and was received with open arms. He told them of the Independence Movement in Korea and some of his own experiences in Soul and elsewhere. He was at once proclaimed a hero by the expatriated Koreans and they offered him all sorts of assistance.

"The first thing we must do," said Hansu to the assembled Koreans, "is to acquaint all our fellowmen in Manchuria and Siberia of the news of the Independence Movement and help them organize for the purpose of co-operating with the folks at home. In this work I want to devote my entire time and energy."

The next Sunday the Koreans of Chantong held a mass meeting in their church, which had been built some years ago by the Canadian Mission in Manchuria. At this meeting by popular vote the pastor of the church was elected president of the Independence League with several coadjutors. The members raised sufficient money to enable Hansu to go through Manchuria, organizing bodies similar to their own among all the Korean colonies in that territory.

Nearly fourteen months passed while Hansu did this work of organization, and as he traveled from town to town he found that the zeal and devotion of his people to the cause was greater than he had ever dreamed. Old and young, men and women, were willing to sacrifice everything to regain liberty for their native country.

Hansu found many devout Christians among them and as a rule they were the leaders of their communities. He impressed upon them the necessity of educating the younger people who would eventually follow the footsteps of their elders in the work. For this purpose many people gave all their surplus grains and live stock to be converted into cash with which to build schools and employ teachers. In fourteen months several schools had been built through that part of Manchuria and as many churches.

Hansu found that he needed more education in order to enlighten the others, so he confided to his friends his wish to go to America to study for some years, thus preparing himself for larger and broader work. A few Christians agreed with him and told him to go with the understanding that he would return to them as soon as he finished his studies in America. Hansu bid farewell to these faithful friends and in the summer of 1920 went to Shanghai, via Mukden.

Soon after his arrival in the city, Hansu called at the headquarters of the Korean Provisional Government and made a detailed report of the work and conditions in Manchuria. He told of his intention to go to America to further his studies and asked the officials to give him a permit or passport to enter the United States.

"America has not recognized our Provisional Government," one of the officials explained to him, "so a passport issued by us would not be of any use. The only way you can travel is on a Japanese or Chinese passport. But the Japanese will not issue a passport for a Korean student."

"Even if they did," answered Hansu, "I would never use it. I might possibly obtain one from the Chinese, but I do not care to use it, because I am a Korean citizen and have no connection with China."

Hansu then went to the American Consulate in Shanghai and laid his case before the consul, a kindly and sympathetic man. After listening to his story the consul said to him, "While I am in full sympathy with you, under the rulings of the Washington authorities I could not issue any permit to a Korean unless he had a Japanese passport."

"I am not a Japanese subject," determinedly answered Hansu, "and I do not want to travel with a Japanese passport. The United States cannot make me a Japanese even if she wishes. By your ruling I cannot go to your country to study unless I become a Japanese subject. This appears to be a discrimination against the Koreans, besides this ruling tends to compel Koreans to submit to the Japanese rule. I do not think your government knows how we feel on the subject, otherwise it would not have issued such orders. Of course, if you do not issue a permit I cannot go, and cannot obtain an American education. But I will never declare myself a Japanese subject for all the education your country can ever give me."

His face glowed and his eyes were brilliant as he continued: "You are denying us, the Koreans, the privilege that you give to the Japanese and Chinese unless we acknowledge that we are subjects of the Mikado. Mr. Consul, I want you to read the treaty between America and Korea in which your government pledged its word to permit the Koreans who may visit the United States to reside and to rent premises, purchase land or to construct residences or warehouses in all parts of the country. They shall be freely permitted to pursue their various calling and avocations, and to traffic in all merchandise, raw and manufactured, that is not declared contraband by law. This treaty has never been abrogated by the parties who made it, but it ceases to function because a third party desires it. Is this just to us and consistent with the traditions of America? I appeal to your American sense of justice and I appeal to your love of liberty. Let me go and study in your colleges without making me violate my vow to live and die a Korean."

There was no sound in the room when Hansu's vibrant voice had ceased. The eyes of the American consul were moist, and he caressingly patted Hansu's arm for several minutes without speaking. Presently he cleared his throat and in a gentle voice said to him, "My boy, your splendid appeal has touched my heart, and I will take the matter up with Washington and see what can be done in your case. I will let you know if a favorable decision is received."

CHAPTER XII.

About a week after this interview Hansu had a caller at his lodging. The caller was an American sailor who told Hansu if he wanted to work on a ship sailing for America he could obtain a position as waiter. He eagerly accepted the offer and entered the employ of the Great Pacific Transportation Company as a waiter at the table of the cabin passengers. The second day the great steamer weighed anchor, and sailed from the murky yellow waters of the Woosung into the blue Pacific.

At the Captain's table Hansu was duly installed in his new work as assistant to the steward. The duties were simple and the treatment he received from the officers was very considerate. The Captain seemed to take a special interest in him and intimated to him that a gentleman in Shanghai had requested him to look after him during the voyage and help him to land in America. Hansu was grateful and resolved to repay the kindness of the captain and his unnamed friend in Shanghai by performing his assigned duties diligently and cheerfully.

In two days the boat reached the harbor of Nagasaki, Japan. For the first time Hansu saw the land of his enemy. The green hills, blue sky and sparkling water in the land-locked harbor appeared very picturesque. The next day the ship leisurely plowed the waters of the inland sea and made a stop at the harbor of Kobe. This city did not appear quite as beautiful as Nagaski, but the scenery through the Shimonoseki Straits filled Hansu with delight.

Several passengers of various nationalities came aboard at Kobe. Hansu was busy assisting the steward at these stops. He helped to move the baggage of the passengers into their cabins, and did several other tasks incidental to the work of taking on passengers. Hansu noticed that two women, wearing heavy veils, had boarded the vessel at Kobe, and the labels on their bags showed that they were from Seoul, Korea. He was delighted to see the name of his beloved country on their baggage and was curious to know who the owners were. But indulging in curiosity was not a part of his work, so he went about his business, with an occasional glance in the direction of the two veiled women. He finally came to the conclusion tnat they were tourists, and contented himself with tne thought that he would be able to see them in the dining-room.

Disappointment was in store for Hansu as a hasty glance around the dining-room convinced him that the mysterious passengers were not present. Nor did they appear on deck the next day as the boat steadily plowed her way to Yokohama, the last stop in Japan. They stayed in Yokohama for nearly two days, but during that time he did not catch even a glimpse of the objects of his interest. When the boat left Yokohama and the owners of the baggage with the Seoul label did not put in an appearance, vague fears assailed Hansu, and he thought perhaps they were ill. Finally he managed to get enough courage to go to their cabin door, and after debating with himself for a few minutes, timidly knocked. He was immediately filled with fear that they would scold him for this bold intrusion.

The door opened and Hansu's polite inquiry remained unsaid, for standing before him was Marcella Jurng, and through the open doorway he saw Miss Norman sitting at a table. He could not find words to express his delight; all he could do was to stand there in wide-eyed surprise.

Miss Norman spoke first. "I am glad to see you safe and sound, Hansu, but tell me are we out of Yokohama harbor?"

"Oh, Miss Norman!" he exclaimed, tears of joy filling his eyes, "I can scarcely believe it is really you and that I am not dreaming. Oh, yes, we are rapidly leaving all traces of Yokohama behind us." He turned to Marcella, and continued, "I am glad to see that you have recovered from your injuries."

Her answer was a sweet smile, and a delicate blush suffused her face.

"I want to talk," said Miss Norman, "and since we are leaving Yokohama behind us, let us go up on the promenade deck where we can enjoy the fresh air."

The trio found a secluded spot near the bow of the ship, and Hansu brought chairs for them.

"Hansu," began Miss Norman, "why didn't you speak to us at Kobe when we boarded the ship?"

"I did not recognize you on account of your heavy veils. May I ask why you did not speak to me?"

"We were greatly surprised to see you," she continued, "but we were afraid to speak, fearing our recognition might harm you. The Japanese spies were watching us everywhere and if they knew we were acquainted they might suspect you and take you off the ship. For that reason we kept silent and avoided meeting you. But now," and she smiled happily, "they cannot touch you even of they wished. And poor Marcella is just breathing freely once more. Her sufferings from the wound and the shock were intense, and it was only through the careful and tender nursing of the American ladies that she recovered. It was through the influence of the wife of a Japanese official that I obtained a passport to bring her to America with me to study in a normal school for a year. And now Hansu, tell us what has happened to you since last we met."

Hansu briefly told them of his experiences from the time he had left them that terrible night in Seoul; his thrilling escape to Manchuria, his work among his countrymen in that country; and finally the offer of work as waiter on the vessel, through the kindnes of an unknown American friend in Shanghai. Although Hansu suspected the identity of his friend, he did not divulge it to the two young women.

"And now I am extremely happy," he said concluding his story, "for I will realize my dream of studying in the great land of America, and I have again met my good friends."

"I will give you all the assistance I can to enter a good educational institution in America," promised Miss Norman, "and I hope that some day both you and Marcella will be able to return to your native land and help your own people."

Marcella seemed even paler than usual, and her dark eyes restlessly wandered over the waters of the blue Pacific to where it met the sky. She had nothing to say, but occasionally smiled and when the sufferings of her people were mentioned almost inaudible sighs escaped from her lips and the dark eyes were filled with pain.

"Miss Marcella," timidly asked Hansu, "what branch of study are you going to take up?"

"I want to study the best method of teaching children and also household economics," she replied. "If I can arrange it, I am also anxious to study singing. I always loved to play the piano, but I cannot do that any longer," and she looked down in her lap, where the long sleeve of her dress covered the mutilated arm.

There was no regret in her voice, no tears in her eyes for the lost hand. There was a proud look on her face as she glanced at the other two; she was glad she had been able to sacrifice something for her beloved land.

After that day Hansu often met his friends, and when the evening meal was over he had opportunities to talk to them on the deck. Once when he was hurrying toward their cabin for an evening chat, an elderly gentleman stopped him and asked, "Are you a Japanese?"

Hansu's eyes blazed as he vehemently answered "No!"

"What are you then?" said the gentleman, greatly surprised.

"I am a Korean," returned Hansu very proudly.

"Oh! excuse me young man," laughed the elderly gentleman, "I did not intend to hurt your feelings by that question. I was just curious because you do not act or speak like a Chinaman, yet you are too tall to be a Jap. I never saw a Korean before, so naturally I was somewhat puzzled. My name is Hugheston, president of the Northern University in America, and I would like to hear something about your country if you have a few minutes to spare."

Hansu eagerly told him all he knew about his country, its history, the present conditions under Japanese rule, the Independence Movement, the persecution of the Christians, the exclusion of American influence and trade in Korea, the Japanese encroachment of China and Siberia. Dr. Hugheston was intensely interested in all Hansu told him, and in the days that followed when he was not talking to Hansu he was reading all the books on the subject he could find in the ship's library.

One day Dr. Hugheston said to Hansu, "I feel that America owes Korea a moral as well as legal obligation to see that she is freed from the militaristic yoke of Japan. It will not only be redeeming our treaty obligations to Korea but in the end it will protect American interests and Christian civilization in Asia. I am too old to fight but I can help Korea by helping you to acquire an education in my university. You can come to me as soon as you leave the company's employ."

Hansu was grateful beyond expression, and he simply murmured, "Thank you, Dr. Hugheston," but his heart spoke with those few words, and Dr. Hugheston left him a very happy man.

CHAPTER XIII.

After several days' sailing the ship reached Honolulu, and Hansu was one of the lucky ones to be granted shore leave. The tropical flowers in the trim gardens, the neat and attractive houses along the palm lined avenues, the queer costumes of the native women, and the varied sights excited Hansu's interest and filled him with delight. He found a large Korean colony in Honolulu and met several of his compatriots along the wharves and streets. It was a pleasure to meet the people with whom he could converse in his native tongue. He attended a Korean meeting in the Christian Institute where some three hundred Korean children were educated under the direction of Dr. Rhee, the founder of the school. Altogether Hansu had a very happy afternoon in Honolulu, and was glad that the Korean colony on that far away island was so rapidly assimilating American life. He bade farewell to his newly made friends and resumed his work on the ship during the last days of her journey toward the Golden Gate.

In one more day the boat would reach San Francisco. Hansu was standing on deck enjoying the beauty and glory of his last night at sea. The moon was just rising, filling the sky with light and making a shimmering silver pathway on the placid water. The air was gentle, and the peace and joy of life seemed to prevail everywhere. Farther down the deck chattering, laughing groups of passengers were seated, trustful that the great ship rapidly cutting her way through the almost motionless sea, would bring them safely to their destination.

Hansu was happy in anticipation of seeing on the morrow the land of which he had dreamed so frequently. He was grateful to those Americans who had done so much to help and encourage him.

His meditations were interrupted by a sweet voice inquiring if the boat would reach San Francisco the next day. Hansu turned and saw Marcella standing beside him. In the soft light of the moon her pale face was as beautiful and delicate as a flower and the gentle breeze scarcely ruffled the blue black hair, combed low on her round, bare neck. She wore a plain little dress of some soft white material, the only ornament a small gold cross hanging on a narrow blue ribbon.

Hansu thrilled at the sight of her standing there in the moonlight, and her soft Southern accent was music to his ears.

"If all goes well," he replied his voice very low, "we will reach the Golden Gate by eleven o'clock tomorrow morning."

He was very happy to have her there, and wanted her to remain, but his tongue was suddenly dumb and he could find nothing more to say. She too gazed at the splendor of the night, and presently turned to go.

"I must say good-night now, and return to Miss Norman."

"No, no, do not go now, I have something to say to you," he blurted out and then stopped.

Marcella smiled in her slow, gentle way, and said, "It must be short and quick, because Miss Norman will worry if I am away much longer."

"I am afraid you will be angry if I tell you all that is in my thoughts," began Hansu very meekly.

"I do not get angry with people that do no wrong," answered Marcella, "and I am sure you have no wrong thoughts. Tell me what is in your mind."

Hansu was silent for a few minutes, then he reached over and took the girl's hand in his. "I realize that this is not the place nor the time to express such a thought as mine, but I want you to know before we go our separate ways tomorrow, that I admire your courage; I adore your patriotism; I honor your purity; I respect your Christian devotion and I love you. We both have important work before us, but when we have accomplished our tasks, if there is time left for other matters will you accept my humble but devoted love for yourself?"

Hansu could feel her fingers tremble in his hand, and he saw that she was shaken by her emotions. And when she raised her glorious eyes to his there was no mistaking their message, but her voice was firm as she gave her answer.

"Hansu, I will accept your love on one condition. If ever it should interfere with your sacred duty of freeing our native land, or with my plan of educating the people, we must sacrifice our happiness for the cause that is holier. With that understanding I pledge my love to you."

Hansu's cup of happiness was full to overflowing and his voice trembled when he said, "It is the custom in America to sign and seal all contracts, therefore, let us seal ours."

He held her face gently but firmly between his hands, and reverently kissed her trembling lips.

참고문헌

I. 국내 문헌

국가보훈처 엮음. 『대한민국 독립유공 인사록』. 서울: 국가보훈처, 1997.

김도태 엮음. 『서재필 박사 자서전』. 서울: 수선사, 1948.

김욱동. 「서재필과 번역」, 《정신문화연구》 제32권 제1호 (통권 114호), 2008년 3월, 345~371.

———. 「초기 한국계 미국 문학의 지형학」, 《새한영어영문학》 제51권 4호, 2009년 겨울, 17~40.

———. 「고태원의 『곰 바위의 쓴 과일』」, 《탈경계 인문학》 제2권 제2호, 2009년 9월, 55~89.

———. 「서재필의 『한수의 여행』」, 《한국학논집》 제44집, 2008년 11월, 167~200.

———. 「한국계 미국작가들이 본 이승만」, 《동아논총》 제55집, 2008년 8월, 5~44.

———. 『번역과 한국의 근대』. 서울: 소명출판사, 2010.

———. 『근대의 세 번역가』. 서울: 소명출판사, 2010.

———. 『미국 소설의 이해』. 서울: 소나무, 2001.

———. 『강용흘: 그의 삶과 문학』. 서울: 서울대학교 출판부, 2004.

———. 『김은국: 그의 삶과 문학』. 서울: 서울대학교 출판부, 2007.

마루야마 마사오 · 가토 슈이치 지음, 임성모 옮김, 『번역과 일본의 근대』(서울: 이산, 2000).

박환. 『러시아 지역 한인언론과 민족운동』. 서울: 경인문화사, 2008.

서재필 지음, 서동성 옮김. 『한수의 여행』. 서울: 보진재, 1976.

서재필기념회 엮음. 『서재필에 관한 글모음: 개화 독립 민주』. 서울: 서재필기념회, 2001.

———. 『서재필과 그 시대』. 서울: 서재필기념회, 2003.

송건호. 『송재 서재필』(위대한 한국인 · 3). 서울: 태극출판사, 1972.

———. 『서재필과 이승만』. 서울: 한길사, 2002.

신용하. 『독립협회 연구』. 서울: 일조각, 1976.

오세웅. 『서재필의 개혁 운동과 오늘의 과제』. 서울: 고려원, 1993.

유영익. 「서재필의 독립운동 사상과 방략」, 『서재필과 그 시대』. 서울: 서재필기념회, 2003.

이광린. 「서재필의 개화사상」, 《동방학지》 제18호 (연세대학교 국학연구원, 1978).

———. 『한국 개화사상 연구』. 서울: 일조각, 1979.

이기문. 「《독립신문》과 한글 문화」, 《주시경 학보》 제4호, 7~21.

이정식. 『서재필』. 서울: 정음사, 1984.

———. 『구한말의 개혁 · 독립투자 서재필』. 서울: 서울대학교출판부, 2003.

———. 『구한말의 독립투사 서재필』. 서울: 서울대학교 출판부, 2004.

임창영. 『서재필 박사 전기』. 서울: 공병우 글자판 연구소, 1987.

정진농 편. 『미국 소수민족 문학: 중심에서 주변으로』. 서울: 동인, 2010.

정진석. 『독립신문 · 서재필 문헌 해제』. 서울: 나남, 1996.

조병옥. 『나의 회고록』. 서울: 민교사, 1959.

조정희. 「개화기 서재필의 사상에 대한 고찰」, 《공자학》 제9호 (한국공자학회, 2002).

주진오. 「1898년 독립협회 운동의 주도세력과 지지기반」, 《역사와 현실》 제15권, 173~208.

———. 「서재필 자서전: 유명인사 회고록 왜국 심하다」, 《역사비평》 통권 제16호, 1991년 가을, 297~307.

———. 「서재필: 민족을 떠난 근대주의자」, 『내일을 여는 역사』 제13호, 2003년 9월, 208~224.

최기영. 「도산 안창호」, 한국기독교역사연구소 편, 『믿음, 그리고 겨레사랑』. 서울: 한국기독교역사연구소, 2004.

한흥수 · 이정식 · 송건호. 『인간 송재 서재필』. 서울: 송재문화재단, 1986.

현종민 엮음. 『서재필과 한국 민주주의』. 서울: 대한교과서주식회사, 1990.

II. 국외 문헌

Boelhower, William. *Immigrant Autobiography in the United States: Four Versions of the Italian American Self.* Verona, Italy: Essedue, 1982.

Cao, Lan, and Himilee Novas. *Everything You Need to Know about Asian-American History.* New York: Plume, 1996.

Chan, Sucheng. *Asian Americans: An Interpretive History.* New York: Twayne Publishers, 1991.

Huang, Guiyou, ed. *Asian American Autobiographers: A Bio-Bibliographical Critical Sourcebook.* Westport: Greenwood Press, 2001.

Kim, Elaine H. "Asian American Literature and the Importance of Social Context," *ADE Bulletin* 80 (1985): 34~41.

———. " 'These Bearers of a Homeland' : An Overview of Korean American Literature, 1934~2001." *Korea Journal* 41: 3 (Autumn, 2001): 149~197.

———. *Asian American Literature: An Introduction to the Writings and Their Social Context.* Philadelphia: Temple University Press, 1982.

Lee, Seong Hyong, and Tae-Hwan Kwak, eds. *Koreans in North America: New Perspectives.* Seoul: Kyungnam University Press, 1988.

Leher, Brian. *The Korean Americans: The Immigrant Experience.* New York: Chelsea House, 1996.

Liem, Channing. *America's Finest Gift to Korea, the Life of Philip Jaisohn.* New York: William-Frederick Press, 1952.

———. *Philip Jaisohn: The First Korean-American—A Forgotten Hero.* Seoul: Kyujang Publishing, 1984.

McCune, Shannon. "America's Finest Gift to Korea, the Life of Philip Jaisohn, by Channing Liem," *Far Eastern Quarterly,* 12: 2 (February, 1953): 225~226.

Oh, Se Eung (Sewoong). *Dr. Philip Jaisohn's Reform Movement, 1896~1898.* Ann Arbor: UMI Press, 1971.

Oh, Seiwoong. "Hansu's Journey by Philip Jaisohn: The First Fiction in English from Korean America," *Amerisia Journal* 28 (2004): 43~56.

Okihiro, Gary Y. *Margins and Mainstreams: Asians in American History and Culture*. Seattle: University of Washington Press, 1994.

Palumbo-Liu, David. *Asian/American: Historical Crossings of a Racial Frontier*. Stanford: Stanford University Press, 1999.

Smith, Geoffrey Dayton, ed. *American Fiction, 1901~1925: A Bibliography*. Cambridge: Cambridge University Press, 1997.

Smith, Sidonie, and Julia Watson. *Reading Autobiography: A Guide for Interpreting Life Narrative*. Minneapolis: University of Minnesota Press, 2001.

Takaki, Ronald. *Strangers from a Different Shore: A History of Asian Americans*. New York: Penguin, 1989.

———. *From Different Shores: Perspective on Race and Ethnicity in America*. Rev. ed. Boston: Little, Brown, 1998.

Yoo, Chul-In. "Storytelling and Korean Immigrants: the Interplay of Reality, Experience, and Expression", *Korean Journal* 31: 2 (Summer, 1991): 93~100.

Yun Chi-Ho. *Yun Chi-Ho's Diary: 1897~1902*, 5 vols. Seoul: National History Compilation Committee, 1975.

Wong, Sau-ling Synthia. *Reading Asian American Literature: From Necessity to Extravagance*. Princeton: Princeton University Press, 1993.

Wong, Sau-ling Synthia, and Stephen H. Sumida, eds. *A Resource Guide to Asian American Literature*. New York: Modern Language Association of America, 2001.

Wong, Shawn, ed. *Asian American Literature: A Brief Introduction and Anthology*. New York: Addison-Wesley, 1996.

찾아보기

ㅇ

ㅈ